计算机教育

移动网络课堂的发展探究

张成琦 李 立 著

 四川大学出版社

责任编辑:蒋姗姗
责任校对:许　奕
封面设计:优盛文化
责任印制:王　炜

图书在版编目(CIP)数据

计算机教育移动网络课堂的发展探究 / 张成琦，李
立著. —成都：四川大学出版社，2018.3
　　ISBN 978−7−5690−1638−3

　　Ⅰ.①计…　Ⅱ.①张…　②李…　Ⅲ.①网络教学−研
究　Ⅳ.①G434

中国版本图书馆 CIP 数据核字（2018）第 051043 号

书名　**计算机教育移动网络课堂的发展探究**

著　　者	张成琦　李　立	
出　　版	四川大学出版社	
地　　址	成都市一环路南一段24号 (610065)	
发　　行	四川大学出版社	
书　　号	ISBN 978−7−5690−1638−3	
印　　刷	三河市华晨印务有限公司	
成品尺寸	170 mm×240 mm	
印　　张	18.5	
字　　数	301 千字	
版　　次	2018 年 7 月第 1 版	
印　　次	2018 年 7 月第 1 次印刷	
定　　价	66.00 元	

◆读者邮购本书,请与本社发行科联系。
　电话:(028)85408408/(028)85401670/
　(028)85408023　邮政编码:610065
◆本社图书如有印装质量问题,请
　寄回出版社调换。
◆网址:http://www.scupress.net

前　言

21 世纪以来，信息技术在全球范围掀起一场前所未有的深刻变革，传统行业纷纷启动信息化模式，教育领域同样面临机遇与挑战。在信息技术领域，计算机技术的发展尤其令人瞩目。随着计算机技术的日趋成熟，教学的多媒体化已经成为现代教育的一大特征，计算机教育代表了现代教育的一个发展方向。

近年来，教育领域的改革与创新正在全速推进，信息化建设已经成为高校实现改革、创新和开放的重要方向。作为实现教育公平和提高教育质量的重要手段，计算机技术在推动改革创新中发挥着越来越重要的作用，对教学理念、教学方法和教学评价等诸多方面都产生了深远的影响。

计算机技术在信息化教学中的应用是一项复杂的、系统的工程，它是一种新型思维能力的训练，一种先进、超前意识的强化，一种探索和创新精神的培养。本书立足于信息化教学的基础理论，对多媒体素材的操作处理技术、多媒体人机交互技术、多媒体虚拟现实技术等进行深入分析，以期从理论及实证的角度对微课教学、慕课教学、同步网络课堂、移动自主课堂、智能校园的信息安全建设等方面提出符合时代要求的创新性建议，同时为计算机技术在信息化教学中的应用提供有益的参考。

本书由湖南涉外经济学院张成琦和承德医学院李立共同编写完成，其中张成琦完成约 16 万字，李立完成约 13 万字。

本书在编写过程中，参考、借鉴了国内外许多专家学者的专著、论文和研究报告，在此对这些学者表示衷心的感谢。同时，对于本书中未列出的引用文献和论著，我们深表歉意，并同样表示感谢。另外，由于时间及编者水平所限，本书难免存在不足之处，我们真诚地欢迎各位专家、读者对本书提出宝贵的意见和建议。

编　者

2018 年 3 月

目　录

第一章　移动网络课堂教学产生的背景

第一节　计算机信息技术发展的时代背景

一、信息技术的不断发展

第三次科技革命包含空间技术、原子能技术、电子计算机技术等的应用和发展。电子计算机的广泛应用，促进了生产自动化、管理现代化、科技手段现代化和国防技术现代化，也推动了情报信息的自动化。第三次科技革命带来了信息技术的飞速发展，掀起了信息革命。信息革命以互联网的全球化普及为重要标志。信息技术的巨大变革引发新的技术变革，对社会发展产生了深远的影响。

当今社会处于数字化、信息化时代的转型时期，新技术的快速发展和广泛普及对人的发展提出了更高的要求。在这个时代的转折点和关键点上，我们需要重新审视教育制度和教学模式，思考如何在教育教学中充分利用现代技术并最大限度地发挥技术的有效性。处于信息化潮流之中，我们教育的目的必然包含能够积极主动地处理信息，提高信息处理能力（包括信息的获取、分析、加工等方面的能力），具备信息素养。

《国家中长期教育改革和发展规划纲要（2010—2020年）》高瞻远瞩地提出："信息技术对教育发展具有革命性影响，必须予以高度重视。"信息技术对教育的各个方面、各个环节都会产生颠覆性的变革，它正在改变我们的学习习惯和学习方式，也在改变学校的教学模式。我们没有理由不转变教育观念，重新审视教育技术，从不同的视角积极主动地探索信息革命下如何进行教育变革，如何在教育中充分利用现代信息技术以促进教育的发展。

二、急需变革的教育现实

在工业革命之前，学徒制一直是最主要的教育形式。学徒制强调的是现场教学、个别化教学和代际间口传手授，教学发生在真实的工作场所中，徒弟在师傅的指导下学习和实践。学徒制培养出了具有高超技术水平的技艺人员。

工业革命的兴起使得工厂的规模扩大，这样就亟须大量的具有一定知识和技能的劳动力。也就是说，近代资本主义的兴起要求广泛普及教育，扩大教育规模，提高教学质量和效率，迫切要求在短时间内培养出大批量受过良好教育的劳动者。然而，传统的学徒制难以满足这一需求，班级授课制这一新型教学组织形式也就应运而生了。

班级授课制是以班级为单位，由教师按照固定的课时表安排，向固定的学生教授统一内容的一种教学组织形式。捷克著名教育家夸美纽斯在其著作《大教学论》中首次对班级授课制从理论上加以系统论证，使班级授课制确定下来。后来，德国教育家赫尔巴特进行了补充说明，使其进一步完善。

接下来，让我们分析班级授课制的基本特点，我们可以从中看出为什么班级授课制顺应了工业革命之需，并自其创立以来，一直持续至今，依然发挥着非常重要的作用。

第一，班级授课制有利于学生在有限的时间里掌握大量系统化的知识。第二，教师可以进行"一对多"教学，可以大规模地向全体学生授课，提高了教学效率。第三，班级授课制按照"课"来确定统一的教学进度和学习要求，在教学中使学生按照统一的步调执行即可，教学管理更为高效。因此，班级授课制能够高效地培养大量的人才，这正好迎合了工业革命对大量劳动力的迫切需求。

随着计算机和网络信息技术的发展与广泛应用，当今社会已经步入了信息化时代。信息革命不仅仅要求我们具备一定的专业知识和技能，还提出了更高层次的发展要求，比如，熟练掌握信息技术，学会及时处理应急事件，拥有不同于他人的独特创想，能够自主学习新鲜事物，敢于探索求知，等等。因此，信息革命对教育提出了更高层次的目标要求。然而，传统的班级授课制教学组织形式已经难以充分满足这一要求。

信息革命带来的新型理念冲击着人们的思维，提出的新要求促使人们适时做出改变，终身学习和自主学习在当下备受关注。人人都应该接受终身教育，进行终身学习；人人都需要积极自主地、有选择性地学习，以适应时代的发展和满足自身的发展需要，从而更好地实现自我价值和获得完满丰盈的生活。

第一次教育革命发生在从农业社会到工业社会的转型时期，在工业革命的助推之下，教学组织形式由学徒制过渡为班级授课制。第二次教育革命初见端倪，在信息革命浪潮的助推下，教学组织形式由班级授课制向终身学习、自主学习发展。通过简要梳理教育发展的历程，我们可以看出教学组织形式由手工学徒制到班级授课制再到现时代的终身学习、自主选择学习的变迁和发展趋势。因此，我们需要审视教育教学的现状，以找到教育教学的出路。

首先，教学内容与社会实践脱节。太多的学生在工作后抱怨："在学校里学习的绝大多数知识，在生活和工作中很少用得上。学到的知识在毕业后基本又'还给'了老师。"是的，正如这些学生所言，学校教育跟社会实践存在着脱节的现象。虽然学生在学习知识的过程中逻辑思维等能力也会得到锻炼，但是传统教学已然不能很好地适应社会需求，我们必须对其做出改变。因此，我们需要关注学校课程体系与学生发展的结合，构建适合并促进学生发展的课程体系，实现课程的生活化和实践化。

其次，传统教学往往在教学内容、教学进度等方面"一刀切"。那些"学得慢"的学生常抱怨教师讲得过快，自己还没有完全理解某一知识内容，但是为了跟上教师的进度，只能接着学习后面的知识，而前面那些没有掌握、没有彻底弄明白的知识点就成了疑难点。长此以往，这样的疑难点越积累越多，以至于这类学生慢慢成为所谓的"差生"。与此形成鲜明对比的是，那些"学得快"的学生，他们能够较快地理解知识内容，厌烦教师一遍又一遍地讲解，希望得到较高层次的拓展提升，或者希望进行下一阶段的新知识学习，但是传统教学往往限制了他们的这些需求，当然，也就剥夺了他们发掘自己潜能的机会，也许还会慢慢降低他们的学习兴趣和积极性。因此，我们需要思考如何才能使得每一个学生都能够按照自己的学习进度和学习特点进行学习，以使得每一个学生都能够最大限度地发挥自己的潜能。

第三，传统教学重视结果，轻视过程；重视知识的知晓，忽视智慧的培养；重视知识的获得，忽视心灵的感悟和情感的体验。在教学中，我们更多关注学生掌握了多少知识，忽视学生切实感悟到什么、体验到什么；关注学生"学会"，忽视学生"会学"；关注学生的学习成绩，忽视学生的潜能；关注学生的学习结果，忽视学生的思维过程。现实中不论是教师还是家长，都非常关注学生的考试成绩，较少关注学生在学习上的其他表现——学生是否具有良好的学习习惯，学习方法是否有效，学习积极性是否有待提高，学生的问题意识、交流表达能力、独立思考和探索能力的发展情况如何等，甚至忽视学生完满性格的发展、道德品行的完善等。

最后，传统教学强调教师的主导作用，尚未深入发挥学生的主动性。传统教学中，教师往往按照自己的教学设计按部就班地进行教学，学生在课堂上被动地听讲、忙于记笔记，课后又忙于完成作业，以应付各种考试。即学生面对更多的是"听课、做笔记、做练习、考试"，属于学生自己思考的时间较少，这样会导致学生缺少学习的热情和好奇心，缺少个性化创想。教师发挥自己的主导作用来顺利、高效地完成教学任务，但学生的主动性、积极性与创造性还有待加强，还需要进一步探索怎样使学生成为有智慧、有个性的完整的人，而非仅仅是具备知识但缺少灵性的人。

纵观以上可以看出：一方面，传统教学自身存在着种种弊端和缺陷；另一方面，现时代有"终身学习、自主学习"的新教育要求。显然教育正处于关键的转折点上，因此必须抓住时机适时做出变革。

第二节　数字化时代的教育变革

美国著名的新闻和媒体经营大亨鲁伯特·默多克（Rupert Murdoch）曾经在一个演讲中说道："在座的各位，都不需要我告诉你们，人才和科技怎样使我们的生活变得更加富有和多彩。不管我们到哪里，我们都可以看到电子科技给生产力带来的进步。科技也创造了比以往更多的工作机会，同时把我们从时间和空间的局限中解放出来。"

以信息技术为枢纽的数字信息化形式是当前世界经济转型的典型表现。在信息技术冲击下，未来的社会将逐步向扁平化演进，这种扁平化趋势影响下的全球分散式信息，将会形成基础设施。因此，未来每一个人都必须具备理解当今全球性知识的基础技能。可见，以互联网为支撑的产业革命让科技生产者处于创新人才链的源头位置——具有丰富的知识构成、能够自我获取新兴科技和探索未知能力的创新人才成为这个时代的领军人物，这些人才是在互联网上能够灵活运用各种科技知识的综合人才。

在教育领域，信息技术带来了个性化、智能化、定制化等新的学习理念，在这种理念的推动下不断涌现出新的学习方式。新的人才培养将以新技术与信息技术融合创新为手段，并注重人们的学习能力发展。这不仅是顺应社会的发展，而且也是满足人类全面发展的需要。

一、数字化与学习方式的变革

（一）学习方式

传统的学习方式主要是教师对学生的单向传输过程，学生需在规定时间内按照统一要求达到测试要求，学习路径呈同质和线性发展趋势。而今，信息技术让知识以网状化状态进行传播和应用，具有强烈的时效性和前沿性。这些碎片化的知识点来源于人们任意时间的意义表达，学习者用多元化思维来思考。学习内容不再局限于教材，获取知识的途径和时间更趋个性化，真正实现了"以人为本"，成为构建学习型社会的重要组成部分。信息技术创造了跨越时空的扁平化交互式教育平台，消除了全世界人们之间的距离。新的学习结构由传统金字塔型转变为分散网络型，它们围绕即兴的目标进行随时信息交流，使教育与世界交融。从这种意义上说，信息技术体现了为任何人、任何时间和地点的人类需求而提供服务的价值取向，这种跨越为全球化学习打下了坚实基础。基于不同领域新技术的个体组合所形成的交互平台也见证了人们通过互联网形成了交叉知识链接的协同学习结构。

（二）学习地点

显然，新形势下的学习方式已从教室延伸到了对全球领域横向体验的共同学习环境中，提升了个人对全球变化的分布式体验。从课内到课外、从学校到家庭、从国内到国外，传统的面对面师生讨论实现了可扩展和可选择的大教育状态，突破了师生间传统的主从关系，对学习具有深远意义。以互联网为代表的信息技术让移动学习、微学习、泛在学习等一系列数字化学习不断涌现，成为人们按照自身需求创造出来的人为社会系统，开启了教育的多种渠道。这些渠道使人们之间的同步与异步交流得以实现，不断消除着人们与教育环境的距离，刺激了教育者去拓展新的学习环境设计，使得"时时、处处、人人皆学"成为现实，从根本上营造出了前所未有的全新学习环境。资源共享、多重交互、自主探究、协作学习等所具有的智能化、快捷化、超链化等特征使学习者感同身受着客观世界的一切变化过程，为人们提供了"技术、环境与人"相互协调的教育生活空间，使人的生命本质在教育生活中得以彰显。

教育发展的历史与现实表明：教育的终点就是要回归生活，马克思曾指出"人们的存在就是他们的实际生活过程"，教育的本质就是人的生命实践。从这种意义上说，信息技术让教育环境获得了工具性、生活性和文化性的多重诠释，使信息技术拥有了人类和社会的生命和文化等多种价值取向，贴近了生活，也走向了更加具体的生命实践，使生活和学习融为一体，形成了一种高度智能的信息化学习生态环境。

二、数字化与教学方式的变革

关于教学，古希腊时期的苏格拉底和柏拉图采用诘问法或辩驳式提问；洛克认为教师对儿童实施形式教育要有坚实的经验基础，通过经验教学来使儿童掌握深层次的概念；裴斯泰洛齐创设了"实物教学"；从儿童身心发展来看教学的卢梭对爱弥儿的教育采用了自然教育的方式。上述的教学理论和方式，没有随着时间消逝，而是在不断地改进中更加为现今的我们所采用。随着科学技术的不断发展，教育理念也在不断更替，从以往的教师为中心到后来的学生为中心，从以往单一的课程到现今多样的选择，从以往的死记硬背到现今的个性化发展，无一不体现着教育的与时俱进。由此可以想象，在科技如此高速发展的今天，以往的教学方式和技术已经不能满足现今学生的需求了，因而改革势在必行。

在计算机技术产生之前，教师在课堂教授知识时，一般都采用口头描述或在黑板上记录的形式，但这些教学方法都不能很好地将教师所讲的知识清晰、全面、深刻地传授给每一位学生。有时，教师为了讲解一个数学公式的由来，需要写上满满一黑板，既浪费时间，学生又不能直观地了解。随着计算机技术在教育中的应用，教师在讲课时，将知识以"数字化"的形式存入电脑中，再通过多媒体将知识教授给学生，使学生更为直观地了解这一知识。另外，远程教学也是教学方式的一大新突破。远程教学的到来，使得每一位学生都可以通过网络学习到优质的教学资源，如网易公开课。甚至国外很早就采用远程教学的方式来通过函授提供学位。这一教学方式突破了时空的局限，使优质的教学资源可以在更广的范围内为大多数学生所共享，优质资源的效益得到最大化。

教学方式在教育的过程中起着至关重要的作用，一位教师教学方式的优劣，直接关系到学生对于知识的学习。《国家中长期教育改革和发展规划纲要（2010—2020 年）》中强调要强化信息技术的应用，提高教师应用信息技术的水平，更新教学观念，改进教学方法，提高教学效果，教师需要借助现今的数字化技术来为自己的教学增姿添彩，而不应固守前人的教学方式，一成不变。事实上，这并不是对已有教学方式的冲击，并不是摒弃陈旧的教学，只是在原有的基础上进行一些变革，使之能更好地适应现在的社会。众所周知，我们现在已处于信息化的时代，因而我们的教学也应该具备这一时代的特征。

三、数字化时代课堂教学变革的现实困境

数字化时代的到来，对课堂教学来说无疑是一次千载难逢的机遇，但同时也昭示着课堂教学迎来了一场空前的挑战。之所以说它是挑战，是因为当前在数字化背景下，我们在课堂教学实践中遇到了诸多现实困境，亟待我们去逐一解决。

（一）传统教学手段的缺位

自从现代信息技术引入课堂教学领域以来，人们便纷纷追求教学的现代化取向，甚至产生了对现代教学媒体的过度依赖。较为严重的现象是，当前很多老师几乎只有在现代教学媒体辅助下方能完成教学，比如，经常有老师反映由于停电了而不能上课，甚至连忘记带 U 盘了就无法借助课件进行正常教学。

显然，这种对现代教学媒体的过度依赖反映了现实教学的另一个极端现象，即导致了传统教学手段严重缺位于现代课堂教学中。

事实上，传统教学媒体，如书本、黑板、粉笔、挂图、画册、模型、实物、小型展览以及手指等都具有教学上的很多优势，也是现代教学媒体没法替代的。如粉笔加黑板的板书式教学在突显直观教学的同时兼顾师生

间的有效互动，这是计算机教育没法替代的。比如，教师可以通过对板书速度的控制，来调整对学生的管控。这种直接互动方式不仅能很好地吸引学生的注意力，还能留给学生足够的思考空间。况且，良好的板书设计也是体现教师魅力的关键所在。

传统教学媒体具有很多现代教学媒体所不及的优势，如成本低，方便移动，在教学运用中对教师和学生的技术性知识的要求不高，其适应性强，易于操作。正如，有学者所言，在选择传统教学媒体时，对学生、教师、教学条件、媒体特征、媒体效益等因素考虑较少，而这一因素在选用现代教学媒体时却是必须充分考虑的。

（二）"手脑"并用的机会减少

数字化时代，由于计算机的广泛运用，人们的手写功能逐渐被键盘输入所代替，造成人们"手脑"并用的机会逐渐减少。这样的结果对于现代教育教学乃至整个社会的发展并不是一件好事，反而不利于学生的健康发展。根据神经学的相关研究，写字是一个复杂的功能，依赖于一个庞大的神经系统网络。普兰汀（Planton）等人对 1995—2012 年期间使用功能性磁共振成像（functional Magnetic Resonance imaging，fMRI）和正电子发射计算机断层扫描（Positron Emission Computed Tomography，PET）方法涉及写字过程的 18 篇论文进行了元分析，结论确认了"书写脑"的存在。研究者还发现了一个由 12 个节点构成的范围广泛的涉及写的脑神经网络。左额上沟 / 额中回区、左顶间沟 / 顶上区和小脑前区这三个脑区支持的认知过程是写字独有的，最起码对写字来说是很关键的。因此，可以认为这三个脑区构成了人类的"书写脑"。然而，在数字化的今天，文字的输入方式从手写到键盘输入的简化，不能不说人类正面临一场书写危机。具体来讲：这种危机一方面表现为人的"手脑"并用的机会减少，也就是说，人的"书写脑"的功能得不到很好的发挥而逐渐削弱；另一方面由于键盘输入简化了人们手写汉字时所特有的对汉字内部结构的复杂处理的程序，这种简化将在很大程度上丢掉汉字的更多丰富的表意性的信息。

（三）虚拟世界的道德缺失

数字化的典型特征就是为我们构筑了一个超越现实的虚拟世界。课堂教学中师生的互动场所也随之从现实的基于教室的课堂延伸至超越现实的赛博空间里的虚拟课堂，师生之间的互动模式也从直接的"人—人"互动模式发展为"人—机""机—人"或"人—机—人"等多种互动模式。在这个虚拟课堂中，教师或学生的主体性和自由度超现实地膨胀。然而，正是人的这种主体性和自由度的超常膨胀，导致人的道德意识和道德情感在这个虚拟课堂中无法得到保障。如有学者在研究数字化背景下大学生的人文素质时直接指出："学生在网络中隐瞒自己的真实身份，创设虚假角色，容易造成信任危机；一旦学生处在这种具有非社会性和道德感隐蔽的网络氛围中，就会缺乏道德感和责任感，造成'精神真空'和'道德真空'，最终将导致人格的扭曲；还有居高不下的网络犯罪，层出不穷的反科学的、不健康的信息污染，令人胆战心惊的电脑黑客、道德滑坡等，都让人们深切意识到数字化时代的人文危机。"

（四）"真"与"假"呈乱象趋势

数字化时代所设计出的虚拟世界是源于现实和超越现实的存在，其明显特征就是"真"与"假"并存。说它"真"，是因为它们是源于现实的，是对现实存在的经验化的结果，其存在的本质是借助于"数字化"构造一个"真实"虚拟的而非想象、虚假的信息传播与交流的平台；说它"假"，是因为它与现实存在并非是同步存在的，它是对现实存在的虚拟仿真。正如某学者指出："赛博空间，是虚拟的，但它又是可视的、真实的，出现了真的是假的，假的也是真的。"这个虚拟世界所不可规避的"真""假"乱象趋势，在具体的课堂教学中主要表现在三个方面：一是教学内容的虚拟化。数字化时代的课堂教学总是习惯于将真实的客观知识经验化为虚拟世界的"真实"存在，如模拟自然灾害中自救、大火中逃生等。虽然类似的教学内容是虚构的，但是它反映的自然规律却是真实的，也就是说其达到的教学效果是真实的、合理的。二是师生间的互动交往融入了虚拟存在的媒介。在数字化时代里，师生间的互动交往活动早已经超越了面对面的交往，而是将真实的人际交往行为经验化为虚拟存在并延续到虚拟世界里持续进行。三是教学场景的虚拟化。数字化的今天，已经发展到有足够的实力设计一个完全虚拟的课堂场景，就某个真正的现实问题进行课堂讨论，实现在真真假假、虚虚实实中完成课堂教学任务。

四、数字化时代课堂教学变革的历史机遇

数字化时代的到来，为教育事业的发展带来了翻天覆地的变化，尤其

是给课堂教学造成了极大的影响和冲击。比如，由于数字化的影响，传统的师生之间以教科书为中介的简单的互动模式已经不能满足当前"信息潮"支撑下的实际需要。更值得关注的是，数字化的引入为课堂教学开辟了诸多教学研究领域从未涉及的新领域。这种影响和冲击，既体现了课堂教学研究与发展的历史机遇，也是反映出课堂教学改革与创新的新挑战。就其面临的历史机遇而言，主要表现在下列六个方面。

（一）激起了教学理念的创新

教学理念是教师从教学实践中形成的对教学的基本观点和根本看法，以及在此基础上形成的相对稳定的思想和观念体系。可以说，教学理念至少包括三层意思：第一，它是一种思想观念，即它是不同于人们的具体教学实践，是一种主观认识体系；第二，它源于教学实践，即由教师在教学实践中不断概括而成；第三，它是有关教和学的活动的内在规律的总体认识。可见，教学理念的发展与变化总是基于人们的教学实践的发展和变化。数字化的引入，为现实的教学活动提出了诸多新的要求，如数字化背景下教师必须会电子产品的操作，而且能认识和接受从现实世界到虚拟世界的变化等。这必将引起旧的教学理念与新的教学条件不相适应，在我们没法抵制数字化所带来的新的具有绝对优势性的教学条件的诱惑时，我们只有从观念认识上改变自我，改变我们对待教学活动的态度，即变革和创新我们的教学理念。

（二）突破了教学思维的瓶颈

教学过程作为一种认识活动，它同样是人们的思维逻辑过程逐渐展开的结果。这就决定了教学思维在教学活动过程中的决定性意义。这里的教学思维，是指师生基于教学实践活动而引起的关于教和学的活动的各种思维方式、过程和结果的总和。显然，数字化时代的到来，为师生的教学思维开辟了一片新天地，拓宽了教学思维的对象世界。在课堂教学领域，数字化的引入，使得人们原有的课堂教学活动的思维方式发生了根本性的变化。数字化世界所构筑的赛博空间里的存在是基于现实而又超越现实的存在。正因为如此，我们的认知思维同样可以在源于现实而又超越现实的情境下无限制地遨游于赛博空间。

（三）超越了教学时空的局限

在传统意义上，基于空间的课堂主要是指进行教学活动的教室，而基于时间的课堂则是持续 40 或 45 分钟的教学过程。数字化时代的今天，我们的课堂教学有了新的定义，教室不再是学生接受知识的唯一场所。比如，翻转课堂就颠覆了传统的课堂中接受知识、课后内化知识（通过作业复习巩固）的模式，而将学生接受知识的过程提到课前由学生自主学习来完成，课堂中则通过探究、讨论等方式解决学生接受知识过程中遇到的种种困难。

数字化背景下的课堂教学不再仅仅是向 40 或 45 分钟要质量，而是充分利用现代教学媒体的优势帮助学生从信息潮中寻求需要的信息。仅仅依靠教师提供的知识信息是有限度的，不足以满足学生的学习需求。更重要的是，在数字化背景下，虚拟世界的存在实现了诸多如抗灾、救火等现实课堂教学中无法实现的教学活动。因此，数字化时代的课堂教学已经在空间上超越了教室的局限，跨过了现实的界限，通过网络技术，融入虚拟世界；在时间上超越了传统意义上的 40 或 45 分钟的局限，如翻转课堂的"先学后教"模式就把学生的大量学习时间转移到了课前。

（四）引起了教学结构的变化

教学结构是在一定教育思想、教学理论、学习理论指导下的，在某种环境中展开的，由教师、学生、教材和教学媒体这四个要素相互联系、相互作用而形成的稳定的教学活动进程结构。它决定了教师按照什么样的教育思想、教学理论与学习理论来组织教学活动进程。根据教学结构的定义，我们会发现，教学结构实际上反映的是教师、学生、教材和教学媒体这四个要素之间的相互关系。从已有的课堂教学结构来看，课堂结构主要有以教师为中心的教学结构、以知识为中心的教学结构和以学生中心的教学结构。随着数字化时代的到来，课堂教学结构从以教师为中心和知识为中心的教学结构形式转向以学生为中心的教学结构形式。陆志平在其《数字化时代的课堂重建》中论述到，在数字化时代里，课堂教学正由辅助教学转向"E 学习"。也就是说，在课堂教学的教师、学生、教材和教学媒体这四要素中，计算机辅助教学模式所支持的是教师在教学媒体的作用下教教材，即教师通过信息技术把知识传递给学生。可见，计算机辅助教学是支持传统教学模式的。然而，在数字化环境下的"E 学习"（如翻转课堂的"先学后教"），则是一种以学生为中心的教学结构模式。在这种模式中，教师和信息技术都只是学生直接面对知识的媒介。其中，教师起指导和帮助作用，而信息技术起支持和辅助作用。

（五）实现了教学方式的变革

数字化时代改变了传统的粉笔加黑板的教学形式，实现了现代化教学手段支持下的"虚拟＋现实"的新型教学形式。在传统教学中，由于条件的限制，使用的教学方式主要是讲授式、讨论式、问答式、表演式等。而在数字化背景下，课堂教学方式有了诸多新的变化。为了适应数字化教学环境的需要，教师在探索教学方式时，不仅离不开计算机网络技术的支持，更是希望什么都能与新型教学媒体挂钩，甚至认为没有融入现代信息技术的课堂是不合格的课堂。可见，数字化时代的教学方式的变革与创新的核心是对现代信息技术的充分运用，或者说是对现代信息技术的依赖。在现代化信息技术的支持下，关于课堂教学方式的变革，虽然我们没办法将其具体内容逐一呈现，但其维度至少包括以下三个方面：一是信息技术的运用从质上推进了课堂教学方式的变化，如在师生之间的直接对话过程中介入了一个虚拟场景，这种虚拟实验能避免很多教学交往中的尴尬；二是信息技术的运用实现了课堂教学方式在量上的变化，如可以通过云技术进行多面展示，通过技术设计开发教学软件，通过网络平台实现在线学习和咨询等；三是信息技术的运用实现了时空维度的拓展。总的来说，教学方式的变革促进了课堂教学方式在结构形态上的变化。传统课堂教学主要采取讲、听、练、考等单向推进的方式进行，而进入数字化时代后，课堂教学则主要采用自主、合作、探究等方式综合进行。

（六）改变了教学评价的方式

数字化时代的课堂教学不仅在教学理念、教学思维、教学时空、教学结构和教学方式等方面存在系列变化，还引起了课堂教学评价方式的变化。在课堂教学评价上，数字化信息技术的运用，使得评价的方式更加开放且多元化。

诚然，在数字化时代里，引起课堂教学评价发生改变的原因是多方面的，但概括起来大致有两点：一是传统的教学评价方式已经不足以适应新型课堂教学结构的变化。在现代化信息技术支持下的课堂教学引入了数字化的虚拟世界，这不是简单的考试和分数所能涵盖的，它需要学生借助现代化信息技术进行精确的数据测量和分析，如虚拟仿真实验的引入和运用等。二是随着现代化信息技术的运用，大量新型社会评价方式逐渐被师生所青睐。有学者就建议，日常评价可以引进投票、关注、粉丝、网评等网上通行的学生喜闻乐见的评价方式，改变分数加排名的简单做法。

当然，我们在教学过程中对这些新型社会评价方式的选取和运用也不能盲目，必须遵循一定的原则。第一，应遵循新型社会评价方式的教育性原则。引入此类新型社会评价形式的目的是促进学生身心的和谐、健康发展，而不是为了赶时髦。第二，应遵循综合性原则。这些评价虽然在一定程度上能吸引学生的注意，激发学生的学习兴趣，但这样的优势也正好隐藏了自身的不足。比如，网评本来是一件方便快捷的好事情，但由于缺乏面对面的交流而经常导致评价的虚假和恶搞等。因此，必须综合多种评价形式，取其均值，将评价中由于个人偏好而造成的不真实成分控制在有限范围内。第三，应遵循人文关怀性原则，或者说是评价方式的修正性原则。在运用现代新型社会评价方式进行评价时，我们必须考虑教学实际，顾及个体感受，不能因为评价而伤及某教师或学生。

五、数字化时代课堂教学变革的路径反思

毋庸置疑，数字化的应用给我们的课堂教学带来了颠覆性的变化。然而，在此种机遇与挑战并存的情况下，我们应该怎样做才能更有效地使数字信息服务于我们的课堂教学呢？对此，我们可从下列几个方面思考。

（一）切实转化师生的教学主体性角色

传统的教学条件下，师生之间的互动交往模式主要是基于现实课堂教学的"人—人"交往模式，师生之间有且只有直接面对面的交流。显然，在这种有限条件下，课堂教学主要是以教师或知识为中心的结构形式，教师组织教学的目的主要是尽可能高效率地将所备知识传递给学生，学生则完全处于等待接受的状态，而且教学资源也主要源于教材和教参。随着数字化资源的引入，这种课堂教学结构发生了根本性的变化，教师不再享有对知识的绝对优势，师生交往所借助的客观知识（教学内容）也不再局限于某本单一的教材，学生也不再是等待接受的被动学习者。因此，为适应课堂教学的变革，处于课堂教学中的师生必须切实转化各自的教学主体性角色。

从教师主体来说，理应改变"我"（教师）为中心的教学态度，因为开放、丰富的数字资源早已经超越了"教材"的局限，学生获取知识的渠道也不再仅仅源于教师或单一的教材。因此，教师所做的应该是为学生获取

更多知识提供方便，帮助学生掌握如何在浩瀚的知识海洋里尽可能快地获取需要的信息。

从学生主体来说，在这个丰富多彩的信息世界里，那种等待接受、被动吸收的"享乐主义"角色已经不复存在了。为了适应变化莫测的数字世界，学生必须积极、主动地去获取知识信息。

（二）谨慎对待数字化时代的教学变革步调

数字化引起了当今课堂教学潮涌似的变化，但是变革不能一蹴而就，仍需循序渐进，谨慎为之。也就是说，我们在认同和接受数字化时代引起的课堂教学变化的同时，还需谨慎对待数字化时代诱发教学变革的步调。这是因为：一方面，数字化的世界让我们在真假难辨的情况下，淡化了对现实、对直接经验的亲历需求，因为虚拟的数字世界所呈现的仿真经验往往是经过加工、处理、选择后相对完美的经验，其很容易让涉世未深、缺乏辨别能力的学生产生虚拟世界的东西才是自己真正需要的东西的错觉；另一方面，数字化世界所存储的大量信息在带给学生更多方便、快捷的同时，也使学生对网络搜索产生了强烈依赖，从某种程度上看，这正默默地夺走学生独立思考问题的能力。正如有学者指出："我们以为虚拟是真实现象的数字化再现，其实它是经过选择、加工的主观再现，它以貌似客观真实的方式呈现着主观、虚拟的内容。因此，无论是旧媒体还是新媒体，都不能天然地应用于教学，必须通过有目的的、自觉的改造，才能使其服务于教学。"所谓的谨慎为之，并不意味着放弃。虽然数字化世界变幻莫测，使得我们应接不暇，但也正是这种多样性、超现实性刺激了我们不断改革与创新的神经，使我们不得不自我调整，主动适应时代的发展需求。因此，我们所指的谨慎对待数字化时代的教学变革步调，实质是告诉大家不仅要"埋头拉车"，更要"抬头看路"。在面对虚实的相济数字世界时，我们不能一味跟风，要紧扣教学实际，进行循序渐进的教学改革。我们还应该极力克服畏难情绪，乘风破浪，勇于探索和创新，致力寻求教学改革与时代发展的切合点，深入教学实践，不断反思与总结经验，要让教学实践成为践行改革成效的根本标尺。

（三）极力匹配数字化时代教学变革的辅助系统

常言道，有了思想不去行动等于妄想，有了行动不思效果等于茫然。为了让数字化时代的课堂教学变革顺利进行，我们在付诸实际行动的同时，还不得不思考何以使之更加合理有效地进行。也就是说，我们在甩开膀子干的同时，还应辅之以相应的支持系统。对此，我们可从四个方面建设该辅助系统：一是提高思想意识。数字化已经成为时代发展的必然趋势，我们应该清楚地意识到在此背景下，进行课堂教学变革也是势在必行，否则我们的课堂教学将难以满足数字化时代学生追求知识的强烈欲望。二是加强科学研究。面对数字化时代带来的课堂教学的机遇与挑战并存的现实，我们既不能因为它是一次机遇就绝对信赖地往前冲，也不能因为数字化时代抛给我们的课堂教学太多的挑战而畏缩不前。我们需要把握好变革的步调，有目的、有计划地进行课堂教学变革，加强对数字化时代的课堂教学变革与创新的科学研究，防止课堂教学的改革大军被浸没在虚拟世界的陷阱中。三是注重实践探索。课堂教学变革不能跟风随雨、人云亦云，更不能只停留在纯理论的思辨与妄想之中，而应该深入课堂实际，进行实践反思与创造，从而在不断否定、否定、再否定中追求进步。四是拟定相应的政策文件。一方面赋予师生进行课堂教学变革的应有权力；另一方面制定相应的规章制度，既起规范之效，又有监督之力，从而确保课堂教学改革的顺利进行。

（四）重新界定课堂教学的时空概念

数字化时代带给教学的变化是显而易见的，其中尤其值得注意的是引起了课堂教学在时空上的变化。在数字化时代里，课堂教学正以非常快速的步伐从主要关涉现实世界走向兼顾关涉现实与虚拟相结合的二重世界。这一变化导致了现如今的课堂教学在时间上超越了每节课的 40 或 45 分钟，在空间上从教室拓展到大千世界，以致单一的教室活动已经不足以满足数字化时代的课堂教学的基本需求。因此，若想全面深刻地理解现时代的课堂教学，必须对课堂教学的时空概念做出数字化时代的重新解读。否则，传统意义上对课堂教学的理解必将束缚着数字化时代赋予课堂教学的全新意义的合理发挥。基于这样的思维逻辑，我们提出"泛课堂教学"的概念，即只有在"泛课堂教学"理念的包容下，数字化时代的课堂教学时空观念才能有其准确合理的定位。当然，我们在此提出"泛课堂教学"概念，与其说是给数字化时代的课堂教学重新定位，事实上我们更愿意被理解为为大家思考数字化时代的课堂教学提供一种全新的思维视角，希望借此激起大家对此更多的关注和思考。

第三节　日益创新的社会需求

一、社会发展的需要

快节奏的社会生活对我们每个个体提出了更高的时代要求：我们要快节奏地学习新鲜事物，分析理解新情境，做一个学习能力强的求知者。因为，人生需要求知。不管是谁，都需要不断地发展和完善自己，以适应瞬息万变的社会发展，更好地面对未来的不确定性。我们需要紧跟时代的步伐，融入时代潮流，在新的时代背景下审视我们的生活、学习和工作。

社会的飞速发展对教育提出了新的需求：现时代社会不仅需要具备知识和技能的专业人才，更需要具有独特的个性、较强的学习能力、较大的发展潜力和创新能力的高层次人才。这也就促使我们重新思考教育问题——我们怎样去培养学生，使学生将来能适应社会的发展？

二、学生学习的差异化需求

学生个体具有独特性，个体之间存在着差异。学生在学习过程中同样存在着显著的个体差异，具体表现在如下几个方面：

第一，学生在认知方式上存在差异。认知方式又称为认知风格，它是指学生在组织和加工信息的过程中表现出来的个性差异，其实质就是个体在感知、记忆、思维、想象等认知过程中所偏爱的、习惯化了的态度和方式。譬如，有的学生喜欢在安静的环境下静静地看书，而有的学生喜欢在嘈杂喧闹的环境下做数学几何题；有的学生喜欢独自一人沉思，而有的学生喜欢和他人交流，善于表达自我；有的学生擅长用抽象的逻辑思维解决问题，而有的学生则擅长运用具体的形象思维看待事物……学生的认知方式千差万别。

第二，学生的学习风格存在差异。"学习风格"这一概念是由哈伯特·塞伦首次提出的。学习风格是指学生在学习过程中比较喜欢采用的并习惯化了的学习方式，是个性化的学习策略和倾向的总和。学生的学习方式各有特点。例如，在语文学习中，有的学生喜欢安静地阅读，静心体会文章的内容想要表达的含义；而有的学生则喜欢大声朗读，在朗诵中理解文章的寓意。学生的学习步调有快有慢，我们不能按照统一的教学设计组织学生学习同一知识点。学习能力较强、学习进度快的学生，会因为学习内容早已掌握，从而感到教师的讲授枯燥无聊；而学习能力较差、学习进度慢的学生，则可能会认为教师讲得太快，觉得学习内容太难，逐渐跟不上教师的授课节奏，从而失去学习兴趣。学习风格没有好坏之分，也与智力无关。我们不能单纯地说"学得快"的学生就好，"学得慢"的学生就不好。学习风格的差异还表现在学生对知识点的掌握能力存在差异。在传统课堂（标准化课堂）上，有的学生没有足够的时间来吸收内化知识。而知识内化是一个过程，需要一段时间。如果给予那些"学得慢"的学生充足的时间，很有可能的是，那些"学得快"的学生对知识点的理解不比"学得慢"的学生更深入和扎实，对知识点的记忆不比"学得慢"的学生更持久和牢固。因此，传统课堂"一刀切"的教学模式忽略了学生学习风格的差异性。

第三，学生的学习动机存在差异。学习动机包含学习兴趣、学习需要、情感、意志力等非智力影响因素，起到激发和维持学生学习行为的重要作用。学习动机对学生的影响并不直接"卷入"认知过程，而是间接增强学生的学习效果。例如，在学习意志力方面，有的学生可以一直表现出刻苦努力的学习意志力，但有的学生没有持之以恒的学习意志力，只能在一段时间内保持较好的学习状态。在教学过程中，我们应当关注每个学生的非智力影响因素，针对学生的学习动机差异，制定属于每个学生的学习目标，做出合适的学习规划，设定不同层次的学习任务，实现真正的个性化指导与帮助。

世界上没有两片完全相同的树叶，同样，世界上也没有完全相同的两个学生。每个学生个体都具有自身特有的认知方式、学习风格和学习动机，所有这些特质结合在一起就构成了学生的个性。在这个非常注重个性的时代，我们需要善于发现学生本来就存在的个性，并促使其得到最大限度的发展。

我们正处于信息革命的时代潮流之中，社会的发展要求每个人成为更高层次的"终身学习者""自主选择学习者"。因此，我们必须探索新的教学模式，革除传统教学模式的弊端，促使学生个体更好地进行终身学习和自主选择学习，培养适应社会发展的具有个性的创新型人才。

第二章 在线教育与传统教育的对比研究

在线教育是现代教育技术下的一种新型教育，主要依靠学生的自主和独立。提出"独立学习"概念的魏德迈在谈到构建远程教育系统的特征时，也明确指出"系统把比较大的学习责任放到学生身上"。在线教育为人的个性化、独立化发展奠定了基础。因此，在线教育的发展及其对教育教学改革所起到的推动作用不容轻视。而传统教育有利于系统知识的传授，并能充分考虑情感因素在学习过程中的重要作用，但是它受到时间和空间的约束。业内人士认为，在线教育是"金矿"，是一种新的创业机会，不过短期之内还无法颠覆传统教育。

第一节 在线教育是传统教育的延伸而非颠覆

对于众多传统产业的互联网化趋势，天使投资人蔡文胜认为，真正能够赢得未来的不是那些只懂互联网不懂传统产业的人，而是那些传统产业中懂互联网的人。传统行业的互联网化，是一种质的提升，而将互联网复制到传统产业，并无核心竞争力可言。很多人认为在线教育属于互联网的新兴产业，但是它必须回归到传统教育，开发出拥有传统教育精髓的产品，才能在在线教育市场上赢得用户。在线教育的核心竞争力是高质量的教育产品，而不是虚拟产品。

一、在线教育隐现的窗口期

新浪教育频道联合尼尔森公司推出的《中国在线教育调查报告》显示，2013 年，我国中小学课外辅导行业规模高达 2000 亿元，中国人每年为学英语要花费 300 亿元。如今在线教育对中小学课外辅导行业的参与率已经达到了 39 %。进入互联网时代，人们的学习也开始从线下转移到线上。

好未来教育集团 CEO 张邦鑫认为，在线教育实质是传统教育的一个延伸，而非对传统教育的颠覆。2013 年 8 月，著名的教育培训公司学而思教育集团宣布将使用了十年的集团名称"学而思"更名为"好未来"，新集团的愿景是"成为一个用科技与互联网来推动教育进步的公司"，实现传统教育与线上教育的融合。

越来越多的传统教育公司与互联网公司都看中了在线教育市场的前景，纷纷涉足在线教育市场，只不过参与的方式存在差异。总体来看，在线教育的发展势头是好的，越来越多的竞争者，更加证明了用户需求强烈，否则在线教育市场不会吸引这么多的淘金者。如今用户使用在线教育的习惯已经形成，市场不需要花费大力气培育用户的在线教育的使用习惯了，在线教育的窗口期已经隐现。

二、在线教育的根基还是传统教育机构

在在线教育市场上，百度、淘宝等互联网企业，主要是为传统的教育机构提供在线平台，它们与传统教育品牌更多的是合作和融合。传统教育品牌需要互联网企业为它们提供大量流量来转换传统教育的内容，而传统教育品牌则帮助互联网公司拓展其在互联网领域的业务范围。事实上，互联网企业对传统教育公司的需求更多一些，在内容为王的时代，没有内容的平台无异于一个空壳，只有大量的高质量的内容才能让互联网公司在线教育平台吸引众多的用户。

《中国在线教育调查报告》的调查数据显示，学而思网校和新东方网校在中小学在线教育领域的使用率分别名列第一和第二，占有率分别为 28.9%和 18.3 %。从数据可以看出在在线教育市场占据主导地位的两个品牌都是传统教育公司。

由此可见，在线教育的核心竞争力还是教学质量，而优秀的教学质量则是互联网公司所不具备的优势，只有具备师资优势的传统教育公司才能提供高质量的教学产品。而无论是线上还是线下，真正能够吸引用户的是高质量的教学产品，因此在线教育的根基还是传统教育机构。

三、"烧钱" vs "生钱"

互联网公司运营在线教育平台，首先需要"烧钱"获得大量的用户，

在"烧钱"的同时互联网公司对盈利的期盼也会更加迫切。而对传统教育公司而言，在线教育只是传统教育的产业延伸，由于具备教学资源优势，因而产业延伸的成本投入就会少很多，盈利的预期性也更强。公开信息显示，好未来在线教育对好未来集团的营收贡献率为 3 % ～ 5 %，这一比例基本适用于新东方等国内多数教育培训公司。在线教育在传统教育培训公司的整体营收中只占很小的比例，所以传统教育公司开展在线教育的盈利压力会小很多。

互联网开展在线教育是"烧钱"等着"生钱"，而传统教育培训公司则是自身服务的延伸，处境不同决定了二者出发的角度会有较大的差异。互联网公司在推出在线教育产品时，需要更多地考虑收回投资和盈利。像新东方等传统教育公司，则是凭借自身强大的线下教育品牌实力，一个脚印一个脚印发展起来的，强大的教学资源储备使得它们可以布局长远，因而在开展在线教育的初期并不会过多地考虑盈利问题，把自己的内容和品牌做大做强，才是最关键的。

四、颠覆 or 互补

近年来，随着众多在线教育产品的推出和流行，"随时随地，想学就学"成为一种时尚。有的教育行业专家表示，传统教育将会被在线教育颠覆。对此，新东方的创始人俞敏洪却说："传统教育与去电影院看电影有一个共通之处——体验，而这个功能是在线教育无法做到的。"

客观来说，在线教育确实具有一些传统教育不可比拟的优势。在线教育方式非常灵活，使得学习摆脱了时空的局限，学生可以根据自己的情况自由地安排学习进程，可以把一些碎片时间充分利用起来。另外，在线教育提供的课程也更加丰富，学生拥有了更大的选择空间，与传统教育环境中的被动接受不同，学生可以通过在线教育主动选择适合自己的教育产品。

由此，有很多人推想，今后随着科学技术的不断进步和科技产品的进一步普及，在线教育将会彻底地颠覆传统教育，到那时传统的学校将会消失，而老师则会失业。而事实上，除了在线教育，在历史上新技术对传统教育带来的冲击还有很多。以印刷术为例，印刷术作为一种新技术的出现，使得图书的生产成本大大降低，图书从此变得唾手可得，图书馆藏书也变得更加丰富，但印刷术并没有颠覆传统教育，反而对传统教育发展起到了极大的推动作用，并让图书成为传统教育的重要元素。

在线教育也是如此，因为教育并不是单纯地传递知识，传统学校中的师生互动具有在线教育无法替代的巨大价值。学校教育在授课之外，还能够鼓励、安慰、启发学生，分享学生的情感，让学生感受到老师、同学、班集体和学校的关怀与温暖，这些对学生的心智发展都是非常重要的，而这些都是在线教育很难实现的。另外，学生在传统的实体学校中不仅可以系统地学习文化知识，还能够在与老师和同学的互动中，形成社会化的关系，这种社会化关系对每个人而言都具有巨大的潜在价值，学生在与老师和同学的交往中产生的真实的、深厚的师生情和同学情会让人终生受用，并且同学和校友关系也是非常重要的社会资源，而在网校里形成的社会化关系则要弱很多。

因此，在线教育将会成为传统教育的重要补充，而不会颠覆传统教育。学校教育可以通过与在线教育的融合，克服传统教育的时空局限，提高授课方式的灵活性，还可以针对不同的学生开设有个性化的课程，真正实现因材施教。在线教育与传统教育并非水火不容，而是相得益彰，二者的融合必然会推动教育的大发展。

第二节 传统教育机构的互联网变革之路

很多传统教育机构十年前就开始在网络上开展课程销售，一直推行在线教育并不断升级。在线教育发展形势良好，这些传统教育机构则开启了更加积极的变革和创新，以适应新的市场需求，取得更大的发展。

一、积极拓展产品线

互联网技术的发展给传统教育机构带来了新的危机和挑战，但是也给它们提供了新的机遇。中国最具代表性的民办教育机构新东方，其在线教育品牌新东方在线也是中国在线教育市场的领军者，其产品涵盖了语言考试、K12 等领域，现在已开始积极地布局职业教育领域，希望通过拓展产品线在互联网中开辟出新的盈利增长点。

2014 年 7 月 23 日，新东方集团正式与 ATA 达成合作协议，联手开拓在线职业教育市场。新东方集团将由旗下全资子公司新东方在线出资与ATA 成立一家合资公司，并创办一家新的在线职业教育网站。以优质课程和师资实力著称的新东方此次与擅长考试测评的 ATA 合作，表现出了新东方通过战略转型把握互联网带来的新机遇的强大决心。

业内对双方的合作前景普遍看好，因为仅新东方集团自身每年培训的学员就有 300 万人，这些学员进入职场后就可能转化出巨大的职业学习群体。而新东方在线则在中国在线教育领域耕耘已久，拥有十分丰富的经验。数据显示，目前新东方在线网站的个人注册用户已超过 1350 万，移动学习用户超过 4000 万。对于新东方而言，这次在在线职业教育领域的发力将进一步丰富其产品线，这次新变革将为企业的发展带来活力。

二、拓展"四屏联动"的云课堂

互联网技术的发展正在帮助人们实现各种设想，在线教育的发展则让学生实现在教室之外上课的设想。如今在线教育的用户可以不受时空的限制更加方便地上课，一些机构努力创新，让客户更加舒适愉悦地坐在客厅的沙发上，对着高清大屏幕，面对面地和老师现场交流，实现轻松愉悦的教育"真人秀"。

2014 年 7 月 12 日，巨人教育与中国最大的民营互联网电信运营商鹏博士合建的"空中万人云课堂"正式面世，它实现了直播教室与电脑、手机、iPad 以及电视机的"四屏联动"。"空中万人云课堂"的面世，使得巨人教育可以借助鹏博士的科技手段和网络渠道，让学生无论是在书房的电脑前，还是客厅的电视机前，又或者在户外拿着手机、iPad，都可以随时随地学习巨人的在线课程。

与其他在线教育机构的云课堂相比，巨人教育的"空中万人云课堂"最先占据了客厅电视机，学生在通过电视机实时上课的同时还能够与老师实时互动交流。未来，随着中国智能客厅的发展，将会产生很大的潜在消费群体。

"空中万人云课堂"的性价比优势也将帮助巨人教育吸引到更多的客户。据介绍，最先推出在该云课堂上的课程，将是巨人教育的明星产品——"大语文"在线课程，学生在家中学习直播课程，可以获得 50 % 的长期优惠。

三、发展移动端业务

中国互联网络信息中心（CNNIC）发布的第三十九次《中国互联网络发展状况统计报告》显示，截至 2016 年 12 月，中国网民规模已经达到了 7.31 亿，互联网普及率为 53.2 %，其中手机网民达到了 6.95 亿，占比高达 95.1 %。手机已成为第一大上网终端设备。这一数据无疑为计划拓展移动端业务的在线教育机构打了一针"强心剂"，也让未来的教育方式变革创新增加了无限的想象空间，可以预见：不久的将来，手机等移动终端必将成为在线教育行业竞争最为激烈的领域。

好未来在线教育旗下的"E 度教育网"于 2014 年 8 月 1 日更名为"家长帮"。"家长帮"希望通过更名更清晰地表现出其"服务家长"的品牌特征，而更名的背后更大的意义则是产品升级。家长帮总经理李正堂介绍："更名后，家长帮不仅仅在于 PC 端服务 K12 领域的家长，触角还将延伸到移动端，利用移动端的精准到达、订阅、分享等优势来升级产品，让用户觉得更方便，更有帮助。"

四、积极布局教育 O2O

互联网改变传统教育的速度，远远超出人们的想象。学大教育 CEO 金鑫也认同这一观点，他认为："在线教育有很多种方向、有很多种路径，选择哪种路径还要根据自己的业务特点来决定，而不是简单地去模仿、去复制。"

传统教育培训机构的核心竞争力在于"师资、课程"，很多教育机构都期望找到合适的路径，把传统教育机构的优势融入在线教育，然后通过在线教育把业务引入线下付费教育，实现线上线下的良性互动，从而让业务拓展变得事半功倍。在很多人还在固执地认为传统教育机构只懂得在网上销售视频课程的时候，一些锐意改革的教育培训机构已经开启了教育 O2O 的尝试。

2014 年 3 月 20 日，学大教育旗下的在线教育网站 e 学大上线，学大教育开始了教育 O2O 的尝试。e 学大拥有个性化的智能辅导系统，这一系统不仅涵盖 12 个年级的 8000 个知识点、50 万题库和 2 万个微课程，还具备错题本、题库、视频学习等多种功能。这些教学内容受到了学生的普遍欢迎，具有很强的用户黏性，在互联网上有效地提升了学大的品牌知名度和权威性。

这样，e学大借助网络的力量，开始了其线上线下相融合的教育O2O模式。学大教育的在线教育的规划是紧紧围绕其主营业务展开的，利用教育资源的优势来推动其在线教育业务的发展。e学大将采用O2O的模式，整合线上线下资源吸引客户，并引导客户关注e学大的付费教育产品。

传统教育机构在教育产品、授课系统和商业模式等领域的创新和变革，令人耳目一新，也为教育机构吸引了更多的在线用户，为教育互联网化的转型提供了动力。互联网为教育机构提供了广阔的创新平台和发展空间，教育机构只有紧紧地围绕客户需求的变化，通过积极的创新和变革，为客户提供更加便捷的教育服务和更加丰富的优质课程，才能赢得在线教育的未来。

第三节　以互联网思维布局在线教育市场的研究

在线教育市场在近两年中得到了迅猛的发展，也获得了BAT互联网巨头的热烈追捧。一路飘红的概念股印证着在线教育的发展前景被市场各方所看好。安信证券曾预言，国内在线教育市场将继续扩大规模，并且在未来几年中，在线教育还会获得新的发展机遇。可见，在线教育市场正在酝酿开启一场新变局。

一、各路资本抢滩在线教育

当今社会，教育伴随人的终身，从早期教育、基础教育到高等教育，从课外辅导、少儿英语到职业教育、出国留学，教育已经贯穿了我们人生的每个阶段。并且，在信息化技术爆发式发展的趋势下，特别是从互联网到移动互联网，已经颠覆和改变了许多的行业及领域，而教育领域同样如此。在线教育即E-Learning，顾名思义，是以网络为介质的教学方式，通过信息科技和互联网技术进行内容传播和快速学习。在线教育创造了跨越时间和空间的生活、工作和学习方式，使知识获取的方式变得更加多元化和个性化。因此，教育和互联网的结合是未来发展的必然趋势。

（一）资本助推在线教育

教育领域是近几年来为数不多的，还未被互联网所变革的传统行业。自 2013 年起，在线教育便成为教育或非教育机构纷纷探索的领域，同时也是股权投资最为青睐的细分领域之一。以麦奇教育、慧科教育为代表的在线教育创业公司在 2014 年一季度中拿到了过亿元人民币的融资。与此同时，在线领域中的行业翘楚——智课网、一起作业网、梯子网等机构，也正在向亿级 A 轮融资进军。目前，投资人跟市场十分认可在线教育领域中的一些优秀公司的内容和模式，这给这些企业带来了发展的良机。

百度在线教育将目前的在线教育分为四大类：以学而思、新东方在线为代表的课件提供商；以考研网、中华会计网为代表的内容提供商；以淘宝网为代表的工具提供商，为在线教育提供视频点播等工具；做流量分发的中间页渠道商，如决胜网等。

仅 2014 年一季度，在线教育的投资额就已经达到 5.3 亿美元，投资事件共 82 起。随着在线教育市场的逐渐扩大，也吸引了许多跨界者跃跃欲试。新华网是继人民网之后进军 A 股市场的一支大军。新华网的招股书表明：在云平台建设与大数据分析所募集的 15 亿元资金中，将有 1 亿元投向在线教育。

根据招股书披露，新华网对于在线教育的规划包括技术支持、课程服务、教育咨询以及增值业务四个方面。技术支持属于硬件建设，包括学习平台的构建与租用；课程服务中，包含深度观察、行业知识等课程；教育咨询中含有培训体系设计、混合式学习设计与实施等业务；而在此基础上则衍生出了包括学分教育以及职业认证等项目的增值服务。

不仅仅是新华网，一大批知名机构的涌入，使在线教育的发展迎来了高峰期。如鹏博士、海伦钢琴、中兴集团、大连控股、西安饮食等机构，它们几乎没有任何一项业务与在线教育沾边，但作为跨界者，这些机构都在以独特的方式联手在线教育展开全新的业务。比如，鹏博士与巨人教育共同构建在线教学平台，而海伦钢琴则主攻素质教育。

（二）商业模式有待探索

平台与内容是目前在线教育最主要的两种形式。而就商业模式而言，尽管在线教育的发展势头很猛，但盈利模式却并不明晰，目前大多以互联网模式下的广告费、课程费、平台分成三种形式为主。

淘宝网、YY 是比较有代表性的平台商，其中淘宝最为典型。与电商模式类似，淘宝在线教育策划的盈利方式是为店家提供某种增值服务，如流量分析与宣传等，但淘宝本身并不参与平台的分成。

再以 YY 为例，YY 频道也是一家成功的平台商，它的盈利主要来自YY 音乐的付费用户，而在教育方面的盈利还只是零。YY 最开始并没有将教育作为重点运作的领域，是从用户发现了 YY 语言模式之后，自发进行课程教育，教育频道才逐渐单独在 YY 上发展起来。

以 App 形式提供的教育课程，是内容提供商最为普遍的形式。其内容包含视频录制、直播、智能软件等，提供视频是其最基本的形式。

搭建平台是大多数即将迈入在线教育领域的跨界者最为基本的介入方式。新华网的规划十分明确：构建"学习平台搭建""学习平台租用"的整体布局。其他机构如以电信业务为主营业务的上市公司鹏博士，则与巨人教育合作，创办"空中万人云课堂"，打造多屏合一、直播、点播、互动的教育全平台。而海伦钢琴则期冀由钢琴制造向艺术培训领域拓展，成立艺术培训公司，进军在线钢琴教育市场。这些构想都充分融合了云平台与大数据的理念。

从现状来看，传统的教育盈利模式并没有太大的变化。许多线下教育提供商通过打造线上电商模式来开拓在线教育服务，在线教育的盈利模式依然有待开发。除此之外，在线教育平台在资本方面也需要有较强的造血能力。利用在线教育平台，决胜网为供应商吸引流量，在线上实现产品与服务的变现，而在线下实现产品与服务的供应。

O2O 可以使在线教育的盈利模式更加明确，正如学大教育 CEO 金鑫所说，闭环是移动教育产业产生规模性收入的关键要素。所谓闭环，指的就是在 O2O 的模式之下，将传统资源与互联网相对接的个性化教育。

此外，K12 也是在线教育机构主攻的领域。因其可观的利润，K12 深得投资界的青睐，2014 年以来，包括一起作业、快乐学、爱考拉、学霸君、学习宝的一大批 K12 领域的杰出企业获得投资。"K12 有大量的刚需，是今年被挖掘的最具盈利潜力的教育服务，不过目前 K12 领域还是受传统机构所掌控，因此创业机构的未来尚不明朗。"易观分析师王梦寅这样认为。

（三）未来年增长率达 100%

数据显示，目前，在线教育的产业规模高达 3000 亿元。如果按照年龄段来划分，教育可分为学前教育、K12（基础教育）和成人教育三个阶段。其中，成人教育在在线教育领域发展得最为迅速。职业教育、外语培训和兴趣教育是成人教育中的三大细分领域。以职业教育为主要业务的正保远程教育、达内科技已经成功在美上市，表明职业教育的在线教育已经发展得相当成熟。

2014年以来，随着政府对职业教育改革的重视，改革的潜力凸显，政策的红利为在线教育的发展带来新的发展机遇。从现状来看，国内优质的教育资源依旧严重稀缺，涨势猛烈的学区房以及高昂的名校赞助费就是佐证。二、三线城市以及边远地区的乡村因为教育资源的匮乏，对于优秀的教育资源十分渴求。从这个角度可以预测，未来的在线教育市场将迅速扩张，内容跟产品也会更加丰富，与此同时，行业内会出现一些寡头企业。在供小于求的形势下，在线教育会由目前仅仅提供初级产品，过渡到生产组合出各类教育的衍生新品。

从文化背景来看，西方推崇个性化教育，因而很难诞生较大的培训市场，而在东亚文化下出现大型教育企业的可能性很大。从中国的社会环境来看，中国的教育体制更加倾向于标准化，受教育的人口众多，而中国人相对于西方也更重视教育。因此，中国的在线教育领域极有可能出现一些大型的教育企业和真正专业的集团公司。

虽然极具发展潜力，但是在线教育在发展中也同样遇到了瓶颈。目前在线教育行业并不集中，虽然平台与内容提供商都有机会，但能否出现关键性的创新点决定着在线教育的发展潜力。否则，在线教育将仅仅作为O2O的衍生品，发展的前景并不乐观。举例来说，目前教育产品大都大同小异，没有针对性，并不能满足消费者需求的多样化，产品的同质化需要依靠创新来打破。

以K12教育为例，韩国在这一领域发展得十分不错，这与韩国的家庭教育习惯有关。2000年左右，为阻止教育机构占有学生的课余时间进行培训，韩国政府促使教育部在官方网站上发布了大量优质的教育资源，从而逐渐养成了韩国家庭教育的消费习惯。而在中国，在线教育的用户习惯的培养还需一个漫长的过程，中国的应试教育的标准化水平较高，其教育课程不会成为在线教育发展的阻碍。但有一点，虽然中国的教育规模较大，细分市场的容量却有限，以在线教育规模最大的K12市场而言，学科类型不统一，并且各个地域的教育需求也有很大的差异。

二、BAT 三巨头对在线教育市场的布局

随着互联网的发展，百度、阿里巴巴和腾讯这三巨头的战火早已从互联网领域燃至传统领域，零售、金融、医疗、旅游、影视无所不包，作为关系国计民生的教育领域当然也未能避免。BAT 在传统行业的运作通常是做闭环服务平台，也就是自己做服务平台和后台支付平台，将其开放给买家和卖家，对教育行业的运作也是如此。BAT 推出前端电子课堂和后端课程交易平台，然后一方面寻找授课方进驻平台提供在线课程，另一方面吸引学习者参与课程学习。

（一）百度关键词：流量、搜索、入口

百度对在线教育的布局分为两部分：一部分是传统的平台建设，另一部分是从自身擅长的搜索导流方向推进教育市场。在搜索导流方向，百度推出了教育知心搜索，该页面除了展示搜索结果外，还负责向百度教育页面引流，并且导入的流量基本可以保证其客观性。在平台建设方面，百度在教育网页的基础上推出了服务平台，目前已有很多课程上线，但是百度教育平台尚未完成闭环，用户点击百度教育页面上的课程，会直接跳转到教育机构的页面。

百度教育的建设仍延续百度经典的"搜索 + 推广"模式。也就是说，百度的在线教育平台也跟教育关键词广告放在一起，通过对教育关键词进行流量留存，进一步掘取其广告价值。随着范围的不断扩大，百度教育平台可承载的内容也将越来越多，这种发展模式对百度和用户都有利。对于用户来说，通过百度这一个平台可以解决所有问题，简单方便又高效；对于百度来说，用户对平台的依赖性越高，百度对流量入口地占据就越牢固，盈利就越容易。在投资传课后，百度教育平台也将与传课网进行业务对接，借此补全百度在教育行业的内容短板。届时，百度就可以利用传课来解决教育平台的线上授课问题，为用户打造个性化的专属学习服务。

（二）阿里巴巴关键词：电商、工具、评价体系

淘宝已经是非常成熟的交易平台和运营平台，因而阿里巴巴可以直接在淘宝售卖课程。然而阿里巴巴不满足于这种低端的玩法，而是在新版的淘宝页面增加了在线教育的系统框架，包括基于淘宝视频的直播和点播，并且将第三方内容及第三方教学工具嵌入点播模块，同时将其与阿里盒子进行了无缝对接。

2013 年 7 月，阿里巴巴推出了旗下在线教育平台淘宝同学，这个平台剔除了所有的线下课程销售业务，而且专注于用户和流量的追求，目的非常明确。同时，阿里巴巴还推出了阿里旺旺淘宝同学版，以此补足了授课工具环节。阿里巴巴完全沿用电商思路打造了这款在线教育平台，专注于平台服务，将淘宝内部的流量导流入进驻平台的教育机构。另外，淘宝同学还沿用淘宝本身的信用评价体系，为用户提供更多的服务保障。

借助淘宝同学，阿里巴巴在 BAT 中率先完成了平台布局。2014 年 2 月，阿里巴巴又投资了在线英语学习机构麦奇教育，此举将有助于阿里巴巴在平台之外构建自己的内容体系，进一步完善阿里巴巴的电子商务版图。

（三）腾讯关键词：用户、视频、群组

对在线教育业务的开展，腾讯也表现出了相当程度的重视，同时调动了两个团队运营在线教育业务。其中一个在腾讯网的腾讯教育频道以精品课为资源平台做录播教育，另一个团队则在腾讯视频的腾讯课堂以 QQ 群为网络课堂做直播教育，最终，腾讯精品课完成了对 QQ 群视频直播工具和支付工具的整合，在作为枢纽的腾讯课堂上面实现了腾讯在线教育的完整闭环。

早在 2011 年，腾讯就开始涉足在线教育，基于 QQ 的庞大用户基础，腾讯在线教育在起步阶段就拥有其他平台无法匹敌的流量，更可贵的是流量精准，用户黏性极高。在授课工具环节，腾讯通过在 QQ2013 版本中增加屏幕分享、伴奏播放、影片播放甚至 PPT 演示功能，完成群视频功能的优化，打造出一个系统的远程教育工具。凭借这个强大的工具，腾讯要做的只剩下在自有的庞大用户群中找出目标用户，将 QQ 授课发展成一个强大的教育平台。

虽然 BAT 陆续都进行了在线教育领域的布局，但是由于三巨头携带的基因不同，做出来的平台也就有不同的侧重点。百度的搜索、腾讯的即时通信、阿里巴巴的交易，这些与生俱来的标签同样贴到了旗下教育平台的身上，当然，即便身上携带着这些标签，这些教育平台也同样都是合格的授课平台。

目前在线教育市场还处在初始阶段，没有任何一家机构掌握了这个市场的绝对话语权。在这种情况下，谁掌握了用户资源，谁就抓住了行业先机。在线教育平台和授课工具不仅关系到用户的使用习惯，更与教育机构

的转移成本息息相关。教育机构一旦进驻了某个平台，想要再转移平台就会花费大量的资金和资源成本，随着时间的推移，转移平台的成本就会越来越高，因而教育机构只能成为平台生态的组成部分。

（四）BAT市场主导下的教育变革

正如互联网对其他传统产业的颠覆，相信 BAT 的参与也会给教育行业带来新的变革。未来，教育市场将会发生哪些颠覆性的变化？我们不妨大胆地猜想一下。

1. 授课模式将会消失

基于标准算法、系统模型、数据挖掘、知识库等信息技术，为每一个学习者定制个性化的学习服务，这将成为未来在线教育的发展方向。在这个过程中，技术会逐渐承担更多的责任，完成更多的知识传递，学习者对教师授课的依赖会越来越小，最终授课模式将会彻底消失。

2. 教育回归服务本质

教育的本质是对学习者提供的一种服务，未来的教育将逐渐回归服务本质，教育行业的中心由老师转向学习者，教育机构必将以学员为中心，为其提供全方位、个性化、持续的学习服务。

3. 教育平台回归社交本质

教育平台是学习者进行学习的平台，它需要为学习者营造出强烈的学习氛围、强制化的学习状态以及真实有效的互动，它的本质应该是众多学习者的社交平台。未来，教育平台将提供更多的优质课程资源，并且向学习者免费开放，吸引更多的学习者汇聚在教育社区平台，盈利方式将通过为学习者提供个性化的增值服务来实现。

4. 在线教育概念消失

未来，所有的教学都将借助云计算、大数据、移动互联网等技术实现，所有的教学过程都在互联网环境下发生，线上与线下只意味着不同的环境和教学手段，即便是线下教育，也离不开互联网的应用，其本质上也是在线教育，所以也就不再有这个概念。

5. 个性化的学习方式出现

通过对用户数据的采集，借助云端大数据的计算和分析，在线教育可以跟踪每一名学习者的学习特点、行为和过程，掌握每一位学习者的优势和短板，从而有针对性地进行更精准的教学，帮助学习者提高学习质量和学习效率，真正实现因材施教，有效促进人才的培养。

6. 优质教育资源平等共享

与传统教育形式相比，在线教育的成本很低，即便是优质的高校教育资源，也能够以相对低廉的成本进行大范围传播，触达世界每个角落的所有人群。从这个意义上来说，在线教育可以大大促进规模性的人才培养，从而增强国力。

7. 4A（Anytime、Anywhere、Anybody、Anyway）学习模式的到来

在线教育突破了时空的限制，颠覆了传统教学的形式，人们可以在任意的时间地点进行学习。在互联网大资源里，学习者可以自由选择学习资源，还可以自由选择学习设备，无论是下班等车时用手机学习，还是睡觉之前通过平板学习，或者周末在电视屏幕观看在线课程都可以成为现实。

8. 教育娱乐化

传统课堂教学模式下，学习材料枯燥无味，老师讲课严肃呆板，导致学习者心不在焉，很多学生沉迷于不断升级打怪的网游。在线教育可以有效改善这种状况，通过精巧的设计将学习过程趣味化，学习像玩游戏一样通过不断的挑战而不断得到即时激励，吸引学习者持续学习。

9. 在线教育实现社会认证

传统教育下，在结束相应课程的学习并且通过考试之后，学习者会得到社会承认的资格认证，如毕业证书、学位证书以及各种资格证书等。在线教育尚不能做到这一点，这也是在线教育的硬伤。未来，在线教育的学习者也能够在完成相关学习任务之后得到相应的资格认证，并且这种认证能够被社会认可。

10. 互联网解构与重构学习模式与教育体系

在线教育是在互联网上做教育，最基础的行业形态是将传统教育搬到互联网上，高级一点的形态则是将二者进行更为有机的结合，充分发挥互联网的优势改善教育模式。未来，互联网教育可能实现传统学习模式与教育体制的解构，彻底颠覆几千年来以教师为中心的授课模式，重新制定一套以学习者为中心的教学互动模式。

第三章　翻转课堂模式的基本理念

第一节　翻转课堂的兴起与发展

一、什么是翻转课堂

翻转课堂有很多名称，诸如颠倒教室、翻转教学、颠倒课堂、翻转学习等，其实意思都一样。到底什么是翻转课堂呢？这是从英语"Flipped Class Model"翻译过来的术语，一般被称为"翻转课堂教学模式"。

传统课堂教学模式中，教师在课堂上讲课，讲完后布置课后作业，让学生在课外练习。与传统课堂教学模式不同，在翻转课堂教学模式中，教师创建教学视频，学生在课外观看视频中教师的讲解，主要在课外完成知识的学习，课堂则变成了教师与学生之间、学生与学生之间互动的场所，课堂上教师主要通过组织答疑解惑、交流讨论、知识运用等活动帮助学生完成知识的习得，从而达到更好的教学效果。通过下面的教学结构变化比较图（见图3-1）能更清晰地看到翻转课堂与传统课堂的区别。

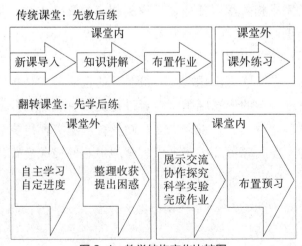

图 3-1　教学结构变化比较图

因此，所谓翻转课堂，就是教师创建教学视频，学生可以在课外观看视频中教师的讲解进行学习，回到课堂上与教师、同学面对面交流和完成作业这样一种教学形态。

乔纳森·贝格曼和亚伦·萨姆斯通过下面的问答使我们更加准确地理解翻转课堂的含义。

（一）翻转课堂不是什么

不是在线视频的代名词。翻转课堂除了教学视频外，还有面对面的互动时间，学生与同学和教师一起发起有意义的学习活动。

不是视频取代教师。

不是在线课程。

不是学生无序学习。

不是让整个班的学生都盯着电脑屏幕。

不是学生在孤立地学习。

（二）翻转课堂是什么

是一种手段，增加学生与教师之间的互动和个性化的接触时间。

是让学生对自己学习负责的环境。

教师是学生身边的"教练"，不是在讲台上的"圣人"。

是混合了直接讲解与建构主义学习。

是学生缺席课堂，但不被甩在后面。

是课堂的内容得到永久存档，可用于复习或补课。

是所有的学生都积极学习的课堂。

是让所有学生都能得到个性化教育的课堂。

二、翻转课堂的兴起

翻转课堂起源于热衷于创新的美国。早期的翻转课堂实践和研究主要是在高校中进行的。最早开展翻转课堂研究工作的，是哈佛大学的物理教授埃里克·马祖尔。为了让学生的学习更具活力，他在 20 世纪 90 年代创立了同伴教学法（Peer Instruction）。埃里克·马祖尔认为，学习可以分为两个步骤：第一步是知识的传递，第二步是知识的吸收内化。传统的教学重视知识的传递，却往往忽视了知识的吸收内化。实验证明，同伴教学法恰好可以促进知识的吸收内化。在传统的讲授式教学过程中，知识信息的流动是单向的，既缺乏师生之间的互动，又缺乏学生与学生之间的交流。而同伴教学法讲述的是同类人即学生之间的学习互助，马祖尔将此法应用于物理教学，通过小组内学生对物理概念意义的讨论，使学生参与到教学之中，成为积极的思考者，以此促进学生对基本概念的理解以及问题解决能力的提高。随着信息技术的发展，出现了计算机辅助教学形式，知识传递的问题已经很容易解决了，所以马祖尔认为，教师的角色完全可以从演讲者变成教练，从传授者变为指导者，教师的作用侧重于指导学生的互助学习，促进学生对知识的吸收内化。

2000 年，莫林拉赫、格伦·普拉特和迈克尔·特雷格拉发表了论文《颠倒课堂：建立一个包容性学习环境的途径》。文中谈到了美国迈阿密大学在开设"经济学入门"课程时采用翻转教学（当时称为"颠倒教学"或"颠倒课堂"）模式的情况，并着重谈到了如何使用翻转教学激活差异化教学，以适应不同学生的学习风格。不过，文中并未正式引出"翻转教学"和"差异化教学"这些概念。

J. 韦斯利·贝克在 2000 年第十一届大学教与学国际会议上提交了论文《课堂翻转：使用网络课程管理工具（让教师）成为身边的指导者》。文中提出了让教师成为"身边的指导者"，替代以前"讲台上的圣人"，一时之间这成为大学课堂翻转运动的口号。教师使用网络工具和课程管理系统以在线形式呈现教学内容，将其布置给学生学习作为家庭作业，然后在课堂上教师更多地深入参与到学生的主动学习活动和协作中——这便是贝克在论文中提出的"翻转课堂模型"。

2000 年秋季学期，威斯康星大学麦迪逊分校在一门计算机课程中进行了翻转教学改革，使用了 eTeach 软件进行流媒体视频（教师讲解与 PPT 演示结合的视频）演示，以取代教师的现场讲座。放在网上的讲座视频允许学生在有空并且最细心和注意力最集中的时候观看，同时还允许学生和教授用上课时间解决问题，增加师生之间的互动，极大地提高了课程的应用性、便利性和价值。

2007 年，杰里米·斯特雷耶在博士论文《翻转课堂在学习环境中的效果：传统课堂和翻转课堂使用智能辅导系统开展学习活动的比较研究》中论述了翻转课堂在大学的设置情况。作者在自己讲授的统计和微积分课程中，把教学内容录制为视频作为家庭作业分发给学生观看，课堂上再利用在线课程系统 Blackboard 的交互技术，组织学生参与到项目工作中。杰里米·斯特雷耶在论文中谈到学生会控制正在观看的视频，因此能保持机敏的状态接受新信息。

我们可以看出，早期的翻转课堂实践是在高等教育阶段的某一学科开展的初步尝试，希望借助于视频帮助学生学习知识内容。从另一个侧面来说，早期的翻转课堂实践尝试更多的是一种计算机辅助教学形式。其蕴含着的教育理念——促进学生之间互助互学、增加师生交流互动、促进学生对知识的吸收内化等，和以后发展的翻转课堂的教育理念之间是一脉相承的。

正当这种全新教学模式在大学里不断被创新和实践之时，有一名"业余教师"，竟在辅导表妹的数学功课时，无意间掀起了一场轰动世界的翻转课堂革命。

三、翻转课堂的发展

2004 年，为了给表妹纳迪亚辅导数学作业，萨尔曼·可汗（Salman Khan）在无意中创建了一种新的教学模式。当年的可汗只有 28 岁，数学是他的强项。他有美国麻省理工学院数学学士、计算机科学和电机工程硕士，以及哈佛大学工商管理硕士等学位，毕业后一直在波士顿的一家对冲基金公司担任基金分析师。

在可汗帮表妹解决数学难题的过程中，通过叫作雅虎涂鸦的程序，他们可以看到对方在电脑上所写的内容。他们通过电话交流，制定好学习的课程，决定从令表妹纳迪亚烦恼的单位换算开始辅导。

可汗会编写代码，他列出一些练习题，让纳迪亚在网上练习，以检查她的学习效果。在可汗的帮助下，纳迪亚的数学进步神速。纳迪亚在重新参加的数学摸底考试中取得了优异的成绩。后来，纳迪亚的两个弟弟阿尔曼和阿里也要求可汗做他们的家教辅导。再后来，不少亲戚和朋友听说此事，他们又带来了一些朋友，可汗拥有近 10 名学生。

为了跟踪了解每一个孩子的学习进展情况，萨尔曼·可汗开始将很多概念做成"模块"，并建立了数据库。由于雅虎涂鸦无法让很多学习者同时观看，于是可汗开始制作教学视频，并上传到 YouTube 网站给大家共享。可汗制作的视频都很短，只有十分钟左右，包含两个方面的内容——黑板上的草图和画外音，结合起来对一些概念进行讲解。在他发布的视频中，孩子们只能看见可汗的一双手在书写、绘图，听到他的讲解，却看不见他这个人的样子，这样就减少了许多不必要的干扰因素。如果在视频中加入人的面部，学生就很容易分神，无法集中注意力在视频讲授的知识内容上，而是更多倾向于观察讲课教师的特征和面部表情的变化，所以，可汗决定在录制视频时不出镜。

可汗的第一段视频是在 2006 年 11 月 16 日上传到 YouTube 网站的，接下来便一发而不可收。就在他的视频发布不久，在一个有关微积分的视频下开始有人评论："这是我第一次笑着做导数题。""我也是，我真的是度过了高兴和兴奋的一天。我原来看过矩阵课本，但我更喜欢这里的，好像我学会了武功。"……此后，可汗每天都能收到感谢和鼓励的留言。不到 5 年，可汗制作教学视频从副业变成了职业，他俨然成了"网络数学教父"。

受到如此好评后，可汗于 2006 年创办了"可汗学院"（Khan Academy）。他又招募了艺术和历史方面的两位讲师。可汗学院的视频数量日益增加，从数学的基础核心课程，如算数、几何、代数、微积分等，到物理、生物、化学、金融，再到"拿破仑战争""外星人绑架揭秘"……内容非常广泛。如今，可汗正在添加更多领域的教学视频，如会计、信贷危机、SAT 和 GMAT 考试等。为此，他必须先自己掌握这些知识，然后传授给他人。可汗希望以自己的努力来改变人们学习的方式，"让任何人，在任何地方，都得到世界一流的教育"。特别要强调的是，可汗学院的所有视频课程均是免费的，世界各地的人们都可以免费观看，这也正是可汗学院得到广泛支持的关键所在，是它打败传统教育机构的独门法宝。可汗学院的使命，就是让地球上的任何人都能随时随地享受世界一流的免费教育。

可汗成为美国业余教育的精英，受到人们的热捧。2011 年 3 月，可汗在加州长滩举行的 TED2011 大会上应邀发表演讲，全体听众起立鼓掌。比尔·盖茨当场上台，就可汗的项目与之交流。可汗的免费网站得到了越来越多科技领袖的财力支持，这成为它发展壮大的坚强后盾。如今，可汗学院的教学已经通过网络走进世界各地的实体教室。在一些地方，它甚至已经取代了教科书。

2011 年 11 月，加州洛斯拉图斯学区的学校正式与萨尔曼·可汗合作，率先在五年级和七年级引入了可汗学院课程，并在可汗的帮助下开启了一套崭新的教学系统。学生和教师共同使用可汗学院的网站。学生登录网站观看视频并做练习题。教师作为"教练"在后台察看全班学生的学习数据："蓝色"代表这个学生正在学习，"绿色"代表他已经掌握了知识点，"红色"代表他的学习存在问题。教师能通过数据知道学生的真实水平，了解他们每天花多长时间看视频，在什么地方暂停或完全停止观看，以便为学生提供更有效的学习指导。当学生观看视频发现不懂的地方时，学生可以随时发邮件提出问题，可汗学院会在线回答问题，每秒钟可以回答 15 个问题。可汗还在网站上设计了一种基于自动生成问题的 Java 软件：只有当学生全部答对 1 套（10 道）题后，Java 软件才会提供更高一级的题目；做到某一步，奖励学生一枚勋章。这种"满十分前进"的模式让孩子们能够循序渐进地快乐学习。改进后的练习系统还能生成一个知识地图，帮助学生做出学情分析，并用图表方式反馈给学生，让学生知道自己哪里薄弱、哪里需要进一步学习和改进。卡温顿小学校长埃林·格林说："许多学生都热衷于学习数学，这种现象我以前在学校里从未见过，即使在初中也很罕见。他们很投入，很兴奋，真是令人激动。视频课程与学生的学习进度完全合拍。"

从参与可汗学院教学试点项目的学生中，我们惊喜地看到了成果：学生的学习成绩没有下降，反而有了显著的提升。从学习成果看，与前一年相比，七年级学生的平均分增长了106%，七年级顺利毕业的学生人数增长到了原来的两倍，有的学生成绩等级连跳两级。可汗学院的教学方式也改变了学生的性格，学生更加刻苦努力地学习，开始承担属于自己的学习责任。其他新试点项目也取得了类似的结果。

在美国的其他地方，一些一线教师直接把可汗学院的视频加入自己的翻转课堂中，省去了自己录制教学视频的技能困扰——毕竟录制高质量的教学视频除了需要熟悉技术操作外，更需要有高超的教学讲解技能。

可汗学院的规模越来越大。截至 2014 年 1 月，YouTube 上的"可汗学院频道"共吸引了 163.3 万订阅者，观看次数超过 3.55 亿次。目前，可汗已经制作了 4800 段教学视频。所有的这些教学视频都是完全免费的。同时，教学视频覆盖的内容非常广泛，从基础数学运算到高等数学中的微积分，从物理到金融再到生物，从化学到法国大革命，各学科知识应有尽有。

可汗的免费在线教学视频迅速推动了翻转课堂的进一步普及。也可以这样说，翻转课堂是伴随着可汗学院蹿红全世界而被更多教育工作者了解的。现在已经有包括中国在内的越来越多的国家和地区的教师开始了翻转课堂教育教学实践。

第二节　翻转课堂的理论基础

一、翻转课堂的教育理论基础

（一）布卢姆的掌握学习理论

乔纳森·贝格曼和亚伦·萨姆斯在网站上声明，翻转课堂教学模式并非源自新的教育理论，其采用的仍然是我们所熟悉的掌握学习理论。

1. 布卢姆的掌握学习理论的基本含义

布卢姆的掌握学习理论的基本含义是给予学生足够的学习时间和个别帮助以及注意教学的主要变量，学生就能够在掌握一个单元的学习之后顺利进入下一单元的学习，从而达到课程目标。正如布卢姆所说："只要提供适当的先前与现时的条件，几乎所有的人都能学会一个人在世界上所能学会的东西。"掌握学习，即在"所有学生都能学好"的思想指导下，以集体教学（班级授课制）为基础，辅之以经常、及时的反馈，为学生提供所需要的个别化帮助以及所需要的额外学习时间，从而使大多数学生达到课程目标所规定的掌握标准。

"提供了有利的学习条件时，大多数学生在学习能力、学习速度和进一步学习的动机方面变得非常相似。"布卢姆认为，大多数学生都能够进行掌握学习。"在一个掌握学习班上所发生的一切与传统模式有着本质的不同。80%～85%的学生在进行下一步学习之前，都已经达到了掌握的水平，这一比例也不会随着学习任务的增多而下降。"只要给予学生足够的学习时间，在其学习遇到困难时给予个别化的指导，那么几乎所有的学生都能够掌握要学习的内容，完成学习任务，达到学习目标。

掌握学习要求学生能够按照自己的节奏学习课程。学生完成了一个单元的学习后，必须以80%～100%的掌握水平证明他们自己已经学会了内容。证明学生是否已经掌握了学习内容的方法是进行评估——包括实验室和书面测试。倘若学生在评估中得分低于85%，他们需要返回再次学习自已理解有偏差的学习内容，并重新进行测试。这样，学生的学习情况是由他们已经掌握的学习内容的多少来决定的。按照布卢姆的看法，在教学中注意影响学习的主要变量，就能够使绝大部分的学生掌握绝大多数的学习内容。

2. 掌握学习理论的核心思想和重要变量

掌握学习理论的核心思想是让每个学生都有足够多的学习时间。卡罗尔认为："一个学生的能力倾向是指其掌握一项学习任务所需要的时间量。"这句话可以概括为一个公式——卡罗尔公式：能力倾向 $=f$（学习速度）。卡罗尔公式向我们展示了这样的理念：只要有足够多的时间，每个学生都能够掌握一项学习任务。

根据卡罗尔公式，布卢姆建立了他的学习模型：学业达成度 $=f$（实际学习时间 / 需要学习时间）。布卢姆认为，实际影响学习的时间量有三个变量：机会，即允许学生学习的时间；毅力，即学生自觉自愿进行学习的时间；能力倾向，即在一般情况下掌握某种学习任务需要花费的时间。布卢姆和卡罗尔都主张，如果有足够多的学习时间，那么绝大多数的学生都能够达到要求掌握的标准。学生自愿投入在学习上的时间受学习态度和学习兴趣的影响。教学的艺术在于让学生花费合适的时间就可以掌握学习内容。

布卢姆认为，在掌握学习过程中，应该注意把握三个重要变量，即学生的认知准备状态（学生为了完成新的学习任务需要具备的知识和技能的水平）、情感准备状态（学生趋向学习的动机强度）、教学质量（教学适合学生的程度）。具体内容如下：首先，学生的认知准备状态方面，需要关注学生进行学习之前已具备的知识和技能水平的差异。其次，学生之前的经历和学生对学习结果的期望都会影响学习任务的完成情况。学生对学习任务所持有的情感状态会决定学生为完成此项学习任务付出努力的多少以及克服困难、学习挫折的程度。学生完成某一学习任务的成败经验会在很大程度上影响学生之后完成类似学习任务的结果。因此，教师应该多给予学生积极的强化，如多鼓励和表扬学生、给予学生更多展示自我的机会等。最后，教学质量涵盖教师如何提供学习线索或者指导、学生参与学习的程度、教师如何强化学生学习三个方面。

3. 掌握学习理论的教学要素和教学策略

教学包含线索、参与、强化和反馈—纠正四个基本要素。第一，学习线索指的是需要学生掌握什么以及在学习过程中教师需要做哪些具体的指导。由于学生领悟学习线索的能力存在差异，因此教师应该针对不同的学生提供不同类型的线索呈现方式。第二，学生结合教师提供的针对学习线索的学习提示和学习内容，做出相应的反应或者训练。即是说，学生需要积极参与到学习活动中来。第三，强化的类型很多，如物质奖励、精神鼓励等。实施强化的主体可以是教师，也可以是同伴，还可以是学生自己。强化的效果也存在着差异。因此，教师在教学过程中可以视具体情况而采取不同的强化方式以达到较佳的效果。第四，教师能够适时根据学生的学习情况给予恰当的指导。提供给学生适合的学习线索，给予适当的练习机会，及时做出强化和反馈—纠正，这样，学生能够明了自己的学习任务，得到高效的训练强化，知晓自己学习的结果。整个学习过程始终处于一种可监控和调节的张弛有度的状态。

掌握学习理论的教学策略分为三个步骤：说明学习需要的先决条件，制定实施的程序，评价这种策略所产生的结果。教师需要向学生清楚、详细地说明学习目标以及如何确定已经达到掌握标准。布卢姆认为，制定一个绝对的掌握标准，促使大多数学生经过努力之后都能够达到它，而不是制定相对标准来评价学生的学习情况，这样可以促进学生的自我发展。

4.翻转课堂视域下掌握学习理论的教育意义

首先，布卢姆的掌握学习理论有助于全体学生实现学习目标。掌握学习理论强调面向全体学生，不希望任何一个学生在学习过程中没有完成应完成的学习任务，突出了满足每个学生的学习需要。

其次，掌握学习理论关注学生的个别差异。在制定学习目标时，教师充分考虑学生原本存在的个别差异。教师应为不同的学生选择不同的学习材料，采用不同的教学方法，给予个别化的指导和帮助。

第三，掌握学习理论对学生的心理健康也有促进作用。在掌握学习过程中，教师对每个学生都持有积极的态度，相信每个学生都能够学好。教师对学生的学习能力充满信心，学生也因为教师的期望而获得自信，慢慢激发起学习的内部动机，学习逐渐获得成功。在整个学习过程中，学生对学习内容产生兴趣，享受到学习的快乐，获得学习的成就感和幸福感，学生的自我观念也获得更深层次的发展。

最后，掌握学习理论也主张学生之间的相互合作学习以及师生的交流。

在掌握学习中，教师与学生之间的交流与讨论增多，师生情感更深；学生之间互帮互助，培养了合作精神，调节了生生关系。

（二）建构主义学习理论

从整体上来看，建构主义学习理论树立了以学生为中心的教学理念。

1. 建构主义知识观

建构主义知识观认为，知识不是对现实的纯粹、客观的反映，而是人们对客观现实的一种解释、推测或者假设。知识不是关于问题的最终结论，它会随着人们认识的深入而出现新的解释或者假设。知识是基于某一具体情境而产生的。真正的知识是学习者根据自身的生活经验和实践经历主动在头脑中积极建构的。知识所含有的意义是由个体赋予的。知识在被个体接受之前，它对个体来说是毫无权威可言的，不能把知识作为预先决定了的东西教给学生，不能用科学家、教师、课本的权威来压服学生，学生对知识的"接受"只能依靠他自己的建构来完成。因此，知识具有针对性、情境性、个体性、相对性、动态性、发展性等特点。

2. 建构主义学生观

建构主义学生观如下：第一，学生是发展中的人，学生具有很大的发展可能性和潜能。第二，学生是独特的人，拥有自己的独特想法。第三，学生是独立的人，每个学生独立于教师的头脑之外，学习是学生自己的事情；学生是具有主体性的人，具有较强的自学能力。第四，学生是时代中的人，当前学生所处的时代是知识经济和信息化时代，教育理应考虑学生的时代特征和发展新要求。学习者不是被动地接收信息，而是主动地运用已有知识、经验对新知识、新信息的意义进行建构。这意味着学习是主动的，学习者要主动地对外部信息进行选择和加工，教学应以学习者为中心。

3. 建构主义学习观

建构主义学习观认为，学习不是由教师把知识简单地传授给学生，而是由学生自己建构知识的过程。学生不是简单、被动地接收信息，而是在教师的指导和帮助下自己主动地建构知识的意义。这种建构是无法由他人来代替的，需要学生亲自完成。学习过程包含两个方面的建构：建构知识的意义和改组原有的经验。皮亚杰认为，儿童的发展是儿童主动建构知识意义的过程。建构主义者更加关心学习者原有的认知结构，认为学习是学习者在自己原有的知识、经验的基础上，对新接触的材料重新认识，整合知识结构，主动建构自己独特的理解。知识实际上不是由他人"教会"的，本质上是学习者本身在头脑中主动地形成自己对于知识的领会，建构属于自己的理解。

4. 建构主义教学观

在教学观上，建构主义者特别强调学习的主动性、社会性和情境性；同时，十分重视合作学习（Cooperative Learning）。建构主义强调的合作学习与维果斯基强调的社会交往在儿童发展中具有重要作用的思想具有一致性。教学要关注学生原有的知识、经验。教学重视学生对知识内容的个性化理解和独特思考。教学以学习者为中心，强调学习者的主体作用。建构主义者认为：教师是意义建构的帮助者和促进者，而不是知识的提供者和灌输者；学生是学习信息加工的主体，是意义建构的主动者。

5. 建构主义教学模式

建构主义学习理论提倡的学习是在教师指导下的、以学生为中心的学习。建构主义教学模式可以概括为：以学生为中心，在整个教学过程中由教师起组织者、指导者、帮助者和促进者的作用，利用问题情境、协作、会话等学习环境要素充分发挥学生的主动性、积极性和首创精神，最终达到使学生有效地实现对当前所学知识的意义建构的目的。建构主义学习环境包含情境、协作、对话和意义建构等四大要素。创设的情境必须有利于学习者对所学知识意义的建构。协作贯穿于学习活动的始终，包括师生之间、生生之间的相互合作和协助。对话是学习过程中的基本方式，师生或者生生之间的协作需要通过交流讨论相互沟通思想。意义建构是学习要达到的最终目标。教师要为学生提供解决问题的原型，以促进学生顺利地解决问题；同时还应指导学生进行试探性的探索。教师要提供意义建构所需要的相关材料，同时要给予学生自主建构的充分空间。在教学设计中，建构主义者主张向学生呈现整体性的学习任务，然而整体性学习任务的完成需要完成一系列的子任务。"支架式教学"是一种建构主义教学模式，它是以维果斯基的最近发展区理论为基础的。

6. 翻转课堂视域下建构主义学习理论的教育意义

首先，在教育理念上具有一致性：强调学生的主动性和建构性。建构主义者在吸收维果斯基、皮亚杰、布鲁纳等的思想基础上提出了许多富有创见的教学思想，如强调学习过程中学习者的主动性和建构性。

其次，强调小组合作学习和情境化学习的重要性。建构主义对于学习做了初级学习与高级学习的区分，批评传统教学中把初级学习的教学策略不合理地推及高级学习中，提出合作学习、情境教学等，对深化当前的教育教学改革具有深远的意义。

最后，重视技术在教学中的实际应用。多媒体计算机和网络通信技术可以作为建构主义学习环境下的理想认知工具，这样能有效地促进学生的认知发展，所以随着多媒体计算机和 Internet 网络教育应用的飞速发展，建构主义学习理论正愈来愈显示出其强大的生命力，并在世界范围内日益扩大其影响。

（三）斯金纳的程序教学法

美国著名教育心理学家伯尔赫斯·弗雷德里克·斯金纳根据操作性条件反射和积极强化的理论，对教学进行了改革，设计了教学机器和程序教学法。斯金纳认为，学习过程是一种循序渐进的过程。在学生学习过程中，适时恰当地给予学生强化，会促进学生学习。

1.程序教学法的基本含义

程序教学法是指依靠教学机器和程序教材呈现学习程序，包括问题的显示、学生的反应和将反应的正误情况反馈给学生等过程，使学生进行个别学习的方法。其基本思想是把学生掌握知识、技能的过程程序化，使学生按程序进行独立的、个性化的学习。在整个学习过程中，教师的角色是监督者或者中间人，根据学生学习反应的速度、效率、效果等给予相应的反应。即时强化学生的积极学习行为，使得学生的学习效果能够得到及时的反馈，这样能够加强学生的学习动力。

2.程序教学法的五大原则

斯金纳的程序教学法包含五个原则：小步子原则、积极反应原则、即时强化原则、自定步调原则、低错误率原则。

第一，小步子原则，即循序渐进原则。将学习内容分割成许多小的学习单位，这些学习单位是相互联系、难度逐级增加的学习内容。学生面对的是一个个难度较小的学习任务，而不是一个很大又很难理解的知识网络。每一个学习单位对于学生来说，通过努力都能够逐步掌握。这样，学生的学习积极性会得到提高。

第二，积极反应原则。教师即时给予学生相应的学习反馈和指导，学生拥有更多的回答问题、交流互动的机会。不再像传统教学模式下那样：教师单纯地讲授，学生只是听讲做笔记，师生之间缺乏必要的交流与反馈。

第三，即时强化原则。斯金纳把他创立的操作性条件反射理论和强化理论应用于学习，强调了强化的作用。在斯金纳看来，学生的行为受行为结果的影响，如果想让学生做出预期的行为反应，那就必须在行为之后进行强化，若是一种行为得不到强化，它就会消失。教师的奖励和肯定会在一定程度上促进学生的学习积极性。强化与学习行为之间的间隔时间不宜过长，否则强化效果将会大大降低。

第四，自定步调原则。学生根据自己的实际情况量体裁衣、循序渐进，按照自己的学习效率和能力水平来合理安排自己的学习进度。

第五，低错误率原则。在教学中应由浅入深，由已知到未知，使学生尽可能做出正确反应，将学习的错误率降到最低限度，提高学习效率。

学生自己制订学习计划，在学习每一个小的学习单位时，都能够基本掌握学习内容。因此，学生学会了正确的东西，得到了来自教师的积极强化，从而保持较高的学习兴趣和较强的学习积极性。久而久之，学生会激发出学习的内在动力和潜能，会热爱学习。

3.程序教学法给予翻转课堂的启示

程序教学法思想体现了如何调动学生学习的积极性和主动性并保持学生学习的兴趣，使学生按照自己的步调组织学习。这对于翻转课堂的实施和操作，给予了一定的启示。

二、翻转课堂的心理学理论基础

（一）维果斯基的最近发展区理论

除了掌握学习理论和建构主义学习理论外，最近发展区理论也是翻转课堂的重要理论基础。学生在家自主观看视频进行学习，并不是所有内容都能看懂，看不懂的记下来，教师在课堂上可以集中讲解。这种讲解在学生的最近发展区，能够有效地促进学生向着潜在的发展水平发展，从而减少课堂上的浪费。

1.最近发展区和最近发展区理论

维果斯基的最近发展区理论认为，学生的发展有两种水平：一种是学生现在已有的发展水平，另一种是学生可能达到的发展水平。这两种水平之间的差距就是最近发展区。按照维果斯基的解释，最近发展区是指"儿童的实际发展水平与潜在发展水平之间的差距。前者由儿童独立解决问题的能力而定，后者则是指在成人的指导下或是与能力较强的同伴合作时，儿童表现出来的解决问题的能力"。最近发展区阐明了儿童在近期内将有可能达到的发展水平，包含着儿童的发展潜能，表明了儿童发展的方向和趋势。

维果斯基认为，教学应该着眼于学生的最近发展区，这样可以发挥教学的积极性作用。教师应该为学生提供带有一定难度的学习内容，以调动学生的学习积极性，发掘其内在潜能，促使其超越自己的最近发展区而达到其有困难发展到的水平，然后在此基础上进行下一个发展区的发展。

2. 最近发展区理论的三层基本含义

最近发展区理论的第一层基本含义：教学对发展起着积极促进的作用。维果斯基认为，良好的教学应该走在学生发展的前面。维果斯基的最近发展区理论能够指导学生向更高一级的水平发展，有效促进学生的发展，让学生能够"跳一跳，摘桃子"。教学的目的是促使学生的最近发展区转化为学生的现有发展区，由"不能"变为"能"，由"可能"变为"现实"，即立足于学生现有发展水平并突破其限制，循序渐进地推动学生向更高层次发展，追求学生自身发展的最大可能性。

最近发展区理论的第二层基本含义：儿童是自身发展的主体，儿童需要在社会交往中才能获得发展。儿童是一个独立的社会存在，对自身发展起着主要作用，拥有自我发展的主动权。儿童应勇于承担自己的发展责任。同时，在社会交往互动中，儿童拥有与成人同样的平等地位，能够独立自主地表达自己的思想和情感。我们应该给予儿童表达自我、展示自我的机会。积极主动追求发展加上提供给其平等对话的社会环境，二者形成合力，促进儿童发展，即"主动的儿童与积极的社会环境合作产生发展"。

最近发展区理论的第三层基本含义：揭示了教学促进儿童发展的条件、途径与机制。首先，教学促进儿童发展的条件是教学必须走在儿童发展的前面。教师要为学生提供较高层次的、较大难度的学习内容和学习指导。其次，要想教学促进儿童发展得到真正的实现，需要的途径和机制：教师通过在合作式解决问题的过程中帮助儿童搭建最近发展区，为儿童提供恰当的支持以帮助儿童成功跨越最近发展区，实现其潜在的发展能力转变为现实的真实具备的能力。简而言之，在教学中，教师应帮助学生不断地造就和超越最近发展区。因此，儿童能否跨越最近发展区，往往取决于教师的帮助和支持、教师和学生之间的交流互动的质量。

3.最近发展区理论在教学中的应用

维果斯基的社会文化理论提出一个重要的概念——"搭建脚手架"。"搭建脚手架"，即围绕当前的学习主题，按照儿童最近发展区的要求，把复杂的学习任务加以分解，建立概念框架。教师一方面要为学生提供促进其发展的、富有挑战性的学习任务（问题情境），推进学生向更高的智力水平和提出问题的水平发展；另一方面还要在恰当的时机以适宜的方式和方法为学生提供完成这些学习任务的帮助和平台，促使学生发现自身存在的不足，激发出学生解决问题的能力。

第一，建立新型的因材施教观。原有的因材施教观是根据学生现有的发展水平和实际情况，给予学生相应的差异化教育。维果斯基的最近发展区理论要求我们不仅仅局限于关注学生现有的发展水平，还应该为学生提供一个经过努力仍可达到的发展水平，推动学生向前发展，超越目前自身已有的发展水平。即是说，新型的因材施教观既要立足于学生现有发展水平的基础之上，又要为学生创设经过努力可以达到的发展水平；不再囿于学生已有的发展水平，而是追求学生发展的各种可能性。因此，在实际教学活动中，教育者不仅应该明了学生现有的发展水平，而且需要掌握学生的潜在发展水平，并且能够根据学生现有的发展水平与可能达到的潜在发展水平，寻找其最近发展区，把握"教学最佳期"，以引导学生向着潜在的、更高的水平发展，引导学生全面超越发展。

第二，鼓励学生在问题解决中学习。在维果斯基看来，在真实的问题解决情境中进行学习能更有效地掌握知识和技能；教学应该为学习者提供问题情境，给予学生更多的思考问题、解决问题的机会。学生在解决问题的过程中成为学习的真正主人，激发好奇心，调动积极性，学会思考，学会探索，学会自我学习，学会通过问题解决来建构知识。美国知名教育心理学家加涅在学习分类中认为，问题解决是最高级的学习活动。

第三，重视交往在教学中的作用。维果斯基的社会文化历史理论提出，儿童在与社会环境（包括成人和同伴）的相互交往中获得社会生存所需要的高级心理智能。建构主义教学流派认为，教学的过程实际上是一种交往的过程。正如尼采所说："一个人总会犯错误的，两个人就开始认识真知了。"

交往的双方通过信息的交换和意见的沟通，彼此能够获得提升。德国著名哲学家雅斯贝尔斯认为，在对话中形成真正的交往，同时交往需要双方彼此的理解。在教学中，师生之间、生生之间通过交往、互动、交流、沟通，共同完成学习目标。师生之间、生生之间的思想摩擦、碰撞，有助于师生的共同提高与成长。只有在交往中，学生才能感受到自己存在的现实性和知识的真实性。总之，教育的目的必须要通过师生、生生之间的交往实践得以实现。与行为主义者不同的是，维果斯基认为，教学不是单纯的外在知识灌输与被动接受，而是儿童积极主动地转化吸收知识的过程。因此，教学需要重视儿童的主动性和发展的独特性，关注儿童发展的心理需求，注意儿童心理发展所需要的中介。学生在交往过程中，能够发现自我，增强主体性，学会与他人交流沟通，学会与他人共处共事，有利于其健康完整的人格的塑造。当前我国开展的素质教育改革非常重视交往在教学中的重要作用。

4.最近发展区理论在翻转课堂中的重要体现

翻转课堂实施的目的在于促使学生的个性化学习真正实现，发掘学生的潜能和创新能力。翻转课堂专注于学生的个性化发展，注重基于最近发展区理论的新型因材施教观。最近发展区理论着眼于发现学生的最近发展区，帮助学生跨越最近发展区，向具有可能性的更高水平发展。除此之外，与传统课堂相比，翻转课堂更加关注每个学生的现有发展水平，制订符合每个学生自身实际情况的学习方案。翻转课堂注重学生的问题意识的培养，让学生学会自主学习，学会发现问题，善于提出问题，体验"发现问题—分析问题—解决问题"的思维过程，锻炼逻辑思维，提升思维品质。翻转课堂也非常关注学生的社会交往能力和自我表达能力的提升。可以说，最近发展区理论强调的教育思想和理念在翻转课堂中得到了充分的体现。

（二）皮亚杰的相互作用理论

皮亚杰的相互作用理论认为，先天的平衡过程是发展的最高原则。平衡过程保证了在"同化"和"顺应"之间保持着相对平衡的状态，使发展具有连续性，使成熟因素和经验及社会影响有机地结合在一起，使个体以确定的步伐和顺序向着更高水平的平衡状态发展。

同化原本是一个生物学概念，指生物体把从外界环境中获取的营养物质转变成自身的组成物质，并且储存能量的变化过程。皮亚杰把这一名词借鉴到心理学中，用于描述"把外界元素整合到一个正在形成或已经形成的结构中"（皮亚杰·B.英海尔德，1980）。顺应是指"同化性的图式或结构受到它所同化的元素的影响而发生的改变"，也就是改变主体动作以适应客观变化，也可以说改变认知结构以处理新的信息。顺应是与同化伴随而行的。当个体不能用原有图式来同化新的刺激时，个体便要对原有图式加以修改或重建，以适应环境，这就是顺应的过程。

在本质上，"同化"指个体对环境的作用，"顺应"指环境对个体的作用。"同化"是认知结构数量的扩充（图式扩充），而"顺应"则是认知结构性质的改变（图式改变）。认知个体（儿童）就是通过"同化"与"顺应"这两种形式来达到与周围环境的平衡的。当儿童能用现有图式去"同化"新信息时，他是处于一种平衡的认知状态；而当现有图式不能"同化"新信息时，平衡即被破坏，而修改或创造新图式（即"顺应"）的过程就是寻找新的平衡的过程。儿童的认知结构就是通过"同化"与"顺应"过程逐步建构起来的，这是皮亚杰建构主义认识论的基本观点。

翻转课堂试图以皮亚杰的相互作用理论为根基，以学生已有的知识水平（即已有的认知结构）为教学前提，通过向学生提供合适的新的学习材料（如导学案和微课），使学生体验到一种平衡或者不平衡的学习状态。学生为了学习新知识，需要改变自己已有的认知结构（即需要"同化"和"顺应"），尽力达到学习目标（即获得认知结构上的平衡）。

（三）奥苏贝尔的认知同化学习理论

奥苏贝尔创设了"有意义学习理论"，这一学习迁移理论是建立在他的认知同化学习理论基础之上的。"同化"指新旧知识的相互作用。"同化"最初由皮亚杰提出，奥苏贝尔赋予"同化"概念新的内涵，认为学生能否获得新知识，主要取决于学生个体的认知结构中是否已有了有关的概念。奥苏贝尔强调影响学生学习的首要因素是已有的知识。他的《教育心理学：一种认知观》一书中有这样一句代表他的核心思想的话："如果要我只用一句话说明教育心理学的要义，我认为影响学生学习的首要因素，是他的先备知识；研究并了解学生学习新知识之前具有的先备知识，进而配合设计教学，以产生有效的学习，就是教育心理学的任务。"

认知结构中对新知识的获得和保持的影响因素主要有三个：认知结构中对新知识起固定作用的旧知识的可利用性、新知识与旧知识之间的可辨别性、认知结构中旧知识的稳定性和清晰性。认知结构中的这三个因素称为认知结构的三个变量。这三个变量影响着新知识的获得和保持，同时也影响着知识学习的迁移。有意义学习的心理机制是同化，而同化理论的核心：学生能否习得新信息，主要取决于他们认知结构中已有的有关概念；有意义学习是通过新信息与学生认知结构中已有的有关概念的相互作用才得以发生的。这种相互作用的结果，导致了新旧知识意义的同化。总之，我们可以看出奥苏贝尔非常重视学生已有的认知结构。

为了促进学生更好地进行有效的学习迁移，根据认知同化学习理论，奥苏贝尔提出了"先行组织者"（先行材料）这一概念。"先行组织者"就是在向学生传授新知识之前，给学生呈现一个短暂的具有概括性和引导性的说明。

根据奥苏贝尔的学习迁移理论，在翻转课堂实施中，我们试图把握学生已有的知识结构，为学生提供具有引导性的导学案和教学视频，以促进学生搭建起新知识与旧知识之间的内在联系，重新建构新一级的知识结构。为学生提供的具有引导性的导学案和教学视频，在一定程度上起到"先行组织者"的作用，促进学生理解已有知识和新知识存在的内在关联，从而进行有意义学习和高效学习。

第三节 翻转课堂体现的现代教育理念

翻转课堂的核心是教学模式的创新，其实质是教育理念的变革。传统教育理念强调知识传递、以教定学的知识传授模式，而翻转课堂是信息化环境下的强调以问题为中心、以学为主的整合探究模式。

翻转课堂体现的现代教育理念有：注重学生主体性的学生观，学生自主学习、合作学习、探究学习的学习观，新型因材施教、分层教学的教学观，"独立性与依赖性相统一"的心理发展观。

一、翻转课堂的典型范式

仔细梳理一下当今世界上的翻转课堂模式，我们可以大致归纳出以下五种典型范式。

（一）林地公园高中模型

林地公园高中的乔纳森·伯格曼和亚伦·萨姆斯成为 K12 学校勇敢的先行者。他们率先实践并创立了经典的翻转课堂教学模式：把观看在线教学讲座视频作为家庭作业，把本该是家庭作业的练习题放到课堂上完成。当发现部分学生没有电脑或无法上网时，他们为这部分学生准备了 DVD 光盘，让学生回家在电视机上观看。而课堂上除了练习外，还加入了探究活动和实验任务。

（二）可汗学院模型

可汗学院与美国加州洛斯拉图斯学区合作，利用其广受欢迎的教学视频和随后开发的课堂练习系统进行翻转课堂实体实践。其最大的亮点：可汗学院所开发的课堂练习系统能快速捕捉到学生被问题卡住的细节，使教师能及时施以援手；同时还引入了游戏化学习机制，对学业好的学生给予徽章奖励。

（三）河畔联合学区模型

美国加州河畔联合学区的翻转课堂最大的特点是采用了数字化互动教材。这套用于实验的代数互动教材，里面融合了丰富的多媒体材料，包括文本、图片、3D 动画和视频等，还结合了笔记、交流与分享功能。与其他地区教师通过自备视频和教学材料实施翻转课堂相比，互动教材更节省教师的时间，更能吸引学生沉浸其中。

（四）哈佛大学模型

埃里克·马祖尔博士提出并实践了翻转学习和同伴教学法结合的模式。其要点：课前学生看视频、听播客、阅读文章，调动自己原有的知识积累来思考问题、做课前准备；然后学生要反映出知识学习过程中遇到的问题，提出不懂的地方；接下来，学生登录社交网站发布他们的提问，而教师则要对各种问题进行组织整理，有针对性地开发教学设计和课堂学习材料，不再准备学生已经明白的内容。在课堂上，教师采用苏格拉底式教学法教学，学生提出质疑和难点，并相互协作共同回答同伴的质疑或帮助同伴解决难题，教师的作用是聆听对话并为有需要的个人和小组提供帮助。

（五）斯坦福大学模型

斯坦福大学的相关研究人员通过进行翻转课堂实验发现，仅仅把讲座视频搬到网上就跟传统课堂一样乏味。因此，他们设计了在线讲座系统平均每隔 15 分钟弹出一个小测验的功能，以及时检测学生掌握知识的情况。此外，还在实验中增加了社交媒体的元素，允许学生互相提问。结果显示，在实验中，学生互相问答的速度非常快。这种"共同学习"的模式非常有效。

二、翻转课堂体现的现代教育理念

根据上述在当今社会中翻转课堂的典型模式，可以看出翻转课堂体现的现代教育理念包括以下几点：

（一）注重学生主体性的学生观

苏联教育家苏霍姆林斯基曾说过："真正的教育是自我教育。"只有个体进行自我教育，真正意义上的教育才能实现。只有个体学会了自我教育，方能体会到自我价值的实现。

学生是自己学习的主人。学生有一定的自我学习能力。学生具有自主学习的可能性和能动性。在翻转课堂教学模式下，学生真正实现了自我掌握学习进度，最大限度地发挥出自己的积极性。不论是学生的自学还是小组合作学习，每个环节中都充分体现了学生的能动性和主体性。

（二）学生自主学习、合作学习、探究学习的学习观

现代学习观更加注重发展学生的自主学习能力、合作学习能力和探究学习能力。现代学习观认为，学生自身具有自主学习、与他人合作学习、以问题为中心的探究学习的能动性和主体性。

翻转课堂教学模式下，学生很好地实现了自主学习、合作学习、探究学习。例如，山东省昌乐一中的翻转课堂教学模式下，"自学质疑"阶段的"教材自学""微课助学"环节充分展示了学生所具有的较高的自主学习能力；"自学质疑"阶段的"合作互学"环节和"训练展示"阶段的"合作提升"环节，展示了学生通过小组交流讨论进行合作学习；在整个翻转课堂教学模式下，两个学习阶段自始至终充分展示了学生借助问题进行探究学习。

（三）新型因材施教、分层教学的教学观

新型因材施教观以维果斯基的最近发展区理论为基础，它立足于学生的现有发展水平，着重关注学生可能达到的发展水平。新型因材施教观意在促进学生向可能达到的水平发展，发掘出学生发展的潜能。

学生存在着个体差异，拥有不同的发展水平、不同的认知风格、不同

的思维方式等。这就需要我们在教学过程中关注学生的个体差异，进行分层教学。

翻转课堂教学模式充分体现了新型因材施教、分层教学的教学观。例如，山东省昌乐一中的翻转课堂教学模式下，不论是微课的制作、两种学案的设计，还是"合作互学"和"合作提升"等教学环节，都考虑到了学生的差异性和独特性，有利于学生在现有基础上获得更高层次的发展，有利于探寻学生发展的各种可能性。

（四）"独立性与依赖性相统一"的心理发展观

由于自身具有的生理和心理特点，学生既具有一定程度的独立性，又具有相对的依赖性。学生的独立性要求在教学中以学生为主体，学生的依赖性要求在教学中以教师为主导。

翻转课堂教学模式综合考虑了学生的独立性和依赖性，体现了"独立性与依赖性相统一"的心理发展观。在教师的启发指导下，学生自主地学习。这样，既充分发挥了教师的主导作用，又体现了学生的主体性。

第四节　翻转课堂在国内外的实践案例

一、翻转课堂在国外的实践案例

翻转课堂的实践风行于 K12 学校。在 K12 学校，师生努力尝试着各种各样的翻转课堂教学模式的变革，涌现出十大精彩案例。

（一）林地公园高中的伟大开端

美国科罗拉州的林地公园高中是 K12 学校翻转课堂的发源地。大部分翻转课堂的"粉丝"都感谢这所高中的开创性实践。2007 年，该校两名化学教师乔纳森·伯格曼和亚伦·萨姆斯为学生录制了在线视频课程，起初的想法只是为那些耽误了上课的学生准备课程讲解，但他们很快就意识到，用视频来复习和加强他们的课堂教学能让所有孩子受益。之后，两人又意识到，也许他们已经"迷迷糊糊"地做了一件伟大的事情，创造了我们现在所说的翻转课堂教学模式。在教学实践中，师生双方都认为，这样的教学实践是综合的翻转课堂的学习方法，而非单独的视频在起作用。伯格曼和萨姆斯觉得这套方法让他们有更多的时间给予学生个别关注，以建立更好、更紧密的师生关系，而这往往可以促进学生形成更好的学习动机。自他们率先开始翻转课堂后，这种方法不胫而走，现在全球已有数以千计的学校在使用。

（二）石桥小学的数学翻转

2011 年秋天，美国明尼苏达州斯蒂尔沃特市石桥小学开始了数学翻转课堂试点计划。五、六年级的学生按照自己的学习进度在家中观看 10～15 分钟的讲课视频，之后接受 3～5 个问题测验。教师在学校使用 Moodle 跟踪学生在家学习的过程，看谁看了视频并完成了测验，并及时对测验结果给予反馈。这使得教师可以即时锁定那些学习有困难的学生，以待回到课堂后对他们施以针对性的帮助。这样的翻转课堂，使学生的个性化学习需求得到一定程度的满足，给他们带来了良好的学习体验。

（三）高地村小学的"星巴克教室"

在美国的高地村小学，教师鼓励学生自带技术设备进课堂，包括电子书、平板电脑和智能手机。他们还有自己的"星巴克教室"：传统教室中那一排排整齐的课桌椅不见了，教室里换上了圆桌、舒适的沙发和软垫椅子以及电脑。校长肖纳·米勒说，这样的想法来自学生，学生希望在教室中更加放松地学习，希望拥有类似咖啡馆的氛围。这种新风格的教室是得克萨斯州路易斯维尔学区努力建设面向 21 世纪的学习环境的一部分。以科技为中心的战略似乎得到了回报，学生更喜欢在这样宽松的环境中学习，他们的表现变得越来越好。

（四）克林顿戴尔高中的全校翻转

如果有学校能真正展示翻转课堂的成功的话，克林顿戴尔高中算一个。在用两个班经历了两年的翻转课堂实验后，校长格雷格·格林大胆地在全校实现了翻转课堂模式的推广。学生在家看教师录制的 5～7 分钟的讲解视频，做笔记并写下遇到的问题；在课堂上，教师会重点讲解多数学生有疑惑的概念，并用大部分时间来辅导学生做练习，对学生的作业给予及时反馈。学校还解决了部分学生在家上不了网这个问题，课前课后分别提供一个小时的校园电脑访问网络时间，或在特殊情况下，允许学生使用智能手机观看视频。在实施翻转课堂一年后，学生的学习成绩大幅度提高。165 名新生中，只有 19% 的学生英语不及格，而原来不及格率一直在 50% 以上；

数学课的不及格率从 44% 降至 13%；科学和社会研究课的不及格率也下降了。另外，学生的挫败感减少，自信心增强，违纪事件大幅下降。曾经，这所底特律的郊区学校是本学区声誉最差的学校之一，现在，该校正发生着巨大的变化。

（五）AP（Advanced Placement，即大学预修课程）微积分课堂翻转

在美国马里兰州波托马克市的布里斯学校，史黛丝·罗桑在教授 AP 微积分课程时，使用平板电脑来录制她的讲解过程，并上传到 iTunes，要求学生在家观看。学生如果看不懂就反复观看，还是有疑惑就请教朋友。第二天学生来上课，其主要任务就是弄清问题和完成作业。"我总是告诉他们，首先，最好的选择是你自己解决问题；如果不能，再向你的学习伙伴请教；最后，你才问我。"史黛丝说，"我的学生告诉我，他们最喜欢的是可以让视频暂停以便做笔记和有机会进行思考，而混淆时还可以倒回来反复看，然后在考试之前，能够重新观看部分重难点视频来复习。"史黛丝还谈道，实行翻转课堂后，她的学生学习更独立，很少焦躁。对于许多学生来讲，最难的部分是应用所学知识来完成习题集，所以她在课堂上讲得很少，更多的时间用来进行"一对一"答疑，辅导学生完成作业。

（六）大急流城高中的 AP 生物学课程翻转

密歇根州的大急流城高中是美国的一所大学预备走读学校。在该校，第一位尝试翻转课堂教学方法的是 AP 生物学教师詹尼斯·霍夫。她发现，翻转课堂给了她更多的时间用于与学生做科学实验和互动，而不是像以前那样在课堂上为完成课程进度而忙碌地讲授。她说："学生在家庭作业时间观看教学视频，接着写一个简要的总结，并进入 Google 调查表回答上面的问题。我会读到他们提出的问题，并就他们不懂的地方准备材料，上课时一起讨论，或更好地利用我们在一起的时间完成实验项目。"詹尼斯和其他教师都承认，翻转课堂需要教师投入更多的时间去准备教学，还面临的一个挑战是要学生保持自觉，课前不观看视频的学生将有可能在这种学习模式中迷失。

（七）生活学校有区别的化学翻转教学

得克萨斯州达拉斯地区的生活学校的教师布雷特·威廉有十几年的工作经验。他在不同班级实施有区别的化学翻转教学。布雷特同时任教普通生

和优等生的化学课程。他发现翻转课堂让不同层次的学生都能受益，也为教学提供了多种可能性。因此他自己开发教学材料实施化学翻转教学。首先，由于翻转课堂的实施带来了课堂时间的增加，于是布雷特和他的学生们有了大量时间可用于增加课堂活动，如做实验、讨论、互动和进行基于项目的学习等。同时，布雷特也有了更多的时间帮助学生在现实世界中应用化学，以解决日常生活中的化学问题。其次，布雷特还可以利用翻转课堂实现真正的分层次教学。普通生可能在基本技能上需要额外的帮助和花费更多的时间，优等生则需要花额外的时间去实验室活动或进行课堂小组活动。优等生在学习积极性和技能方面都略胜一筹，因此他们需要更快的学习步伐和更多的学习材料。最后，翻转课堂能帮助学生实现个性化学习。布雷特能有效评估每个学生的学习，并针对学生的基础提供相应的自定义课程内容，与学生一起解决问题，发现学生各自的优势，把学生的学习推向更高的水平。布雷特的实验结果基本上是正面的，并在第一年就实现了全部学生的成绩提升。

（八）着重课堂管理技巧的英语翻转课堂

在印第安纳州波利斯市圣托马斯·阿奎纳天主教学校，英语教师卓伊·柯凯隆从其他教师使用翻转课堂的实践中得到了灵感，不过他决定利用技术寻求更多的改变。卓伊录制讲座短片来给学生讲解如何采用正确的语法写作。学生在上课时使用 Google 文档来写作，在卓伊的帮助下编辑段落、编排格式和解决其他问题。"大多数人把主要精力集中在视频制作上。但实际上，最重要的是在课堂上你如何支配增加的自由时间。"卓伊说。在实验只进行了两个月时，卓伊就已经感觉到学生的学习有了明显的改善。卓伊承认他的第一年实验遇到了一点困难，因为他需要一套新的课堂管理技巧，以及需要更多的时间追踪和帮助学生。卓伊最重要的体验就是"在上课时间我能做到与每个孩子进行'一对一'教学"。

（九）有选择地翻转

雪莱·赖特在加拿大萨斯喀彻温省穆斯乔市的一所高中教英语、科学和技术，她并不认为翻转课堂是现有教育的救星，因为"晚上看讲课视频、白天做作业"这种形式只是传统课堂的重新安排。但她认为，释放的课堂时间在能够正确利用时间的教师手中是一个巨大的机会，这些时间特别适合学生的探究性学习。雪莱不是在她的所有课堂教学中都使用翻转模式，也不是每晚都发给学生视频观看，她更喜欢有选择地进行。"我在学生需要新的信息时才使用翻转模式。"她说。她发给学生的也可能不是讲课视频，而是旨在建立好奇心、启发学生思考的简短片段。

（十）基于 iPad 数字化互动教材的翻转课堂

加州河畔联合学区的翻转课堂最大的特点是采用了基于 iPad 的数字化互动教材。这套用于实验的代数互动教材由专门的教材公司开发，里面融合了丰富的多媒体材料，包括文本、图片、3D 动画和视频等，还结合了笔记、交流与分享功能。与其他地区的教师通过自备视频和教学材料实施翻转课堂相比，互动教材更节省教师的时间，更能吸引学生沉浸其中。尽管通过购买互动教材实施翻转课堂需要投入更多的资金，这在经济不景气的时期显得不合时宜，然而实验的成效还是让学区觉得物有所值。统计结果显示：使用互动教材的学生中，有 78% 的人获得了"优秀"或"良好"排名；而使用传统纸质教材的学生，只有 58% 的人获得了相似的排名。

二、翻转课堂在国内的实践案例

翻转课堂在国外发展的同时，各方面飞速发展的中国也在探索中引入翻转课堂，并使之开花结果。

（一）重庆市聚奎中学的"云计算"支撑下的"翻转课堂"

随着重庆市江津区"云计算"产业的逐步发展，"云计算"已开始在江津区应用于实践。位于江津区的重庆市聚奎中学在探索中实行的翻转课堂正是其中典型的一例。

2011 年，重庆市聚奎中学引入翻转课堂教学模式，它是第一批在中国实施的翻转模型。在每个实验班，每个学生配备一款平板电脑用于从服务器下载教师的教学材料。聚奎中学根据学校实际对教学进行了适当调整，总结出了"三翻""四步""五环""六优"的操作实务，为提高课堂效率、促进学生全面发展打下了坚实基础。

聚奎中学实施翻转课堂始于 2011 年春天。2011 年 9 月，聚奎中学高 2014 级的 2 个班（11 班和 12 班）开始翻转课堂试点，2 个班的 129 名学生正式开始利用全新的"校园云"教育平台。2012 年，高 2015 级的试点扩大到 6 个实验班。2013 年，高 2016 级的试点扩大到 7 个实验班。两年多时间，聚奎中学通过争取上级支持、学校自筹、外拉赞助等途径获得经费 100 多万元，有力地保障了翻转课堂的实施。2013 年 7 月，聚奎中学的"新课程背景下高中翻转课堂学习研究"课题获得了重庆市人民政府颁发的教育教学成果二等奖。2013 年 9 月，聚奎中学与南京大学博士生导师张宝辉的团队签订了合作研究意向。

聚奎中学在借鉴美国翻转课堂模式的同时，结合本校的"541"高效课堂模式对其进行了改造，探索出了适合聚奎中学实际的"课前四步""课中五环"的翻转课堂基本模式。其中的"课前四步"包括设计导学案、录制教学视频、学生自主学习、制订个别辅导计划；"课中五环"包括合作探究、释疑拓展、练习巩固、自主纠错、反思总结。在实际教学中，教师使用电脑制作导学案、创建教学视频等，随后将这些学习资源上传到"校园云"教育平台。学生用自己手中的平板电脑下载导学案和教学视频，开始课前学习，并可通过平板电脑登录网络平台完成预习自测题，小组内互助解决个人独立学习时产生的问题，小组内不能解决的问题由组长记录后交给课代表，课代表整理好后上传至服务器。教师再了解预习、学习情况，以此调整课堂教学进度和制订有针对性的课堂教学计划。在这一过程中，传统的"灌输式"教学模式被彻底"翻转"，完成了由"教师灌输—学生接受"到"学生自主学习—发现问题—教师引导解决问题"的转化。聚奎中学"云计算"支撑下的翻转课堂旨在使教师少讲学生多学，为教师减负，实现"一对一"的辅导。

（二）山东省昌乐一中的"二段四步十环节"翻转课堂教学模式

2013 年 9 月，山东省昌乐一中开始翻转课堂实验。学校随机确定高一（39）班、高一（40）班、初一（2）班、初一（12）班为翻转课堂实验班级，在所有学科中实施翻转课堂实验。各学科自主实施一周后，学校建立了"翻转课堂周研究课"制度，每个学科轮流上课，实验班所有教师参加听课，课后立即讨论、研究，并逐步形成了具有昌乐一中特色的翻转课堂教学模式，即"二段四步十环节"翻转课堂教学模式。

2013 年 11 月中旬，昌乐一中做出详细的调整规划，第二批实验班开始翻转课堂实验，实验班数目由原来的 4 个增加到 28 个。2014 年 2 月，第三批实验班开始翻转课堂实验，实验班数目增加到 52 个，高一、初一的所有班级进入翻转课堂实验。2014 年 4 月 20 日，第四批实验班开始翻转课堂实验，实验班数目增加到 68 个，初二、初三所有班级进入翻转课堂实验。

2014 年 9 月，高二、高三所有班级也全部实施翻转课堂。至此，学校初中、高中所有班级都实施了翻转课堂。

昌乐一中的翻转课堂采用"二段四步十环节"教学模式，并在实施的过程中不断改进、不断优化。截至目前，昌乐一中的翻转课堂已经取得了很好的教学效益，教师的业务水平和学生的学习效率、学习兴趣以及学习成绩都有了明显的提高。

（三）"先学后教、合作学习"的新课改范例

1. 江苏省南京市溧水区东庐中学的"讲学稿"教学模式

从 1999 年起，江苏省南京市溧水区东庐中学尝试进行以"讲学稿"为载体的"教学合一"的教学改革，探索出一条教育理念新、教学方法活、学生负担轻、教学质量高的新生之路。"讲学稿"的设计关注学生学习的全过程，关注学生学习的有效性，关注教师教学的针对性，关注课堂上师生共同成长的互动性。其核心：根据学生的有效学习需要以及班级授课的特点，设计和组织课堂教学。

东庐中学的教学改革主要分两大块：第一块是改革备课模式，实行以"讲学稿"为载体的课堂教学改革；第二块是改革课外辅导方式，由课外辅导转为课内辅导，不订辅导资料，停止补课，取消竞赛辅导班，实行"周周清"。

"讲学稿"来自新的备课模式，这一模式可以概括为"提前备课，轮流主备，集体研讨，优化学案，师生共用"。主备教师提前一周将"讲学稿"草稿拿出；组长初审后提前两天发给全体组员，提出修改意见；充实后交主管领导审定，制成正式文本；上课前一天将"讲学稿"发给学生，第二天师生共用这一文稿实施课堂教学；课后，教师要在"讲学稿"上填写"课后记"，学生填写"学后记"，用作下次集中备课交流时的补充。

东庐中学"讲学稿"教学模式的教学程序：先将备课任务按年级分学科分课时分解给各科教师，然后同年级、同学科的教师在查好相关资料的基础上进行集体备课，并由学科带头人把关定稿，形成"讲学稿"；在上课前一天把"讲学稿"发给学生，学生按"讲学稿"的要求，在充分预习的基础上尽可能完成"讲学稿"所列练习题；教师收阅（有时学生分三个小组，由组长进行批阅，并把整理情况上报给任课教师），课堂上学生展示"讲学稿"完成情况，师生交流互动，教师进行点拨，答疑解惑，突破难点，归

纳规律，进一步纠错并完成"讲学稿"全部内容，对学生掌握的内容教师不再讲；学生存好"讲学稿"以备复习之用。

2. 江苏省泰兴市洋思中学的"先学后教、当堂训练"课堂教学模式

江苏省泰兴市洋思中学的"先学后教、当堂训练"课堂教学模式，首先让学生知道本节课的学习任务，教师针对教学内容进行学习方法上的指导，然后学生自学，之后教师发给学生配套的练习题，由学生在本节课上当堂完成。学生遇到困难时，先和同桌或其他同学相互帮助解决。教师当堂批改学生的练习，通过批改能够及时知道学生学习基础知识的基本情况，为后面的教学提供了真实的较完整的第一手资料，教师针对学生学习中出现的共性问题进行有的放矢的指导点评。

洋思中学的"先学后教、当堂训练"课堂教学模式，限制了教师讲课的时间，给予学生更多的学习时间，实现了以学生为主体、教师为主导的启发式教学。学生先自己学习知识，教师再针对学生提出的问题进行系统讲解，对于当堂训练中出现的问题及时给予指导和解决，确保学生把学到的知识及时转化为能力。这样不仅让学生消化巩固了基础知识，更重要的是使学生学会了自主学习的方法，提高了学生的自学能力，且调动了全体学生的思维，较好地提高了学生分析、解决问题的能力。

3. 山东省聊城市杜郎口中学的"三三六"课堂教学模式

山东省聊城市杜郎口中学实施的"三三六"课堂教学模式，主要表现为课堂学习三特点、自主学习三模块、课堂展示六环节。

课堂学习具有三个特点：立体式、大容量、快节奏。立体式强调的是教学目标是新课程要求的三维立体式，学习任务必须落实到每个小组、每个学生身上。大容量是指以教材为基础，课堂活动多元，全体学生参与体验。快节奏是在有限的时间里，紧紧围绕着学习任务安排师生、生生互动，达到预期效果。

自主学习包含三个模块：预习、展示、反馈。预习是教师引导、小组合作进行知识学习。展示是学生根据预习的情况提出问题，进行讨论，发表自己的观点和看法。反馈是让学生总结展示环节中学习到了什么、哪些没有理解，系统梳理本节课的知识结构。

课堂展示部分又包含预习交流、确立目标、分组合作、展示提升、穿插巩固、达标测评等六个小环节。

在杜郎口中学的"三三六"课堂教学模式下，形成了"超市课堂"，学生在教师的引导下进行自主学习和小组合作学习，在合作交流中理解知识、解决问题。学生通过自主学习，提高了学习兴趣，学会了发现问题；通过小组合作学习中的师生讨论、生生交流环节，解决了自学中发现的问题。

综上所述，我们可以看出，东庐中学的"讲学稿"课堂教学模式、洋思中学的"先学后教、当堂训练"课堂教学模式、杜郎口中学的"三三六"课堂教学模式，它们都有一个共同点：为最大限度地发挥学生的主动性、调动学生的学习积极性，给予学生更多自己学习、自主探索的时间；教师更多的是引导学生开展学习，使学生由被动学习转变为主动学习；学生在自学之后，通过小组合作学习进一步解决学习中遇到的困难。总体来看，它们更多强调学生预习的重要性和小组合作学习的作用。

（四）山西省新绛中学的课堂实验

1.背景

2011年10月，山西省新绛中学校长宁致义在由21世纪教育研究院、新教育研究院、北京市西部阳光农村发展基金会等多家机构举办的"新课堂、新教育"高峰论坛上介绍了山西省新绛中学的半天授课制。

山西省新绛中学是一所示范高中，但在2004年以后，学校一度遭遇办学危机：周边一批民办学校兴起，学习成绩好或家庭经济条件好的学生都选择到市区和民办学校就读，导致学校生源明显下降，部分教师也辞职到民办学校任教。

校长宁致义认为："生源相同的情况下，教学质量取决于模式；模式相同的情况下，教学质量取决于生源。我们要提高教学质量就必须进行课堂改革。"同时，宁致义校长尖锐地指出班级授课制的弊端。

弊端之一：班级授课制是在完成教师教的任务，而非完成学生学的任务。

弊端之二：学生是学习的旁观者而不是参与者，教师价值得到实现，而学生个性被压制，最终使学生厌学。

弊端之三：过去课堂不是素质教育，也不是应试教育，即使是应试教育也应该给学生留出思考时间和做的时间。

2.概况

2008年，新绛中学开始实行两种课堂：自主课和展示课。每天上午的五节课为展示课，下午三节和晚上三节为自主课，每节课 40 分钟。这样一种半天自主课，半天展示课的"半天授课制"把传统教学结构颠倒了，每天下午、晚上学习知识，第二天上午展示课内化知识、拓展能力。

这种做法与翻转课堂惊人地相似，有关学者将新绛中学课改模式称之为"中国式的翻转课堂"。学案课堂就是学生在教师编制学案的引导下，课前就开始真正意义的学习，在课堂上总结展示，形成了新绛特色的问题解决式的学案课堂。

问题解决式学案课堂要求教师事先在课前编制好学案。新绛中学认为，学案是教师为帮助学生自主学习而编写的方案。编写学案是教师要完成的最重要的一件事，也是集体教研要完成的第一件事。新绛中学每周给同科教师安排一天时间集体教研，这一天教师要编出下一周学生用的全部课时学案。学案内容包括：尽可能为学生创设理想的学习情境、学习目标、读书指导及学生要完成的任务。每位教师都有一个体验本，他们要做布置给学生的任务，亲自感受学生的劳动。

学案课堂有四种课型，分别是自主课、展示课、反思课、训练课。

（1）自主课。

学生根据学案读书、思考、查资料、同组间交流，完成老师布置的任务，写学习报告。学习报告可称为任务报告，类似于学生过去的作业，也是为第二天展示学习成果的准备报告。新绛中学的教师会认真验收学生的学习报告。因为，学习报告是学生劳动的成果，如果得不到及时的评价和展示，久而久之学生便会产生失落感，学生的学习兴趣就会逐渐失去。

自主课上，学生要填写互动卡。互动卡上要写清自己什么还不会、还需要什么帮助、还想知道什么。互动卡可以由单个学生填写，也可以以小组为单位填写。教师在自主课上的主要任务是巡视、发现问题，以及对某个小组或个人进行适当的指导，但坚决不能讲课，做到学生不问教师不答。

学校要求教师走下讲台，走到学生中去。下课后，教师要收回互动卡，最迟晚休前要收回。教师认真阅读互动卡，了解学情，有必要的话可以调整教学策略与过程。自主课后、展示课前，教师要验收学生的学习报告。自主课的评价标准是互动卡填写的质量和学习报告的完成情况。

（2）展示课。

展示课是落实教学质量的关键，展示学习成果与问题。展示课上，首先要解决学生写在互动卡上的问题。教师让没有提问题的学生给有问题的学生解答，这样做有一个好处，就是督促那些不提问的学生学习。教师要求学生，不在自主课上发现问题，就要在展示课上解决问题。教师还会让没有问题的小组给有问题的小组解决问题，在学生解决问题的时候，教师并不急于发表自己的观点，而是坚持引导、引导、再引导的策略。

互动卡上的问题解决之后，学生开始展示。他们在教师的组织下，上台讲解或提出问题，把自己的思路、观点、方法以多种方式展示出来。展示不是简单地回答问题，而是要让学生展现解答问题的过程，展现学生的思维，展示的过程就是实现价值的过程。教师在学生展示时，要认真观察学生的行为，耐心倾听学生的见解，做好记录，学生展示完一个内容后教师要做出合理的点评。当学生表达不出来时，要引导学生把话说出来。倾听就表示尊重，没有尊重就没有民主，就容易造成"满堂灌"。

课堂上，教师鼓励学生质疑。这是因为，质疑表示学生在积极思考。如果凡事顺从，就不可能主动学习。

学生的展示使课堂生成很多新的问题，对教师形成挑战，同时加速了教师的成长。学校看一节展示课是否成功，有"三看"标准：一看这节课有多少学生展示，二看这节课解决了多少存在的问题，三看这节课新生成多少问题。课堂上新生成的问题五花八门，数不胜数，这些新生成的问题使学生和教师都在课堂上成长起来，真正达到了教学相长。展示课后，接着进行下一个内容的学习，课后没有作业，只有课前的学习报告。

（3）反思课。

学生的学习行为在自主课和展示课后并没有结束，学校要求学生每学完一个模块要写一个总结反思报告，学生反思总结，查缺补漏，同时写出自己的感悟和心得。老师验收反思报告，个别指导，同时也要反思课堂教学，总结教学中的得与失，在反思报告展示课上，教师要再引导学生总结规律，达到总结学习方法，提升学习能力的效果。课后教师要写教育备忘录。

反思课不一定是整节课，多为自主安排，除了自主学习课以外的时间和空间，都是师生反思的课堂。

（4）训练课。

为了检测学生的水平，学生每学完一个模块，教师就对学生进行一次训练，并对训练情况做一课时的展示。

整个"学案课堂"师生的活动可以用八字方针来概括：编、验、点、导、学、做、展、悟。编，教师注重科学编写学案；验，验收学习报告；点，科学点评展示；导，引导学生思考；学，学案引领学习；做，做好学习报告；展，课堂尽情展示；悟，冷静思考感悟。学案课堂真正将学生变成了学习的主角，学生再也不是学习的旁观者，而是学习的主人。

学生面对课堂改革出现的热情，令校长和教师都出乎意料。学生再也不在课堂上打瞌睡、开小差，他们想尽办法要在展示课上将自己的知识、能力、风度展示给同学和老师，学生的学不再是"要我学"，而是无法阻挡、强烈的"我要学"。

新绛中学的学案编写，一般分为四个步骤。

①确立学习目标。学习目标应该是在了解本课重点、难点和学生学情以及他们知识积累、能力养成方面的基本情况之后确定的。

②规划学习时数。确定学习目标和学习时数，可以让学生做到心中有数。

③读书指导。要具体指导学生读什么，怎样读。

④学习任务。这是学案的主要部分，包括阅读内容、思考问题、完成练习等。

考虑到学生个性差异的因素，学案一般会提供选做内容，供学有余力的学生自我发展。为保证学案的质量，新绛中学规定了学案编写的流程。学校每周有一个集体教研日，集体教研的主要内容之一就是集体备课、编写学案，同科老师共同研讨编写下周学案，最后经组长审核后交付油印室统一打印，提前发放到学生手中。

在问题解决式课堂环境中，课前师生积极准备，课堂成了学生展示的舞台，成了教师验收、评价、引导的场所。课堂不再是学习的开始阶段，而是学习的提升阶段。

2.意义

教育的第一任务是如何使问题解决成为教育的起点。新绛中学把问题解决看作学生真实生活、真实成长的过程。他们认为：问题解决过程天然地将知识、能力、态度培养等教育内容融为一体，不存在三者孰轻孰重或顾此失彼的问题。学生获取知识的轨迹不是学科知识的体系，而是在解决问题的过程中习得了知识，学生的知识结构具有网络性和开放性特点。学生既可能在某个问题解决的过程中对某个领域的知识有更深入的了解，也可能由于问题解决的需要横向辐射。

问题是基本的教育单元，可能来源于校园、社区、家庭，或某一个学术性学科。教育的空间已经超越教室，只要需要和允许，学习场所可能是校园内外任何有助于问题解决的地方。教育基于学生的真实生活、真实问题，又使问题的解决成为学生受教育的过程。

新绛中学的课堂主要分为自主课和展示课。每天上午的五节课为展示课，下午三节和晚上的三节为自主课，每节课40分钟，这种模式被称作"半天展示课，半天自主课"。

实施"每天只上半天课"的教改措施之后，学生素养全面提升，学生快乐健康地成长。到过新绛中学的教育工作者都能感觉到学生的综合素质，善于表达交流，善于与人相处，善于思考和创新。新绛中学的高考升学率不降反升。由此可见，只要找到符合教育规律的正确方法，操作得当，落实好每个细节，调动一切积极因素，按教育规律和新课程的理念和方法去努力，提高学生的综合素质，教学成绩也必然得到提升。

新绛中学虽然没有提出"翻转课堂"的术语，但是，他们基于自身发展的需要创意的学案课堂自发地倾向于翻转课堂，在教学结构上与国外的翻转课堂基本一致，证明翻转课堂在中国并不存在水土不服的问题。

（五）深圳市南山实验教育集团的翻转课堂实践

我国深圳南山实验教育集团是国内较早实施翻转课堂教学实践探索的学校之一。该校于2012年9月启动了云计算环境下的"翻转课堂"实验。经过一年的探索，深圳市南山实验教育集团提炼出了本校"翻转课堂"教学基本模式——"三步五环节"教学模式，教师可根据课程的需要采用基本式或变式进行教学。

"三步五环节"是指课前三步骤与课中五环节。课前三步骤：学生课前观看微视频，完成进阶练习，进行学情分析。课中五环节：梳理知识，聚焦问题，合作学习，综合训练，评价反馈。

学生在课前学习微视频的教学内容，达到基本学会的程度，学生完成进阶作业，上传至"云端"，学习系统自动分析出学生作业完成的情况。在翻转的课堂上，教师和学生首先进行知识的回顾和梳理，对于没有学会的同学，在老师和同学的帮助下，再次学习相关概念和知识点。接下来，在知识学习的基础上，教师和学生一起提出有关知识理解和知识应用的问题，提出问题后，先让学生合作交流，共同找出解决问题的方案或完成对问题的回答。最后，对未解决的问题，在老师的帮助下解决完成，并对所学内容进行总结和深化应用。

在"三步五环节"教学模式的引导下，不同学科的教师结合教学内容及学生实际情况，灵活运用其中的要素。经过为期两年的探索，翻转课堂教学模式在深圳市南山实验教育集团显现出了如下的积极成效：一是提高了课堂教学的实效。如其老师所言：利用翻转课堂学习平台，老师在课堂重点讲解的正是前一天本班学生出现问题最多的地方，并有针对性地辅导个别孩子学习。问题解决后，学生在网上继续做巩固练习，完成提交后，教师能够及时反馈每个孩子的学习情况，课后不用布置作业。袁朝川老师说："'翻转课堂'可以让我清晰地了解每个孩子在课堂最渴望得到什么，我要做的就是'照单抓药'——不选贵的，只选对的。"开展实验以来，学生不仅没有因为家庭作业少而影响成绩，相反，由于自主学习能力、合作探究能力和学习热情得到了加强，学业成绩也得到了提高。二是让学生自己掌握学习节奏，提高了自学能力。在翻转课堂下，传统课堂回家做做作业的时间，翻转成了回家根据自己的程度自主学习，提高了学生自主学习实效，培养了学生的自学能力。

（六）温州市第二中学的分学科实践探索

面对教育中存在的突出共性问题：班级授课制下难以做到因材施教，以及因低效作业导致的学生课业负担过重等现象，温州市第二中学的校长和老师一直在寻找提升课堂教学效益、提升学生学习效益的突破口。2012年12月，学校领导对"翻转课堂"深入了解后，认为这和学校一直倡导的基于学科特点的高效课堂实践探索相一致，又可以充分利用现代信息技术的优势，弥补传统模式下教师机械批改作业带来的负担，"翻转课堂"应该是学校课堂教学改革发展的重要趋势。于是，学校全体成员开始了一场翻转课堂之旅。培训教师、添置设备、申报课题、实践尝试等同时跟进，经过一年左右的实践摸索，取得了意想不到的好成效，学生喜欢，家长欢迎。

实践中，温州二中不同学科的教研组，结合本组学科教学的传统与实际需要，总结出了各学科翻转课堂教学的策略，简述如下：

1.社会思想品德组的翻转实践

课前准备：自学视频，提出问题，把握学情。

课堂教学：问题释疑，知识梳理，巩固内化。

课后延伸：学有余力的学生学习各种资源。

2.英语语法、阅读和复习课的翻转实践

视频学习，小组合作，互相解惑，教师答疑总结，学生展示。

3.数学课的翻转实践

课前：导学设计，微课制作，师生互动，学情把握。

课中：知识构建——自学反馈，释疑解惑；巩固内化——平板检测，当堂作业；思维提升——方法提炼，拓展提高。

课后：分层任务，拓展补缺，在线答疑。

4.科学组的翻转实践

课前：自主学习，提出问题，重点讲解，针对练习，问题反馈。

课中：分享收获，释疑解惑，错题纠正，当堂作业，问题促学。

课后：学生根据自身实际完成学科拓展。

5.语文组的翻转实践

课前：指导学生自学，设计导学案，制作微课，参与师生互动。

课中：引导学生合作，交流自学体验，释疑解难，互助探究研讨。

课后：激励学生拓展，总结学习体验，归纳提升，用于探索新知。

诚如该校校长所言，虽然实践中还有诸多困难要面对，但是翻转课堂的初步尝试确实提升了学生学习的兴趣和自主性，提升了课堂教学的效益，对学生的终身学习和发展肯定是有极大帮助的。学生喜欢，家长欢迎，教师也正在体会着职业带来的幸福。

第四章　移动网络自主课堂教学模式的构建

　　信息化和多媒体已经改变了人类获取知识的方式。在基础教育界，"慕课"（即大规模开放的在线课堂，是一种在线课堂开发模式）与"翻转课堂"的有机结合给班级授课制带来了巨大挑战。如何在信息化环境下，基于云计算理念，破解班级授课制课堂教学中的个性化学习、因材施教、提高学习效率等难题是一个很现实的问题。因此，研究信息化与多媒体支持下的教学模式诉求，构建移动网络课堂教学模式，就显得十分重要。

第一节　课堂中师生进入自主学习角色

　　课堂教学改革是实施新课标的重要基点。现代社会要求年轻一代要具备较强适应社会的能力，并从多种渠道获得稳定与不稳定、静止与变化的各种知识。传统的教学模式是老师在课堂上讲课，布置家庭作业，让学生回家练习；而翻转课堂教学模式是学生在教师指导下，通过积极参与教学实践活动，学生在家完成知识的学习，课堂变成了师生之间和学生之间互动的场所。面对常规的每一节课，面对基础不一的每一个学生，面对每一个新的知识点和每一个学生不同的需求，打造翻转教学模式下以学生为中心的高效课堂教学就显得十分重要。

一、云计算支持下的教学模式诉求

　　随着现代信息技术的迅猛发展，网络技术在教育中的应用日益广泛和深入，特别是 Internet 与校园网的接轨，为学校教育提供了丰富的资源，使网络教学真正成为现实，为有效实施素质教育搭建了平台，有力推进了新课程改革。现代信息技术的发展为创新人才培养提出了挑战的同时也提供了机遇，教育部《基础教育课程改革纲要（试行）》明确提出，要"大力推进现代信息技术在教育过程中的普遍应用，促进现代信息技术与学科课程的整合"。而运用现代信息技术教学具有"多信息、高密度、快节奏、大容量"的特点，其所提供的数字化学习环境，是一种非常有前途的个性化教育组织形式，可以超越时间和空间的限制，使教学变得灵活、多变和有效。处在教育第一线的我们，必须加强对现代化教育技术前沿问题的研究，努力探究如何运用现代信息技术，尤其是在课堂上将基于现代信息技术条件下的多媒体、计算机网络与学科课程整合，创新教学模式、教学方法，更好地激发学生的学习兴趣，调动积极性，使课堂教学活动多样化、趣味化、生动活泼、轻松愉快，提高教学效率。

无线网络为我们提供了移动学习的基础设施，移动学习可解决传统教学时空受限的问题，可实现教与学随时随地进行，开展"Anyone""Anytime""Anywhere""Anystyle"的4A学习模式。大数据为客观评价学习效果及教学质量、因材施教等指出了方向。"慕课"与"翻转课堂"已成为信息化环境下"教"与"学"模式研究的热点。但如何构建基于无线网络和大数据，吸收"慕课"和"翻转课堂"优点，又结合我国基础教育班级授课制实际的课堂教学支撑平台呢？为此，我们设计并构建了"云课堂"教学模式。

云课堂包含的角色有学生、教师和管理员，他们都可通过 Web 或者 iPad（或其他平板电脑）与服务器交互，实现所需的功能，如出题、出卷、布置作业、考试、做题、批改作业等。Web 浏览器方式主要给管理员和教师提供图形用户接口，以方便使用电脑进行系统的管理工作，主要包括系统参数设置、用户管理、题库管理、试卷管理、考试管理和教学质量分析等相关功能。平板电脑方式可为所有角色服务：管理员可以了解指定教师和班级情况，教师可以实现实时出题、出卷、布置作业、批改作业、改卷、查询学生学习情况等，学生可以实现实时学习、考试、练习等功能。就目前而言，云课堂的教学模式一般如图 4-1 所示。

以"云课堂"为核心，我们还设计了"四课型"渐进式自主学习方式。其基本模式是先学、精讲、后测、再学，即教师提前通过学生学习支持服务系统向每个学生发送资源包，包括导学案、课件、测试题及有关学习资源（包括微视频等）；学生参考资源包，依据课本预习并自学，记录问题或疑问；学生通过平板电脑或其他媒介展示并反馈学习成果，或通过学生学习支持服务系统进行前测，通过测试展示学习成果或问题；对重难点内容由学生或教师进行点拨，在充分质疑交流的基础上进行归纳总结（老师与学生互动）；最后通过学习平台进行练习评价课，系统自动统计测试成绩并进行分析，之后由学生、教师或系统进行讲评、评价。

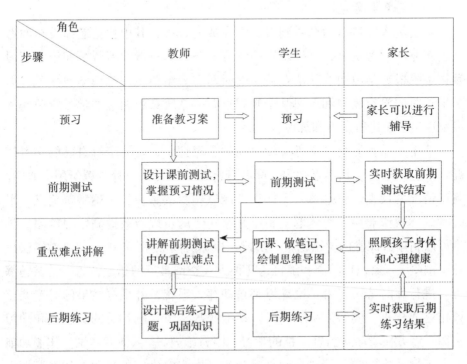

图 4-1　云课堂的教学模式

这种课堂教学支撑平台支持下的课堂教学可满足以下诉求：第一，满足课堂教学的要求。慕课和翻转课堂无法支持课堂教学的各方面要求，而云课堂支持课堂教学的各个环节，包括备课、上课、提问、课堂练习、单元测验、考试、学生评价等，并具有可操作性和方便性。第二，可随时随地组织课堂教学。慕课授课形式具有局限性，翻转课堂不能实时进行课堂教学，云课堂则在无线网络的支持下，可以不限时间和地点地组织课堂教学。第三，支持各种形式的教学模式，其中包括慕课模式和翻转课堂模式。慕课是典型的先教模式，翻转课堂是先学模式。第四，支持因材施教。基于大数据，自动或人工获取教学行为、学习行为等数据，建立评价体系和数据挖掘模型，客观评价学习效果、教学效果、学生分析等。根据这些数据和评价信息，实施因材施教。第五，支持教学资源开放、共享。原则上，云课堂支持各种形式的教学模式和学习方式。

二、云课堂中师生的自主学习角色

（一）学生角色

学生进入云课堂后会看到自己未完成的任务，其中包括老师发布的考试、作业和学习资源；自己制定的学习任务，如查看学习资源和错题练习等；系统根据学习曲线算法在适当的时间布置给学生的相应学习任务，如学生长时间没有复习和练习某个知识点时，系统会将相应的学习资源和练习推送给学生进行复习和练习。

学生可以查看自己最近一段时间的学习记录，及时了解自己的学习情况。学习记录中包括最近学习了哪些资源以及学习每一种资源所用的时间、测试情况的反馈，包括每一个知识点测试题目的数量、正确率等信息。平时考试、做作业会产生错题，利用好这些错题可以有效提高学习效率。学生可以利用云课堂的"错题本"功能，根据时间顺序（倒序）、试题错误次数（倒序）、知识点归类和随机这几种方式查询最近的错题，每一道错题都可以进行即时练习，每一次练习都自动存入系统，并根据结果的对错调整该错题的权重。同时，系统可以自动推送与某道错题相关的知识点和学习资源，以方便学生进行针对性的学习（因材施教）。云课堂考试、作业功能可以根据学生的学习记录自动剔除学生已经牢牢掌握的试题，从而缩短学习时间，提高效率。学生可自主在题库中随机（由系统根据算法进行预筛选）或指定筛选条件等多种方式抽取试题学习，以及根据学生的特点推送与学生掌握不好的知识点相关的试题供学生进行练习（缩短学习时间）。同时，系统根据高分学生的学习记录，推送这部分学生的学习资源和练习题供当前登录的学生进行练习，并根据练习题的测试情况调整推送参数，以探索最适合该学生的学习模式。

针对每个学生的不同学习特点，系统对学习资源进行有效分类。系统将知识点和学习资源建立网络结构，并根据教师指定的难度和实际测试过程中形成的难度数据建立分层结构（海量资源分类）。学生可选取知识点的学习资源，系统自动记录学生学习每个资源所用的时间，以 t 表示。每个学习资源在入库时由系统自动根据资源内容设置学习时间，以 t_0 表示。当 $t > t_0 \times 1.5$ 时，t 取 1.5 倍的 t_0，其意义是如果学生学习某个资源耗时过长，可以认为仅学习了 1.5 倍的标准时间。这样可以排除一些人为的操作，避免产生影响统计分析的结果。针对每个学习资源，学生可在学完资源后进行即时练习，趁热打铁。

（二）教师角色

教师可利用平板电脑或其他方式出题，同时指定试题的属性，如关联的知识点、体现的能力和难度系数等。对于试题的难度系数，系统可以根据学生答题的情况计算出来，自动将错误率较高的题目推送给教师并给出建议，如题目太难、讲解不够等，从而优化题库。为了提高教学效率及资源利用率，系统可以统计每个资源的使用情况，包括学习次数和时间等，并针对使用过于频繁或者过少的资源推送通知。同时，系统还监控学生学习指定资源的情况，包括近期学了哪些资源，投入时间如何，与这些资源相关的试题成绩如何等，从而更准确地了解学生的学习情况，提高课堂教学效率。

教师可以通过考试系统发布随堂练习，及时查看学生知识掌握程度，以便当堂解决学生本节课学习中存在的问题。考试系统根据历史数据，对试题库中的试题进行预筛选，剔除正确率非常高、近期出现频率过高的试题，同时将错误率过高、近期很少出现的试题前置显示，为教师提供更多的建议，从而提高出题质量，实现因材施教。在体现个性化教学方面，系统中的学生学习情况查询功能可以使教师了解学生的整体情况，包括错误率较高的知识点和题目。同时，将查询到的数据与相应学生学习资源的时间投入情况进行对应，以协助教师分析学生失分的原因。还可以针对指定学生，了解其最近的学习档案和考试、练习情况，包括其薄弱知识点、资源学习的盲区等，以便针对个体给出个性化的学习建议。

三、营造师生及生生互动的学习空间

（一）师生、生生互动

云课堂采用先学、精讲、后测、再学，并有教师参与的教学模式。在云课堂中，教师根据学科类型、知识点特点、学生特点、教学目标与教学内容等，可采用灵活多样的教学方式，并且系统可自动记录学生行为和教师行为数据。教师根据系统提供的数据可以了解每一个学生的学习情况，学生也可以通过"点赞"或"不赞成"、"笑脸"或"哭脸"等方式对某知识点的学习心情、学习效果、教师讲解等情况做出回应。学生之间可以针对某知识点的学习进行竞争学习，教师和学生之间可针对某知识点发起话题讨论等，在课堂教学中实现师生、生生互动。更重要的是，这样可采集到用于学生分析和管理的真实数据。

（二）个性化学习

在课堂教学中，虽然学生是在教师的安排下有序学习，但课上时间主要集中在教师对疑难问题的解答或教学内容精讲上。而那些课上没学会或缺课的学生，则可以在课外登录"云课堂"，自主学习课堂教学中的相同内容。在课外，系统根据每位学生的学习路径和近期学习情况，针对教学过程中的重难点和每位学生的错误点进行个性化推荐。根据系统记录的学生错误试题的数据，教师也可以进行个性化指导。

（三）学习轨迹与成长记录

云课堂可以详细记录学员的学习过程和学习习惯等相关数据，再加上教师的指导，更能充分发挥这些数据的作用。

第二节　移动网络自主课堂的改革突破

云课堂是基于无线网构建的课堂教学支撑平台，充分吸收了无线互联网的优势。教师可根据教学目标、教学内容、教学方法等，利用资源支持备课、上课等教学环节，并建立知识点之间的内在联系。

一、构建自主学习的移动网络课堂

自主学习（意义学习）是相对于被动学习（机械学习、他主学习）而言的，是指教学条件下学生的高质量的学习。自主学习概括地说，就是"自我导向、自我激励、自我监控"的学习。对学生明确提出课前自学，提出疑问。教师在课堂上引导学生分组讨论，解决问题，对一些共性问题进行点拨。

我们要强调自主学习，要把所有学生的学习都提高到一个自主学习的高度。自主学习就是学生自我导向——明确学习的目标，自我激励——有感情的投入，自我监控——发展学生的学习策略和思考策略。自主学习作为教学的一个目标，应通过具体真实的问题解决来更好地明确解决问题所依据的原理。让学生能够把这一原理应用到更广泛的情境中去。原有的试图说服学生、命令学生、简单重复已有的正确结论的学习方式，禁锢了学生的思想，剥夺了学生质疑的权利，压抑了学生的创造潜能。

根据国内外学者的研究成果，具体地说，自主学习具有以下几个方面的特征：学习者参与确定对自己有意义的学习目标，自己制定学习进度，参与设计评价指标；学习者积极发展各种思考策略和学习策略，在解决问题中学习；学习者在学习过程中有情感的投入，学习过程有内在动力的支持，能从学习中获得积极的情感体验；学习者在学习过程中对认知活动能够进行自我监控，并做出相应的调适。

自主学习就是要尊重学生学习过程中的自主性、独立性——在学习的内容上、时间上、进度上，更多地给予学生自主支配的机会，给学生自主判断、自主选择和自主承担的机会。过去的课堂是老师控制学生学什么，什么时间学，学生始终处于被动状态，这种过度控制压抑了学习的兴趣和学习过程中的美好体验。自主学习可以有效地促进学生的学习和发展。大量的观察和研究充分证明：只有在此种情况下，学生的学习才会是真正有效的学习。学生会感觉到别人在关心他们，对他们正在学习的内容很好奇，同时也会积极地参与到学习过程中，在任务完成后得到适当的反馈，他们看到了成功的机会，也对正在学习的东西感兴趣并觉得富有挑战性，感觉到他们正在做有意义的事情。例如，弗莱明发现青霉素的过程，反映了自主学习—及时发现问题—提出问题—解决问题的过程。1928 年底的一天，弗莱明和他的同事在实验室闲聊，突然发现一只原本培养金黄色葡萄球菌的培养皿出现了一圈清晰的环状带，于是提出为什么霉菌周围的金黄色葡萄球菌消失了呢？是不是在霉菌中存在一种物质可以杀死金黄色葡萄球菌？带着问题继续研究，终于制成具有杀菌力的青霉素。这说明科学发现需要多问几个为什么。要促进学生的自主发展，就必须最大可能地创设让学生参与到自主学习中来的情境与氛围。

二、构建合作学习的移动网络课堂

合作学习是对教学条件下学习的组织形式而言的，相对的是"个体学习"与"竞争学习"。合作学习是学生之间和师生之间的互动合作，平等交流。学生不再是孤立的学习者，而是愿意与同伴一起合作学习，与人分享学习和生活中的失败与成功的体验。合作是一种开放的交流。培养学生合作的品质，乐于与他人打交道，是培养人的亲和力的基础。合作学习强调学生在小组或团队中为了完成共同的任务，有明确的责任分工的互助性学习。合作学习包括以下几个方面：积极承担共同任务中个人的责任；积极配合、相互支持，特别是面对面的促进性的互动；期望所有学生能进行有效的沟通，建立并维护小组成员之间的相互信任，有效地解决组内冲突；对于组内成员完成的任务进行小组加工；对共同活动的成效进行评估，寻求提高其有效性的途径。

　　合作动机和个人责任是合作学习产生良好教学效果的关键。合作学习将个人之间的竞争转化为小组之间的竞争。如果学生长期处于个体的、竞争的学习状态之中，久而久之，学生就很可能变得冷漠、自私、狭隘和孤僻，而合作学习既有助于培养学生合作的精神、团队的意识和集体的观念，又有助于培养学生的竞争意识与竞争能力。合作学习还有助于因材施教，可以弥补一个教师难以面向有差异的众多学生教学的不足，从而真正实现使每个学生都得到发展的目标。在合作学习中，学习者的积极参与、高密度的交互作用和积极的自我概念，使教学过程远远不只是一个认知的过程，同时还是一个交往与审美的过程。研究表明，如果学校强调的是合作而非竞争，既不按智力水平分班又不采取体罚的措施，那么这种学校就不太会发生以大欺小、打架斗殴以及违法犯罪等事件，同时也不会因为强调合作而降低学习成绩。事实证明，要提高一个孩子的学习成绩，更有效的办法是促进他的情感和社会意识方面的发育，而不是单纯集中力量猛抓他的学习。合作学习可以帮助学生通过共同工作来实践其社会技能。在合作式的小组学习活动中可以培养学生的领导意识、社会技能和民主价值观。

三、构建探究学习的移动网络课堂

　　"把课堂还给学生"，教师要积极在课堂上开展探究式教学，让学生不仅知其然，还要知其所以然。探究教学的含义：在教学过程中构建具有教育性、创造性、实践性、操作性的教学主题，以学生参与活动为主要形式，以鼓励学生主动参与、主动探究、主动思考、主动实践为基本特征，以教师合理、有效的引导为前提，以实现学生各方面能力的综合发展为目的，促进学生整体素质的全面发展。与所谓的探究学习相对的是接受学习。接受学习将学习内容直接呈现给学习者，而探究学习中学习内容是以问题的形式来呈现的。和接受学习相比，探究学习具有更强的问题性、实践性、参与性和开放性。经历探究过程，获得理智和情感体验，建构知识，掌握解决问题的方法，这是探究学习要达到的三个目标。"记录在纸上的思想就如同某人留在沙上的脚印，我们也许能看到他走过的路径，但若想知道他在路上看见了什么东西，就必须用我们自己的眼睛。"德国哲学家叔本华的这番话很好地道出了探究学习的重要价值。探究学习也有助于发展学生优秀的智慧品质，如热爱和珍惜学习的机会，尊重事实，客观、审慎地对待批判性思维，理解、谦虚地接受自己的不足，关注好的事物，等等。

探究创新就意味着不故步自封、不因循守旧、不墨守成规，总是试着改变，所以创新、探究和发展是健康人格的重要组成部分。缺乏创新意识和能力的人的人格是不完善的，一个自我实现的人总是带有开拓进取、勇于冒险的精神，不会固守不变的东西得过且过。探究学习即从学科领域或现实社会生活中选择和确定研究主题，在教学中创设一种类似于学术（或科学）研究的情境，通过学生自主独立地发现问题、实验、操作、调查、信息搜集与处理、表达与交流等探索活动，获得知识、技能，发展情感与态度，特别是探索精神和创新能力发展的学习方式和学习过程。

中学探究性教学过程：启发引导—自主研究—讨论深化—归纳总结—应用创新。这种探究学习教学的基本思路：明确学习目标，带着问题去学习探索新知识，可通过预习，列出知识框架，找出疑难点，查找资料，尽可能自己先解决问题。课堂上，教师要走下讲台，到学生中去，当好导演，要调动好课堂，让学生在课堂上提出问题、探究问题，通过小组合作解决问题。要允许学生发表不同的观点，但教师只在一些科学性的问题上给予明确答案，适时进行点拨指导。如果学生提不出问题，教师就要引出事先准备好的有探究性的问题，如对新的知识点的探究，对概念间区别的探究，对科学家研究问题思路的探究，对探究性实验的设计，对探究性问题的资料研究，对对照实验设计的探究，对实习、实践等问题的探究，等等。总之，新课程教学要真正体现把学习知识的主动权交给学生，那种靠教师唱独角戏，"满堂灌""满堂问"的做法不能适应新课程改革的需要。

四、教师落实移动网络课堂教学模式

教师走下讲台，努力创造活跃的课堂氛围，可以使学生迅速进入情绪高昂和智力振奋的状态，才能有效促进学生思维方式的转化以及思维过程中能力的提升，达到培养学生的联想类比能力的目的。这就是"激趣—探究"教学，其基本模式：激发兴趣，提出问题，做出假设；设计方案，分组实验，合作探究；分析数据，发现规律；综合考虑，得出结论。真正使课堂成为一种民主、和谐、共进的平台，最大限度地提高了学习的自由度。这种教学模式改变了师生在课堂中的角色定位，学生成为课堂的主角，教师担当了导演，通过教师的"导"，让课堂成为一个真正的"学习共同体"，教师与学生分享彼此的思考、经验和知识，交流彼此的情感、体验和观念，共同创建一个"合作型的课堂"，使师生在合作的过程中都能有所收获，真正实现师生的共同发展。教学从"主体失落"走向觉醒，这意味着教学主体的回归，意味着学生从教学边缘进入了中心。

教师关注学生作为"整体的人"的发展，注重学生兴趣的培养，满足学生主动认识世界的愿望，使学生形成独立思维的习惯，获得终身学习的能力。因为我们所处的时代是一个知识激增的时代，知识浩瀚无边，教师所能教给学生的只是知识总量中的极少一部分。学生只有通过自己主动的探究学习，才能形成对自然界客观的、逐步深入的认识，形成一定的概念和概念体系。为此，教师应努力落实课堂教学的变革：变"组织教学"为"动机激发"，变"讲授知识"为"主动求知"，变"巩固知识"为"自我表现"，变"运用知识"为"实践创新"，变"检查知识"为"互相交流"。

第三节　构建移动网络自主课堂教学的重要性

移动网络自主课堂是对传统课堂的变革，是在优秀教师指导下，先学后教的课堂教学模式。它以发挥学生参与性与主动性为目标；充分尊重学生各方面的差异，注重学生个性发展；在知识高效传送的基础上，推动课堂教学从"知识导向"向"综合素质导向"转变。

一、移动网络自主课堂的价值定位

移动网络自主课堂，是利用当前计算机技术的条件和大数据分析的优势，为改变学生学习方式和教师教学方式所做的一种教学改革尝试：把由教师重复讲授的内容，如概念讲解和事实展示等放在课堂教学之前，通过视频或其他形式来供学生学习，让学生学习更加主动，让学生逐步学会对自己的学习负责。同时，在当前信息化社会背景下，它充分利用计算机技术，实现教与学的及时互动与信息反馈，把握学生的个体差异，强化教育教学的针对性，使学生的个性发展尽可能地得到满足，尝试为班级授课制背景下学生的个性化学习提供可能和载体。它使学生在课后高效学习的基础上，充分利用课堂上的宝贵时间来完成作业、合作学习、动手操作、探究创造等，实现从"知识导向"向"知识与能力融合"、"认知导向"向"认知与情感统一"的转变。

（一）移动网络自主课堂的指向——让学生自己对其学习负责

从事移动网络自主课堂的研究者和实践者一再强调，让每个学生对自己的学习承担责任。个体终究要独立地面对社会，处理各种复杂的社会问题。培养个体的自主自立意识和能力，既是一个社会问题，也是一个教育问题。在基础教育阶段，如何培养学生的自主学习能力，让学生自己对其学习负责，是学生学习成功的关键所在。当然，学生的自主学习意识、自主学习能力很难自然生成，需要老师和家长的共同引导。

在我国，学生的自主学习能力同样受到教育者的关注。杭州学军中学陈立群校长曾提出过学生学习的"三个当家"的理论，即自己当家、他人当家、无人当家。在其他条件相似的情况下，如果孩子能对自己的学习负责，自己当家，其学习以及今后的发展一般都比较好，在今后的社会生活中抗挫折的能力也较强；如果是教师和家长等他人为孩子的学习当家，其学习有的也不差，但是在未来的生活中，他们依赖性较强，独立性较弱；如果没有人为孩子的学习当家，在大多数情况下，这些孩子学习不会好，在未来生活中也会产生各种问题。这一事实表明自己当家即孩子自主学习意识和能力的重要性。学校要努力促进学生自己当家。

然而，在一家只有一个孩子的情况下家长对孩子生活的过度关照，教育的激烈竞争导致学校对孩子学习的过度安排，使不少孩子很少有机会发展其自主意识和能力，这对其在校学习、在社会中生存等都不利。如何培养孩子的自主学习意识和能力，已成为全球教育者共同关心的重要课题。

移动网络自主课堂作为一种"先学后教"的模式，在促进学生自主当家方面有着天然的优势。这一优势：自定进度与步骤的自主学习方式有效地减轻了学生的心理负担，增强了学生主动参与讨论的积极性。

在班级授课制的情况下，教师在课堂上无法对每个学生进行讲授，从而导致部分学生还未掌握相关学习内容，而教师已完成了他的授课任务的情况。一句"大家都懂了吗"，似乎在提示不懂的学生可以提问。事实上也是如此，只要有学生提出问题，教师也是愿意为其做出进一步指导的。然而，在课堂上很少有学生会经常提出问题，因为他们害怕被别的同学认为自己比别人笨。

与传统的班级授课制相比，移动网络自主课是在微视频学习的基础上开始的，学生初步掌握了基本的知识，他们在课堂上感到自己有话好说，有话能说，因此，学生在课堂讨论中的参与性就得到了极大的增强。山东某小学一位患有"自闭症"的小孩，原来从不在课堂上发言。经过微视频学习以后，他不仅在课堂上积极提问，还能主动发言解决其他同学在学习中的疑惑。

心理学研究表明，人的任何行为都是由动机所推动的。这种动机有时是内部的，譬如对阅读本身的喜欢、对探究知识的兴趣、对实验过程的好奇等。但是对于学生尤其是低年级的学生而言，学习的动机更多是外部的，学得好就有更多机会在同学面前展示，就有机会教自己的同伴，每个人都有展示的欲望；学得好就能够得到老师的表扬、家长的鼓励、同学的赞扬等。移动网络自主课堂给了学生展示自己的舞台，这是他们迈向自己对学习负责、自己对未来生活负责的第一步，这无疑对学习自主性的增强有极大的意义。

中小学生中不乏一批自律性还不是很高的孩子，很多人都担心：课后学生不学微视频怎么办？回到家中，手中拿着平板电脑，学生只玩游戏，不学课程怎么办？其实，这种担心就像我们现在担心学生回家不做作业怎么办一样。微视频的学习要比做作业更"好玩"，更适合学生"玩"的天性，因此，它要比作业更能吸引孩子。在这一判断的基础上，可以合理地假设，课后不学微视频孩子的比例不会超过不做作业的孩子。其实，这一假设已经被国内外正在进行移动网络自主课堂实验的学校所证实。美国学者汤姆（Tom Driscoll）于 2012 年对实践翻转学习的 26 位教师和 203 位学生进行了调查，26 位教师和绝大多数学生都认为，翻转模式下，学生的学习更加积极。

当然，可以肯定地说，在任何时候都会有一些孩子抵挡不住诱惑，出于贪玩的本性，课外不学微视频或借学习的名义在网上玩游戏等。现代数字技术已经发展到了可以实时了解学生在线学习情况的地步。因此，为家长与教师实时关注学生的学习，帮助学生树立良好的学习习惯，这已然不是难题。

课外学习微视频，这一过程也就是逐步培养学生对自己学习负责的过程。事实表明：孩子贪玩并不可怕，因为贪玩是孩子的天性。对教育而言，可怕的是，让学习成为可怕的事。不幸的是，学生害怕学习，在我国不少中小学已经成为现实。移动网络自主课堂旨在转变这种状态，让学生喜欢学习，让学生发自内心地感到学习是自己的事，而不是为了应付家长与学校的事，最终让学生能对自己的学习负责。

（二）移动网络自主课堂的目标——让每个学生成为最好的自己

客观地说，现行的课堂是在历史发展过程中形成的，与特定的历史阶段相匹配，它有着极大的合理性。然而，随着社会的发展，人们对教育的要求越来越高，它的一些弱点也逐步地显现了出来。这些弱点主要包括以下几个方面。

1.整齐划一的教学步骤

在班级授课的制度下，面对着数以十计的学生，教师很难照顾到学生的个体差异。教师只能以大体相同的教学进度来面对各不相同的学生。这导致一部分学生可以适应教学方式，而另一部分学生可能感到无所适从。

传统班级授课制度下的课堂，以教师的教为主，学生往往只能被动地接受。学生学习什么，如何学习，什么时候学习，学到什么程度等，都是被规定好的。学生被动按照教师设计的轨道前进。

然而，每个学生都是独特的个体，有着不同的学习速度和学习风格。一个班级内，对于同一内容，有的学生很快学会了，有的学生可能需要更多的时间才能学会；有的学生喜欢听讲的方式，有的学生可能喜欢看演示的方式，还有的学生可能需要亲自动手操作才能学会。

在传统的班级授课制教学方式下，老师按照相同的课程标准、同一本教材、同样的学习时间、同样的教学方式，来面对这些学习个性差异的学生，必然会出现学生学习参差不齐的情况。有的学生很快学会了，觉得老师讲解得太慢；有的学生刚好学会；还有的学生跟不上老师的节奏，没有完全弄明白老师说的内容。下课时间到了，老师离开教室。课程进展到同一程度，留下了同样的作业，学会的学生作业很快完成了，学得不好的学生会一直困惑。第二天，延续同样的模式，困惑的学生会越来越困惑。教学的实践表明：只有学生每一步的发展得到保障，学生最终的成才才能得到保障。对于绝大多数"差生"来说，他们在学业上的落后并非是天生的，而是在学习过程中慢慢积累的。今天的学习比别人差一步，明天的学习再差一步，长此以往，所谓的"差生"就形成了。其实，按照布卢姆的观点，"差生"和其他学生的差别，就在于他们学习同一内容所需的时间更长，如果时间允许，再加上有适合他们的学习材料，95％的学生都可以达到掌握的程度。

2. 相对滞后的教学反馈

教师夹着厚厚一摞作业本走进教室，课后又带着一摞学生新交的作业本走出教室，这是目前我们在学校最常见的情景。如前所述，作业是学生巩固所学知识的重要手段，也是教师了解学生日常学习情况的主要途径。教师在课堂上布置作业，学生在课后完成作业，教师从学生完成的作业中了解他们学习的情况，这是当前教学的常态。师生已经习惯了这样的教学反馈模式。

然而，事实上当教师在隔了一堂课后即使准确地了解了学生学习的情况，也已经很难在课堂上及时并有针对性地采取教学补救措施了。与此同时，教师批改作业也成了很大的负担，以至出现了一些教师采取抽查作业甚至让学生互批作业的情况。客观地说，这已经使作业失去了教学反馈的功能。学生作业上的问题积累到了一定程度后，教师才能发现他们存在的问题。这种教学反馈的相对滞后在相当程度上阻碍了教学质量的提高。

3. 多数沉默的互动现实

为改变课堂教学中学生被动接受的现状，近年来，不少学者和教师做出了诸多探索和不懈努力，如减少班级规模，尝试班级内的同伴互助、小组合作等。实践中，这些措施都取得了一定的成效，但是在教学流程不变的情况下，其效果注定都是有限的。

在大班额的情况下，人们一般会看到：在班级互动环节中，比较活跃的总是那么几个所谓的"尖子生"，他们思维敏捷，性格开朗，在师生互动中积极带头；而另一批学生往往成了"沉默的多数"，他们或者很少发言，或者只是在被教师点名以后才发言，或者跟在"尖子生"后面发言。对于这些"沉默的多数"，他们往往会担心自己对教学内容理解不深、掌握不透，因而发言水平不高，有可能被老师和同学小看。长此以往，这就造成了班级内的成绩分化。

4.让每个学生成为最好的自己

如何让教学顺应学生的差异，为每个学生的充分发展提供指导和帮助，一直困扰着全球的教育工作者。移动网络自主课堂，可以让每个学生成为最好的自己。

首先，"先学后教"的模式为在教学过程中给每个学生提供公平的机会创造了条件。学生的差异是客观存在的，然而，在"先学后教"的模式下，学生在课前就可以掌握基本知识，尽管他们掌握这些知识所花费的时间以及所采用的方式可能各不一样。但是，由此他们克服了内心的胆怯，不再甘心充当"沉默的多数"这样的角色，敢于在课堂讨论中发言，并积极参与班级各种活动，找回自信。

此外，及时而非滞后的反馈使得教师极大地提高了教学的针对性，而无须等到问题成堆以后再去解决。对于少数学生的个别问题，现代数字技术能够方便地找出其存在的原因，从而使得这些个别问题也能得到及时解决。

多种途径的学习为不同思维类型的学生找到适合自己学习的方式提供了更多选择的机会。凯特林·塔克（Catlin Tucker）在以《移动网络自主课堂：超越视频学习》为题的论文中指出："慕课学习和移动网络自主课堂的魅力在于，它让人们意识到了学习可以有多种媒介和途径，而不仅仅是在课堂内。"事实上，一段教学内容，人们可以找到多种方式表述的视频，张老师的没看懂，可以换李老师的来看，学生总能找到一段适合自己的在线教学视频。不让一个学生掉队，让每个学生成为最好的自己，这就是移动网络自主课堂的目标。

（三）移动网络自主课堂的追求——让教育从知识本位走向综合素质本位

所谓"综合素质"当然包含学生的认知、情感与身体各方面的素质。所谓"教育从知识本位走向综合素质本位"，也就是说教育要从以往只注重知识的掌握，走向也要注重学生能力的培养，其中主要是学生高级思维能力的培养，同时更要注重学生态度、情感和价值观的养成，以及学生身体与心理的健康发展。

从知识本位走向综合素质本位，这是社会发展对教育的要求。重视学生综合素质的培养，尤其是价值观的养成，是基础教育阶段自始至终的重要任务，当前越来越受到世界各国的重视。2012 年 9 月，联合国总部启动了《教育第一》的全球倡议行动，倡议指出：教育应充分发挥其培育为人之道的核心作用，培养全球公民意识，帮助人们构建更公平、和谐和包容的社会。在教育内容上更加强调价值观的培养。对未来社会发展的研究表明，未来人才培养目标至少应该包括以下几个方面。

1. 国际视野与本土情怀的融合

《国家中长期教育改革与发展规划纲要（2010—2020 年）》特别强调了教育的国际化，这具有非常重要的意义。现代人需要有国际视野，要懂得国际社会，要理解各国文化，通晓国际规则，适应国际竞争，能在国际舞台上贡献自己的一分力量。

与此同时，我们不能忘记，在强调国际视野时，更要让学生懂得爱家乡、爱祖国。"爱国"是社会主义也是中华民族的核心价值观之一。国际视野与本土情怀，这两者缺一不可。

2. 精英素质与平民意识的结合

一些优质学校提出要培养各行各业的领袖人才。当然，这些领袖人才不一定是政界的领袖：可能是 IT 界的领袖，引领 IT 技术的发展；可能是物流界的领袖，引领物流业的发展；可能是商贸界的领袖，带动商贸界品质的提升。中国的发展在呼唤，社会需要这批精英，他们能为社会带来财富，创造财富。但是千万不要忘记这些精英一定要有平民意识，要让他们理解创造财富是为了解决民生问题，是为了服务大众，使他们能够关注社会弱势群体。那些高高在上、整天在炫富的"精英"，不是我们教育所追求的。为此，我们特别强调要把精英素质和平民意识结合起来培养人才。

3. 科技能力与人文素养的统一

没有科技的进步，就没有经济和社会的发展，就不可能有产业的提升和转型。但我们培养的人才还需要有人文素养，有人文关怀，能够始终从人性出发，从而以高质量的人文素养把握科技发展的方向。唯有如此，我们的社会才有可能持续地发展，我们的地球才有可能持续地成为人类栖息的家园。

现在社会发展在很大程度上是依赖于高科技的。为此，学校要让学生懂得科学，懂得技术，这样他们才能为社会创造财富。但是客观地说，相比较而言，当今社会人们对科学技术重视有余，而对人文精神敬慕不足。所以我们要珍惜生命、关爱他人，要有人文的情怀、人文的素养。所谓人文情怀，就是要关注生命的意义、生命的价值，学会相互理解，懂得包容和谐。

4. 身体发展与心理健康的和谐

身体健康是当前几乎全社会都给予了高度关注的问题，《国家中长期教育改革和发展规划纲要（2010—2020 年）》（以下简称《纲要》）提出中小学生每天要锻炼一小时。《纲要》是一个很宏观的文件，却把这么细小的一个点写进去，可见这个问题的严重性，值得教育工作者反思。

人们发现，不少父母和教师都在想方设法把各种学习负担加给学生。因为他们相信，只有多学点知识，他们的孩子才会有美好的前途。在他们看来，让孩子多学点知识，这是对孩子前途负责的唯一选择。

应当承认，家长在这一问题上的抉择有其非常理性的一面。从家长方面来说，他们看到了未来社会竞争将日趋激烈，同时，他们对孩子的期望也在不断提高。家长对未来社会竞争将日趋激烈的预期，应当说是基本正确的，对孩子的期望不断提高也是无可指责的。因为，教育客观上存在着选拔的功能。应当说，通过教育来选拔人才是公正的选拔。通过教育来选拔本质上是根据人的能力来选拔，比起根据门第，或者说，比起根据家长的社会地位和经济地位来选拔要公正得多。它推动了社会的进步和文明的发展。

成年人喜欢把今天学生的课堂学习看作为今后社会生活做准备。"吃得苦中苦，方为人上人。"痛苦的童年是未来幸福人生的必要牺牲。事实上，学生的学习生活是其人生的重要组成部分。学生接受现代教育，如果到高中毕业就需要在学校中度过12年的时间，再到本科毕业需要16年时间，如果博士毕业则需要长达22～23年的时间。这部分的时间是人生重要的组成部分。这种学习的痛苦有可能对学生未来的人生产生一辈子的影响，甚至有可能造成他们眼前反常行为和反社会的倾向。过重的学习负担使学生失去了童年的乐趣，影响了他们身体的发展，造成了他们心理的压抑和创新精神的缺失，以及在社会中行为的失常。在国内外这种例子都是屡见不鲜的。

当然，学习整体而言总是不易的。为此，我们要鼓励学生为了社会的发展，为了他们自身人生价值的实现，不断努力学习，要培养他们克服各种学习困难的勇气与毅力。当学习成为一种折磨，而这种折磨超出了学生心理的承受能力的时候，作为社会、家长和教育工作者，难道我们不需要认真考虑：我们让学生付出的代价是否太大，是否值得吗？尤其是，当学习这种折磨超出了学生心理的承受能力，而表现出一些反常的甚至反社会的行为的时候，我们有没有思考过社会为此付出的代价是否太大，是否值得，是否有可能避免？

从这一事实出发，我们对家长和教师的建议：别强逼你的孩子或你的学生去学超出他能力的或他不愿去学的东西。每个孩子都是不一样的。人家孩子能做到的，你的孩子未必能做到；人家孩子能学好的，你的孩子未必能学好。当然，你的孩子能做到的，人家孩子也未必能做到；你的孩子能学好的，人家孩子也未必能学好。最好的学习，也就是代价最小的学习，是和你的孩子或你的学生兴趣相配的学习。学习不能只考虑学生的兴趣，也不能不考虑学生的兴趣。看到人家孩子在那一方面成功了，就希望自己的孩子在这方面也能成功，不从孩子的实际出发，往往是家庭和学校教育失败的开始。

相关的调查显示，在我国中小学有相当比例的师生有不同程度的身心健康问题，这对学生会产生难以估量的影响。我们都知道，扭曲的教育会导致学生形成扭曲的人格，给他以扭曲的人生。因此，关注身心健康应该是学校关注的一个重要方面。学校教育应当以给学生健康的身体与健全的心理为前提。

5. 鲜明个性和团队意识的协调

没有个性就没有创造。每个人应该有自己的个性。你就是你，我就是我，人家一看就知道。然而，不管人有什么个性，在社会中都要讲团队讲协作。所以，人们希望今天的教育所培养的孩子个性是鲜明的，同时又是具有团队协作意识的，能在未来社会当中，成为一个能够交流的、健康生活的人。

重视知识的传递，一直是教师职业的重要表现。新课程改革虽明确提出对学生培养的三维目标：知识与技能、过程与方法、情感态度价值观，但由于受到当前考试评价体制的制约，过程与方法、情感态度价值观的内容很难在纸笔测试中得到体现。这就导致当前的教学过程中存在这样的现象：被师生所重视的依然是知识的记忆、理解和应用；而过程与方法、情感态度价值观的教育和培养处于被弱化的地位，偶尔拿出来作作秀。

有不少人一直在质疑：慕课是否适合于中小学教育。在他们看来，中小学是孩子们人生观、世界观与价值观形成的主要阶段，虚拟的网络世界阻断了师生之间，甚至阻断了生生之间的面对面的交往。这种交往的缺失，必然地导致学生在情感态度价值观方面教育的缺失。事实上，在中小学，慕课一开始就是以"微视频＋移动网络自主课堂"为基本模式，这一模式为师生与生生之间的更深入交流提供了充分的时间，为他们相互之间更深刻地影响提供了难得的机会。

微视频学习，是移动网络自主课堂实施的前提；移动网络自主课堂，是为了解决微视频学习不能解决的问题。如师生和生生的讨论交流，在此过程中的思维的碰撞与深化，情感与心灵的交融，理想信念价值观的确立等，这些都是需要在课堂上完成的。由此可见，微视频学习和移动网络自主课堂实施是密不可分的。这一事实就决定了移动网络自主课堂不会削弱中小学情感态度价值观的教育。

二、云计算对移动网络自主课堂教学的重要性分析

（一）有利于学生获取知识渠道的多元化

随着科学技术的发展，尤其是信息技术的到来，学生的学习方式已然发生了变革。电子白板、移动学习终端等学习工具、教学工具的推广和普及，改变了由教师作为单一的知识来源的局面，云课堂教学模式让学生获取的信息量更多，探索的空间更为宽广，可利用的学习形式更为丰富有趣。这使学生的学习从单一向多元化转变，从被动学习变为主动学习，从而真正成为学习的主人。

（二）有利于激发学生学习的热情，增加师生的互动

在传统的教学中，如果教师不能用知识的疑点去吸引学生，用优美的语言去感染学生，课堂教学就会呈现教师单脚跳独舞的现象。随着时间的推移，学生听得枯燥乏味，教师讲久了自己也觉得没劲。而云课堂教学模式的优势之一就是全面提升了课堂教学的互动性，将教师的角色从内容的呈现者转变为学习的教练，让教师有更多的时间与学生交谈，回答学生的

问题，参与学习小组观察学生之间的互动，对每个学生的学习进行针对性指导。在这样的环境中，学生体会到教师是在引导他们的学习，而不是向他们发布指令，同时学生也不会因担心答错问题而拘谨，而是感受着学习带来的轻松和自信，发自内心地想学。

（三）有利于让学生自己掌控学习的主动性

每个学生的学习能力和兴趣是不同的。在传统课堂教学模式中，最受教师关注的往往是最好和最聪明的学生。他们在课堂上积极举手、响应或提出很棒的问题。与此同时，其他学生则是被动地在听，甚至跟不上教师讲解的进度，而教师也无法真正实现分层教学。在云课堂教学模式下，学生能根据自身情况借助教学视频来安排和控制自己的学习，每个学生可以按自己的速度来学习，真正实现分层教学。学生在课外或回家看教师的视频讲解，完全可以在轻松的氛围中进行；而不必像在课堂上教师集体教学那样紧绷神经，担心遗漏什么，或因为分心而跟不上教学节奏。学生观看视频的节奏快慢全在自己掌握，懂了的快进跳过，没懂的倒退反复观看，也可停下来仔细思考或笔记，甚至还可以通过聊天软件向老师和同学寻求帮助。

（四）有利于改变课堂管理

在传统教学课堂上，教师必须全神贯注地留意课堂上每个学生的动向，关注自己所讲的每一个知识是否讲清讲透。大家都清楚，讲课不可能每一节都有趣，一旦知识较难或教师准备不充分，或因一些学生稍有分心就会跟不上，此时学生就表现出无聊或搞小动作而影响其他人的学习。而在实施云课堂教学模式的课堂上，每个学生都在忙于活动或小组协作。对于缺乏学习兴趣想捣乱课堂的学生而言，他们曾经的表演失去了观众，也就只好选择融入课堂，让自己变得有事可做，此时，课堂管理问题也就消失了。

（五）有利于让教师与家长深入交流

云课堂教学模式改变了教师与家长交流的内容。大家都记得，每次开家长会，父母问得最多的是自己孩子在课堂上的表现和成绩，比如，是否专心听讲，行为是否恭敬，是否举手回答问题，是否完成作业，等等。而实施云课堂教学后，在课堂上这些问题也不再是重要的问题。取而代之的是学生回到家：孩子们是否在学习？如果他们不学习，家长能做些什么来帮助孩子学习呢？这种更深刻的问题会带动教师与家长交流：如何给学生提供一个学习的环境，引导学生主动地去学习，帮助学生成为更好的学习者。与此同时，经过云课堂教学后，教师有精力、有时间去获取新知识和新理念，以便不断丰富自己，提升自己。这样在 45 分钟课堂上不再是满堂灌，而是在学生需要帮助的时候用高度概括的语言把知识精要讲给学生，重视知识的生成过程，教会学生归纳概括的能力，做到有的放矢。

（六）有利于传统的教学模式的转变

在传统的教学过程中，以教师讲解和学生听讲为主，这种传统的教学模式下，出现了教师很努力，但是学生的学习兴趣不高的现象，这样的课堂无法形成真正的师生互动，更无法形成真正的生生互动。并且这种教学模式下，学生的学习兴趣很低，学生的学习效率也很低。尤其是以科学和严谨著称的信息技术课程，很多学生的学习积极性本应该很高，但是在枯燥的传统教学模式下，就会有很大部分的学生不喜欢信息技术课。但是移动网络自主课堂教学模式将这种传统的课堂进行了一次翻转，学生成了课堂的主体，他们在教师的引导下合作探究、互相讨论，彼此之间协作竞争、互相提高，并且教师在教学的过程中，教学水平和业务能力也有了很大提高。

（七）有利于营造个性化的学习环境

传统的教学模式中，教师准备一堂课，但是这堂课却要顾及班级里各种各样的学生，而这堂课的内容却仅仅适合其中一部分的学生，对于很大部分的学生是不适合的。这样的情况下，新课改所倡导的分层次教学就无法实施。移动网络自主课堂的出现打破了这一僵局。让学生在课前充分学习课本内容，学生可以根据自身情况调整学习时间，主动学习，并且教师在上课的过程中，利用多种教学情境，引导学生相互协作、积极探究，触发学生学习能动性的同时内化了所学知识。这样的课堂适合每一个学生，能够真正落实分层次教学，同时提高教学效率。

在信息化时代，电脑基础知识显得很重要，但是单纯的信息技术知识的讲授很枯燥，学生往往不喜欢学习这些电脑知识。为此，教师可以通过移动网络自主课堂设置一些个性化的学习环境让学生去学习、应用。比如，现在的中学生普遍对电脑游戏比较感兴趣，为了让学生更好地学习电脑的基础知识，教师可以设置一些小游戏，以游戏的通关形式让学生进行有效学习，并且允许学生通过互相帮助、合作完成整个游戏，培养学生的互助、合作意识。

（八）有利于构建互动、协作、探究的学习模式

学习的过程不是一个学生独立完成的事情，它需要教师与学生交流、互动来共同完成，在这个过程中要求学生完成对知识的内化。在传统的课堂上，这种知识的内化实现起来非常难，因为教师面对的是整体的学生。而移动网络自主课堂却将这一内化的过程拉长，学生不仅仅在课堂上通过学习得到知识，而且在课堂外也照样能够得到知识。同时，移动网络自主课堂还可以利用多媒体及网络来实现教师授课的随时暂停、反复播放等，有利于学生参与其中并且反复观看、学习、思考等行为的实施。并且移动网络自主课堂也能有效地实现教师与学生、学生与学生之间的互动，培养合作探究的学习习惯。

因此，在平时教学过程中，教师可以专门建立一个学习、交流的平台，将自己制作的课件或者是攻克难点和重点的过程放在这个平台上，供学生下载学习。有了这个平台，学生就可以随时、随地地学习、复习这些知识，即使有些学生在上课的过程中没有听懂这些内容，在课下自己学习或复习的时候，也能慢慢地理解这些内容。这其实就是移动网络自主课堂的一种方式。

（九）有利于促进教学评价的改变

在传统的教学过程中，教学评价的方式简单而直接，即利用考试成绩来评价学生的学习努力程度和学习态度。而移动网络自主课堂实施以来，教学评价方式也发生相应的转变，不仅仅评价学生的学习结果，还利用学生档案的形式评价了学生的学习过程。这种评价方式不仅仅做到了定性评价和定量评价相结合，更做到了形成性评价对总结性评价的补充。另外，移动网络自主课堂还注重以学生的自评和互评相结合的方式对学生进行评价，不仅仅让学生知道了自己有哪些方面做得不足，还让其他的学生对自己进行监督和评价。这样，学生能够及时看到自己的不足，能够随时根据评价内容来调整自己的努力方向。

第五章　高校教学系统的计算机信息化设计

随着信息技术向教育领域的扩展，计算机多媒体化和计算机网络在教学过程中的应用越来越普遍，教育信息化的任务和关注的重心也在不断发生着改变。如何在信息化环境下进行教学设计，成为教师当前面临的主要问题。为适应教育信息化形势的发展，教师要能够在传统的教学设计的基础上，根据教育信息化发展的新变化，结合教育信息化的实际，进行信息化环境下的教学设计即信息化教学设计。教师可以通过将信息技术有效地融合于各学科的教学过程来营造一种新型教学环境，科学合理地安排各要素，以实现一种体现学生主体地位的教学方式，达到教学的最优化。

第一节　教学系统计算机信息化设计概述

一、教学系统设计的概念

教学是一种多要素的、动态的复杂系统。教师、学生、教学内容、教学目标、教学媒体和方法等众多要素构成了教学活动。为使这些要素有机地配合起来，达到教学的最优化，就必须对它们进行整体的、系统的规划和安排，即进行教学系统设计。

教学系统设计（Instructional System Design，ISD）又称教学设计（Instructional Design，ID），是以传播理论、学习理论和教学理论为基础，运用系统论的观点和方法，分析教学中的问题和需求从而找出最佳解决方案的一种理论和方法。不同的时代，不同的人对教学系统设计的含义有不同的观点、不同的理解。

（一）对教学系统设计的几个不同观点

一是"计划"说。"教学系统设计是运用系统方法分析研究教学过程中相互联系的各部分的问题和需求。在连续模式中确立解决它们的方法步骤，然后评价教学成果的系统计划过程。"（美国学者肯普）这种学说主张用系统的方法分析教学问题，研究解决问题途径，评价教学结果的计划过程或系统规划。

二是"方法"说。其把教学系统设计看作是一种研究教学系统、教学过程和制订教学计划的系统方法。这种方法与过去的教学计划不同，其区别在于现在说的教学系统设计有明确的教学目标，着眼于激发、促进、补助学生的学习，并以帮助每个学生的学习为目的。

三是"技术"说。教学系统设计是一种用以开发学习经验和学习环境的技术，以促进学生获得特定的知识和技能（美国学者梅里尔）。

四是"过程"说。教学系统设计是运用系统方法分析教学问题和确定教学目标，建立解决方案、评价试行结果和对方案进行修改的过程。这种观点在我国有较大的影响面，代表人物是乌美娜和何克抗。

五是"操作程序"说。教学设计就是运用系统方法和步骤，并对教学结果做出评价的一种计划过程与操作程序。

目前，教学系统设计定义以"过程"说和"操作程序"说为主，即如何对教学进行任务分析，如何编写教学目标，如何选择教学策略和教学媒体，如何开展教学评价等。

总之，教学系统设计以教学效果最优化为目的，以教学理论、学习理论、传播理论为基础，以教学系统以及教学系统中的资源和过程为研究对象，强调运用系统方法对教学系统进行预先分析与决策，创设情景，以促使学生更有效的学习。

（二）教学系统设计的基本内涵

从概念的表述上，教学系统设计的基本内涵可以被归纳为如下几方面内容。

（1）教学系统设计是对教学活动的过程和操作程序的设计。教学系统设计是连接教学理论与教学实践的桥梁。将教学理论运用于教学实践是教学系统设计研究的核心问题。教学系统设计主要就是研究解决教学问题的方案程序、各种具体的教学方法，教学策略、教学媒体的运用、教学效果的评价方法等。简言之，就是研究教师怎样教、学生怎样学、师生如何互动的过程。

（2）教学系统设计以系统方法为指导。教学系统设计把教学过程中各要素看成一个系统，探索教与学系统中要素之间、要素与整体之间的本质联系，分析教学问题和需求，确立解决的程序纲要，使教学效果最优化。

（3）教学系统设计以教学理论、学习理论、传播理论为理论基础。以教学理论、学习理论、传播理论为理论基础的教学系统设计，现已形成了自己的理论体系。它以系统方法为指导，应用于解决教学实际问题，形成了能实现预期功能的教与学系统，可以将其直接应用于教学过程。图 5-1 直观地反映了教学系统设计与相关理论方法之间的关系。

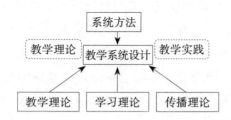

图 5-1　教学系统设计与相关理论方法的关系

（4）教学系统设计的目标是教学效果最优，目的是促进学生更有效地学习。教学系统设计主要是运用系统方法，以帮助每个学习者的学习为目的，创设有利的学习环境，促进学习者自身发展，从而达到教学的优化。

二、教学系统设计的发展

（一）教学系统设计的发展历史

为了更好地了解教学系统设计，我们来回顾教学系统设计理论发展的历史轨迹。

（1）教学系统设计的思想萌芽与早期发展（20 世纪初—20 世纪 60 年代）。建立教学系统设计学的构想最初来源于美国哲学家、教育家杜威，他提出了应建立一门所谓的"桥梁科学"，以便将教学理论和实践联系起来。但是，由于当时条件的限制，教学系统设计处于思想萌芽状态。到了 20 世纪中叶，行为主义学习理论的迅速发展，为教学系统设计的发展提供了理论支持，促使了"程序教学"和"教学机器"等概念在教学实践中的应用。

（2）教学系统设计的大发展时期（20 世纪 60 年代—20 世纪 80 年代）。西方的教学系统设计研究在 20 世纪 60 年代进入大发展时期。当时主要是引入了系统方法，对教学系统各要素进行综合考虑，对教学策略进行优化与评价，对教学系统特性进行明确认识，等等。行为主义在教学实践中的表现使得一些教师和心理学家开始对这一理论的有效性产生怀疑。在20世纪60年代末以及整个70年代，认知学习理论逐渐代替行为主义，成为教学系统设计的指导思想。

20世纪60年代末，教学系统设计便以它独特的理论知识体系、结构而立足于教育科学之林。20世纪70年代以来，教学系统设计的研究已经形成了专门的领域，成果日渐丰富，如基于建构主义的教学系统设计理论、强调人本主义的教学系统设计观点以及自动化教学系统设计理论等。

（3）整合化的教学系统设计理论（20世纪80年代至今）。到了20世纪80年代，教学系统设计理论逐步完善，教学系统设计研究者开始倾向于将不同的教学系统设计理论综合形成一个行之有效的总体模式，如赖格卢特的精加工理论、藤尼森提出的概念教学理论等。我国于20世纪80年代中后期开始引入教学系统设计。

在20世纪90年代，建构主义对教学系统设计理论起了较大的作用。这一时期，学习者与教学媒体、教学情境的结合是教学系统设计发展的一个重要特征。

（二）教学系统设计的发展趋势

当前教学系统设计经过不断研究和实践，逐步形成了以下发展趋势：

（1）教学系统设计越来越注重跨学科研究和跨领域应用。教学系统设计的研究越来越出现跨学科的趋势，其研究涉及哲学、社会学、心理学、信息科学与技术、系统科学、教育技术学等学科。正是这些学科领域的交叉和渗透，才使得教学系统设计的思想有了验证和实现的可能，并出现了一些公认的成就。近十多年来，建构主义思想逐渐兴起。它对教学系统设计者也产生了影响，同时也对学习者创新思想的产生发展有一定影响。另外，教学系统设计的研究和应用不是教育领域的专利，教学系统设计是一种有效设计和制造学习环境的方法。为了加强学习环境的形成，教学系统设计应该运用当代学习、测量、技术和管理等方面的理论来改进学习状况。教学系统设计从20世纪60年代早期就开始作为一种科学的应用领域，被广泛应用于工业、军事、政府部门、高等教育与职业培训中。

（2）教学系统设计越来越注重信息技术与教育理念的整合。教学系统设计的一个主要变化来自技术对教学内容和方法的影响。但没有以一定程度的教学系统设计为基础，技术是不会在本质上自动改进教育的。事实上，在信息化时代，只是通过利用多媒体的交互性和对刺激呈现的控制性来丰富任务环境。技术提供的新能力包括直接跟踪和支撑问题解决的技能，把学习者解决难题的行动过程可视化，建模和模拟复杂推理任务等。信息技术也使得对概念组织和学生知识结构的其他方面进行数据收集，以及他们参与讨论和小组项目的表征成为可能。

（3）教学系统设计越来越注重各种因素整合下的学习环境的建构。学习不是传输的过程，也不是接受的过程。学习是需要意志的、有意图的、积极的、自觉的、建构的实践，该实践包括互动的"意图—行动—反思"活动。知识和技能通常是在个体运用知识和技能的"境脉"（context）中获得的，这是一个与环境有关的问题。环境的发展与个体作为组织中的成员的发展密切相关。人类在特定群体中所能支配的知识和技能的总量是如此之大，以至于通常不可能在使用专业技术的特殊环境中进行个体到个体的传授。而且可以使用知识和技能的环境可能很复杂、很遥远或者很危险，以至于必须创设一个为学习而设的特殊环境来代替"真实"的情况。

（4）教学系统设计越来越注重新的评估理念和方法。教学系统设计越来越呈现出把课程、教学、实施和评估进行总体规划的趋势。需求分析、信息和方法的结构分析、个体差异的分析、社会文化差异的分析成为评估的重要内容，信息技术成为评估的主要工具。认知、观察和解释，这三个元素必须清晰地联系在一起并被设计成一个相关的整体。评估需要超越对局部技能和离散的知识点的关注，要把推动学生进步的更复杂的方面包含进来，具体主要包括对元认知的评估、对实践和反馈的评估、对社会文化大环境的评估。

三、教学系统设计的基本原理与方法

（一）教学系统设计的基本原理

指导教学系统设计操作的基本原理主要包括以下几个方面：

1. 目标控制原理

在教学过程中，教师是教学信息的传播者，学生是教学信息的接受者，媒体是教学信息的载体。但教师的活动、媒体的选择、学生的反应都是要

受到教学目标控制的。它们之间的关系如图 5-2 所示。根据这一原理，教学系统设计必须首先确定教学目标。它包括总体目标和具体目标两个层次，总体目标就是优化教学的总要求，而具体目标则依各门学科、各个教学单元的内容和学生的原有状态而确定。

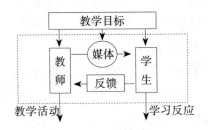

图 5-2　以目标控制教学过程

2.要素分析原理

教学过程可以看作一个开放系统，环境对学习者作用（输入），使学习者对环境做出反应（输出）。在教学系统设计时必须对构成这个系统的各个组成部分进行分析，找出哪些是对系统性质、功能、发展、变化有决定性影响的部分并作为系统的要素加以研究，而把次要的因素忽略。如图 5-3 系统中，把刺激输入部分、学习者及反应输出部分看作三个子系统，而每个子系统又各自由不同的要素构成。对于"教"的部分，它包括有教师、学科内容、媒体、方法等要素；而"学"的部分，即学习反应，则可包括学习态度、学习行为和认知效果等要素；对于学习者，这是一个"灰色系统"，无法完全了解其内部结构和思维过程，但可以对其心理结构、基础知识水平这两项要素有部分的了解。根据这一原理，教学系统设计的一项重要内容，就是教学策略的设计，实际上是对输入部分这一子系统的设计，包括媒体的选择与教学过程结构的设计。教学过程结构实际就是这一子系统中各个要素的组成及其联系方式的分析与设计。

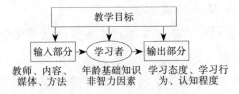

图 5-3　教学过程系统模型

3.优选决策原理

教学系统设计是以分析教学需求为基础，以确立解决教学问题的步骤为目的。解决教学问题的步骤就是教学策略，主要包括媒体选择与教学过程结构的设计。在教学策略设计过程中，必须使用系统方法中的模型化方法、优选方法与决策技术等具体方法，对各种设计方案可待选的对象进行分析、比较、评价，从而选取最佳的策略。根据这一原理，在教学系统设计的实际操作中，使用了媒体选择概率公式、媒体选择坐标判定决策模型、流程选择方法、等级综合评判方法等优选决策方法，使教学策略更能符合教学目标的需要。

4.反馈评价原理

反馈控制是系统科学的重要方法，这就是利用反馈信息，使系统的反应输出状态与预期目标相比较，然后根据比较的一般结果，对输入值进行修正，以达到系统输出状态与目标要求相一致的目的。根据这一原理，教学系统设计必须重视反馈信息的收集，即必须进行学习评价，设计各种输出反应的测量工具，确立学习评价指标体系，以获得反馈信息，控制和调整教学过程。

（二）教学系统设计的基本方法

由于教学系统设计是应用系统对教学活动进行系统规则的过程，因此系统方法是进行教学设计的主要工作方法。

1.系统方法

系统方法，就是按照事物本身的系统性把对象放在系统的形式中加以考察的一种方法。即从系统的观点出发，在系统和要素、要素和要素、系统和其外部环境的相互联系、相互作用中揭示对象的性质和规律，以实现最优处理问题的一种方法。它的显著特征是整体性、综合性、历史性和最优化。

2.系统方法的基本构成

系统方法是结构方法、功能方法和历史方法的辩证统一。

结构方法是一种向内的研究方法，它基于系统的内部描述，着重研究产生系统功能所能依赖的结构，也就是解决和处理系统内部各要素关系。

功能方法是一种向外的研究方法，它基于系统的外部描述，它把系统当作"黑箱"，通过研究系统与环境的相互作用去研究系统的功能，也就是处理系统的输入输出问题。

历史方法是从系统的历时性及系统发展规律出发，研究系统随时间变化，即系统的产生、发展、老化和消亡过程，也就是主要解决系统发展的目标问题。

教学设计就是上述三种方法的辩证统一的运用。目的是通过应用以上三种方法实现系统的最优化。

3. 系统方法的特点

整体性是系统方法的基本出发点。它把对象看作由各构成要素形成的整体，整体的性质不等于形成它的各要素性质的机械加和，它具有"突现"的特征，这种"突现"特征是由系统的结构决定的，思维方法上，改变过去"局部—整体""分析—综合"的方法，强调"整体—局部—整体""综合—分析—综合"的思维方法。

综合性是系统方法的一个特点，它有两重含义：一是认为任何系统都是以要素为特定目的组成的综合体，二是要求对任何系统的研究都必须从它的成分、结构功能、相互联系方式、历史发展等方面综合考察。

历时性是系统方法另一基本原则。历时性是指运用系统方法分析对象时，要研究系统存在和发生的背景、发展过程经历的阶段、目前达到的水平、成熟的程度，预测其发展的前景。因此，历时性原则要求我们"不仅力图从相互联系中，而且力图从发展中考察客体"。把客体当作随时间变化的系统考察，是完全符合唯物辩证法的。

最优化则是指运用系统方法能达到的目标。最优化实施要求：从许多可供选择的方案中选择出一种最优方案，以便使系统运动处于最优状态，达到最优的效果。这一点是任何传统方法所不能做到的。系统方法要求：①根据需要和可能为系统定量地确定最优目标（不是样样最优，而是优化组合，达到整体目标的最优）；②用最新的技术手段和处理方法把系统分成不同等级、不同层次，在动态中协调整体与部分的关系，使部分的功能和目标服从整体的目标，从而达到整体最优化的目的。

四、教学系统设计的基本过程

（一）教学系统设计的基本环节

1. 分析学习任务和学习对象

学习任务的分析，是教学设计中最为关键的教学资源分析阶段。学习任务不仅是制定教学目标的依据，也是整个教学工作的核心内容。学习任务分析包括学习内容的结构、如何有效组织学习内容、如何使学生掌握学科的基本结构等。学习任务分析与学习对象分析是密切相关的，这个环节要做的工作就是用特定的方法分析教学内容和教学对象，并使用评价的工具和方法对学生学习前的起点行为进行分析。起点行为是指学生已有的与新学习有关的能力或倾向的准备水平。教学的起点总是以学生已有的水平为依据，起点过高或过低都不能收到好的教学效果。在教学设计实践中，分析学习者的工作常常与前一环节的工作交织在一起进行。

2. 确定教学目标

教学目标是师生活动的重要依据，也是建立教学评价标准的依据。这个环节要做的工作：在分析教学内容和教学对象的基础上，参照学习者的特征确立和陈述出教学目标。这既有利于教学模式、方法的设计，教学媒体的选择，也有利于教学评价的进行。学习目标应该说明学习的结果，要以明确、具体的术语加以表述；在教学活动开始以前应把目标告诉学习者，使之心中有数，学习活动有的放矢。

3. 设计教学策略

教学策略是教师在教学过程中，为了达到某一特定的教学目标而采取的系统行为，它是教学体制或教学成果所要求的总括性的教学方法。教学策略是指为实现教学目标而进行的思考、策划和谋略，因而选择教学策略是实现教学目标的一个重要工作步骤。

教学策略设计，从宏观上来说，首先是设计者为达到教学目标，对教育价值观，各种教育、教学流派所提出的理论、原理、方法和模式的选择。从具体操作来说，包括了如下三个主要方面：①划分教学单元、课时，组织教学内容，设计教学顺序；②选择教学组织形式和方法；③组合运用教学媒体。

4. 教学媒体的选择与设计

媒体组合教学最能体现教学的直观性原则，合理地选择和组织运用媒体，使学生在最佳的条件下进行学习，是实现教学最优化的重要措施。由于不存在普适的万能媒体，因此对于不同的信息和环境，要对媒体进行合理的选择、安排和设计，并对信息资源进行查寻和传播。同时，媒体的选择与教学方法的运用也是密切相关的。

5.教学结构的设计

教学结构设计就是根据教学目标和学生的特点，对教学中师生的活动过程和形式、涉及的教学媒体和方法等多种要素进行整体的优化安排，形成特定的教学结构或模式。这种整体优化安排的结果就是形成实施教学的综合性方案，即教学策略。可以说教学策略是教学结构设计的产品。从安排教学的措施和方案的角度看，课堂教学结构、教学模式与教学策略均属同一概念。

这个环节要做的工作：根据学生现有的准备状态，要完成的教学任务，要达到的教学目标以及要学习的内容等情况，综合地、整体地选择教学方法和媒体，合理地确定教学组织形式和程序，形成行之有效的教学方案，即形成课堂教学结构或模式。

6.实施教学评价

按照既定的教学方案或模式进行的教学是否有效，能否达到目标，都需要进行检验。这是学习评价的主要任务。此环节要做的工作：根据教学目标，运用评价的手段和方法，在教学过程中或过程后，对学习效果给予价值上的判断。前者属形成性评价，目的是检验教学设计的方案在实施中的效果如何，若存在问题，便及时调整、补充教学方案；后者是总结性评价，目的是对一个阶段的教学给予全面的评定，并对学生的学习结果给出成绩。

教学评价的目的是获得教学设计产品的成功或失败的反馈信息，以对教学设计产品做进一步的修改，不断提高教学设计产品的质量。

（二）教学设计过程模式

教学设计的理论建设并不只是停留在理论研究阶段，而是要扩展到实践应用的领域。许多教学设计专家把教学设计的相关理论应用到实践中，形成了一系列的设计过程模式。设计过程模式一方面综合了理论和技术等各方面的因素，另一方面却简化了复杂的教学过程以及教学过程各要素之间的关系。教学设计过程模式如图 5-4 所示。

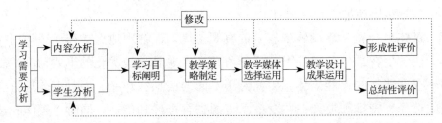

图 5-4　教学设计的一般模式

五、教学系统设计的要素分析与操作工具

（一）教学系统设计的基本要素

关于教学设计过程，目前有许多不同类型的理论模式。但是，可以从各种理论模式中抽取出一些基本组成部分，如学习需要分析、学习内容分析、学习目标的阐明、学习者分析、教学策略的制定、教学媒体的选择和利用以及教学设计成果的评价。这七个基本组成部分可以构成教学设计过程的一般模式。从这七个基本组成部分中还可以进一步抽取出以下四个最基本的环节（或要素）：分析教学对象、制定教学目标、选择教学策略、开展教学评价。各种完整的教学设计过程都是在这四个基本要素（学习者、目标、策略、评价）的相互联系和相互制约所形成的构架上建立的。

教学设计过程的一般模式描述了教学设计的基本过程。这个过程可以分为四个阶段，即前端分析阶段、学习目标的阐明与目标测试题的编制阶段、设计教学方案阶段、评价与修改方案阶段。教学设计的四个阶段之间是相互联系、相互作用，密不可分的。

这里应强调说明的是，我们人为地把教学设计过程分成诸多要素，是为了更加深入地了解和分析，并发展和掌握整个教学设计过程的技术。因此，在实际设计工作中，要从教学系统的整体功能出发，保证"学习者、目标、策略、评价"四要素的一致性，使各要素间相辅相成，产生整体效应。

另外，还要清楚地认识到所设计的教学系统是开放的，教学过程是个动态过程，涉及的如环境、学习者、教师、信息、媒体等各个要素也都是处于变化之中，因此教学设计工作具有灵活性的特点。我们应在学习借鉴别人模式的同时，要充分掌握教学设计过程的要素，根据不同的情况要求，决定设计从何着手、重点解决哪些环节的问题，创造性地开发自己的模式，因地制宜地开展教学设计工作。

（二）教学系统设计的要素分析

1. 学习者特征分析

通过对学习者特征分析主要是为了说明所要进行的课题对学生的知识、能力等智力因素方面和非智力因素方面的要求以及学生是否已具备了本课题学习的要求。

学习者特征分析就是要了解学生的学习准备状态和学习风格。学习准

备包括初始能力和一般特征两个方面。初始能力是指学生在学习某一特定的课程内容时，已经具备的有关知识与技能的基础，以及他们对这些学习内容的认识和态度。一般特征指的是在学习过程中影响学生的心理生理和社会的特点，包括年龄、性别、年级、智力才能、学习动机、个人对学习的期望、生活经验、文化、社会、经济等背景因素。学习风格是指对学生感知不同事物，并对不同事物做出反应这两方面产生影响的所有心理特征。

2. 教学目标分析

教学目标是师生活动的重要依据。教学是一个受多种因素影响的复杂活动，需要有一系列明确、具体的教学目标作为教学活动的参考点，指明教学活动运行的方向。它让教师知道学习者应学习哪些内容，学到何种程度；它还能引导学生的活动，使他们明确要掌握的内容，减少学习中的盲目性。教学目标主要包括知识目标、能力目标、情感目标三部分。分析教学目标是为了确定学生学习的主题，即与基本概念、基本原理、基本方法或基本过程有关的知识内容；根据学科的特点，将教学内容分解为许多的知识点，可以按照一定的学习内容分类方法，确定每个知识点内容的属性（事实、概念、技能、原理、问题解决等），然后进行学习内容（教学内容）与教学目标（学习水平）的分析，确定各知识点认知领域的教学目标（识记、理解、应用、分析、综合和评价）。

3. 学习内容分析

学习内容分析是根据总的教学目标，去规定学习内容的范围和深度，并揭示出学习内容中各个组成部分之间的联系，以实现教学效果的最优化。学习内容分析以学生的学习结果为起点，并以学习起点为终点，是一个逆向分析过程。

4. 教学策略分析

教学策略是对完成特定教学目标而采用的教学顺序、教学活动程序、教学方法、教学组织形式和教学媒体等因素的总体考虑。教学策略主要是解决教师"如何教"和学生"如何学"的问题。教学策略的选择与制定就是一项系统考虑教学要素，总体上择优的富有创造性的设计工作。教学策略的设计是最能体现教学设计的创造性。教学策略一般有两种类型：产生式教学策略和替代式教学策略。产生式教学策略主要是强调让学生自己产生教学目标，学生自己对教学内容进行组织，安排学习顺序等，鼓励学生自己从教学中建构具有个人特有风格的学习。也就是说，学生自己安排和控制学习活动，在学习过程中处于主动地处理教学信息的地位。这种策略的有效应用可以将学生的信息与其认知结构联系起来，实现对信息的进一步加工和处理，并且也可以允许学生自主地设计、实践和改善学习策略，提高自我学习能力，它还可以激起学生对学习任务和学习过程、学习策略的积极性，培养学习兴趣等。替代式教学策略在传统教学中比较常用。它更多地倾向于给学生提出教学目标，组织、提炼教学内容，安排教学顺序，指导学生学习。这种策略主要是替学生处理教学信息，能使学生在短期内学习许多内容，能使知识储备有限和学习策略不佳的学生获得成功的学习。

5. 教学媒体的选择

当确定了教学目标、选择与组织好教学内容后，教师就要考虑组织教学活动去实现目标。在教学活动的组织中，要做的一项重要工作就是对教学媒体的选择。如何才能在众多功能各异的教学媒体中选择出恰当、适宜的媒体来开展教学活动呢？这需要我们了解影响教学媒体选择的因素，掌握选择教学媒体的方法，对教学媒体的选择一般考虑各种教学媒体的功能特性和教学的实际需要，将两个方面结合起来加以分析，决定取舍。首先，要考虑教学目标、教学任务和教学内容的要求。在教学中，不同的教学目标常需使用不同的媒体去传输教学信息，不同的任务要求教师采用不同的媒体和方法去完成，不同性质的教学内容对教学媒体也有不同的要求。其次，要考虑学生的需要和水平，不同年龄阶段的学生有着不同的认识能力和思维特点。最后，要考虑教学媒体的功能，每种媒体都有不同的功能和特点，它们应用在不同的教学环境下会产生不同的教学效果。此外，对教学媒体的选择还要考虑一定的教学条件，如技术问题、经费问题和教学环境问题等。

6. 教学评价分析

教学评价是教学设计中一个极其重要的部分。通过客观、科学的评价，教学设计工作将不断得以检验、修正和完善。教学评价已经形成一门独立的学科，有它自己专门的研究领域。教学设计过程中的评价是以设计成果的形成性评价为主。教学设计成果评价的实质是从成果和影响两个方面对教学设计活动给予价值上的确认，使教学设计工作沿着预定的方向进展。

（三）教学系统设计操作的辅助工具

教学系统设计操作的辅助工具是指"两表一图"。"两表"是指"教学设计中相关要素一览表"和"学习水平检测表"，"一图"是指"教学设计流程图"。

1. 课堂教学设计中相关要素

表 5-1 系统地考虑了实施教学活动的四大基本方面，教学内容、确定学习水平、陈述教学目标和选用教学媒体，并使它们相互对应起来，以产生和谐、协调、一致的效用。在具体的操作过程中，教师通过分析教学内容勾勒出教学要点，从"知识"和"能力"两方面入手，确定教学要点在相关学习水平层次上的归属，并在此基础上，陈述具体的教学目标，选定相应的教学媒体。

表5-1　教学设计中相关要素一览表

课题	教学内容						学习水平						教学目标	教学媒体					
	要点	构成					识记	理解	应用	分析	综合	评价		实物	模型	挂图	录音	录像	幻灯	投影
		知识		能力																
		事实	概念	原理	观察	推理														

2. 流程图

在上述基础上，教学设计者便可以进行教学过程的具体安排。在安排、设计教学过程中，我们借助一种类似计算机程序的方法，来计划教学过程展开的每一步骤，并用图形表示出来，以使每一步进程都有章可循，活动目的明了，相互衔接紧凑，过渡自然平缓。这种图示方法称之为流程图。运用流程图，不仅可以具体地表述教学过程中教师、学生、教学媒体、师生互动等方面的相互关系，而且可以标示教学进程的顺序。这使教学过程的具体安排、设计，既能系统地考虑诸教学要素或方面的作用与相互影响，又能有条不紊地实施这种系统设计的思想。

在教学过程的设计流程图中，常用的图形及表示的意义如表 5-2 所示。

表5-2　教学设计流程图常用符号及意义

符　号	表示的意义
⬭	一项任务的开始或结束
▭	说明每一个步骤中的行动或操作功能
◇	表示决策点，每个决策点分别引导采取不同的步骤，包括返回原先的步骤
▱	学生的活动
▱	媒体的应用

3. 学习水平检测表

表 5-3 的设计及使用的目的在于实施及时、准确有效的教学评价。教学评价的类型主要有诊断性评价、形成性评价和总结性评价。

表5-3　学习水平检测表

课题	要点	学习水平						形成性检测题
		识记	理解	应用	分析	综合	评价	

形成性评价是每个课时教学进程中最为直接、具体的评估。只要每个课时的形成性评价做得好，总结性评价的效果便有根本的依托。因此，在教学设计中，教学评价指的是具体的课堂教学过程中的形成性评价。

在设计形成性检测题时，检测题内容必须反映教学目标的内容，即教学要点以及预先规定的学习者应当达到的学习水平，以免出现"检非所学（教）"的现象，避免检测内容过难、过易的倾向，从而失去检测的意义与作用。

六、教学系统设计的应用范围和层次

（一）教学系统设计的应用范围

教学系统设计发展的历史告诉我们，教学系统设计最早萌芽于军队和工业培训领域；到 20 世纪 60 年代才逐渐被引入到学校教育当中，并作为一门独立的知识体系得到迅速的发展。目前，教学系统设计在正规的学校教育、全民的社会教育和继续教育以及工业、农业、金融、军事、服务等各行业、各部门的职业教育和培训领域中都得到了广泛的应用。国外如美国、加拿大和澳大利亚的职业培训，英国的开放大学以及美国、日本等国或地区的中小学教育中均在课程设置、培训计划和教材资源等方面开展了教学系统设计，取得了许多成功的经验。我国在九年义务教育的文字教材与音像教材的编制中，在全国中小学计算机辅助教学软件的开发中，在职业高中、高等院校的部分课程设置和多媒体教材设计中，以及大、中、小学的课堂教学中，教学系统设计的理论和思想也在逐步被接受，教学系统设计的实践正越来越为人们所重视。

根据《教育技术国际百科全书》的描述，在学校教育中，教学系统设计常常以现存的课程文献或一个待完成的课程为出发点。在职业环境里，工作岗位是教学系统设计的参考和出发点，教学系统设计从具体的工作任务描述和分析开始，使职业岗位培训中的教学目标非常明确和有的放矢。某些教学系统设计者企图把教育和职业培训做同样处理，就容易忽视遍布于教育决策中的政治和道德因素以及很重要但却难以具体化、任务化的基本思维方式和情感、道德教育。因此，学校教育中教学系统设计的应用更加复杂，难度也相对更大。

（二）教学系统设计不同层次的应用

教学系统设计是一个问题解决的过程。根据教学中问题范围、大小的不同，教学系统设计也相应地具有不同的层次，即教学系统设计的基本原理与方法可用于设计不同层次的教学系统。到目前为止，教学系统设计一般可归纳为三个层次。

（1）以"产品"为中心的层次。教学系统设计的最初发展是从以"产品"为中心的层次开始的。它把教学中需要使用的媒体、材料、教学包等作为产品来进行设计。教学产品的类型、内容和教学功能常常由教学系统设计人员、教师和学科专家共同确定。有时还吸收媒体专家和媒体技术人员参加，对产品进行设计、开发和测试、评价。

（2）以"课堂"为中心的层次。这个层次的设计范围是课堂教学，它是根据教学大纲的要求，针对一个班级的学生，在固定的教学设施和教学资源的条件下进行教学系统设计。其设计工作的重点是充分利用已有的设施，选择或编辑现有的教学材料来完成目标，而不是开发新的教学材料（产品）。如果教师掌握教学系统设计的有关知识与技能，整个课堂层次的教学系统设计完全可由教师自己来完成。当然，在必要时，也可由教学系统设计人员辅助进行。

（3）以"系统"为中心的层次。按照系统观点，上面两个层次中的课堂教学和教学产品都可看作是教学系统，但这里所指的系统是特指较大、较综合和复杂的教学系统，例如，一所学校或一门新专业的课程设置、某行业职业教育中的职工培训方案等。这一层次的设计通常包括系统目标的确定，实现目标方案的建立、试行、评价、修改等，涉及内容面广，设计难度较大。而且系统设计一旦完成就要投入范围很大的场合去使用和推广。因此，这一层次的设计需要由教学系统设计人员、学科专家、教师、行政管理人员，甚至包括有关学生的设计小组来共同完成。

以上三个层次是教学系统设计发展过程中逐渐形成的。当然，也可以把教学系统设计分为宏观和微观两个层次，规模大的项目如课程开发、培训方案的制订等都属于宏观层次的教学系统设计，而对一门具体课程、一个单元、一堂课，甚至一个媒体材料的设计，都属于微观层次的教学系统设计。

七、教学系统设计的意义

教学系统设计是开展教学活动的前提和基础，它为教学活动的实施提供了可靠的"蓝图"。通过教学系统设计，教师可以清楚地知道学生要学的内容，学生将产生哪些学习行为，并以此确定教学目标；通过教学系统设计，教师可以依据教学目标和学生的特征，采用有效的教学模式，选择适当的教学媒体和方法，实施既定的教学方案，保证教学活动的正常进行；通过教学系统设计，教师可以准确地掌握学生学习的初始状态和学习后的状态，便于有效地控制教学过程。

（一）进行教学系统设计是信息社会发展的要求

信息时代知识的爆炸和科技的日新月异，对人才的需求提出了更高的要求。一般应用型人才，如书架型人才、工匠型人才，已难以适应时代的发展，而素质全面，接受继续教育能力强，智能型、创造型人才在时代的激烈竞争中愈来愈表现出充分的活力。这也就对信息时代的教育提出了更高的要求。现代教育要求"信息化、多媒化、多元化"的三化教育，也是"高效率、高效益、高质量"的三高教育。它能帮助人以较小的代价获得较大的收获，用较少的时间和精力获得较多的教育和学习效果。在信息社会中，只具有专门的技术知识是远远不够的，信息社会变化速度快，对信息社会的适应性能力的高低决定了人才水平的高低。在获取专业知识的同时，掌握一定的信息知识、信息能力，具备一定的信息意识、信息观念，可以促进人的个性的全面发展。信息社会，要求人必须具有利用多媒体计算机和网络技术进行学习和工作的能力，具有信息获取、存储和处理的能力，具有利用多媒体计算机和网络技术进行信息交互的能力。现代教育的发展方向之一是终身教育，信息教育在人的每个发展阶段都是必不可少的，从小学、中学到大学，再到在职教育都离不开它。只有通过系统、完整的信息教育，社会成员才能更好地适应社会的发展，促进社会的进步。

综合分析以上信息社会的要求，可以看到教育、教学中迫切要解决的实质问题是我们应采取什么措施使人们接受到效率高、效果好的教育，采用什么策略教会人们"如何学习"，从而使生活在信息时代的人们适应社会的飞速发展，提高教学效率、效果。促进每一个学习者自身的发展正是教学系统设计的根本思想，而根据社会发展中出现的与教育有关的问题采取相应措施解决以满足社会的需要也正是教学系统设计的方法。

（二）进行教学系统设计有利于教学工作科学化

传统教学中虽然教学系统设计的活动普遍存在于教师的教学实践当中，但只是把设计看作是一门艺术。其设计思想之精华也只掌握在少数优秀教师的手中，赋有才华的老教师靠"师傅带徒弟"的传、帮、带的方式把自己的经验传授给其他教师和年轻教师，但难以大范围普及他们成功设计教学的经验。

现代教学系统设计则是从教学的科学规律出发，对教学问题的确定、分析，对解决问题方案的设计、试行乃至评价和修改等系列教学系统设计的内容和程序都建立在系统方法的科学基础上，从而使教学活动的设计摆脱了纯经验主义，而纳入科学的轨道，使广大教育工作者容易学、乐于接受，并在教学中进行实践。教学工作的普遍科学化，可以大面积地提高教学效率和效果，提高教育、教学的投资效益，这正是教学系统设计的宗旨。学习和运用教学系统设计的原理是推动教学工作科学化的有效途径。

（三）学习教学系统设计有利于培养学习者分析问题、解决问题的科学思维能力与科学态度

教学系统设计是系统解决教学问题的过程，它提供的一套确定、分析、

解决教学问题的系统方法、逻辑思维和决策技术，也可用于其他领域和其他性质的问题情境里，具有很强的迁移性。学习教学系统设计除了使学习者掌握教学系统设计基本原理和必要的知识，更重要的就是要让学习者学会创造性地解决问题的方法和技术，培养学习者创造性地分析问题、解决问题的科学思维能力和科学态度。

师范专业的学生除了要有良好的思想品德、扎实的专业基础知识和健康的身体，为了适应未来社会的激烈竞争，还必须掌握现代教育思想和现代教育技术，以便将来在具体的学科教学中能应用先进的教育思想和理念指导教学，利用现代教学系统设计理论和现代教育技术手段培养学生。这样，才能胜任未来教师的工作，才能适应教育改革的挑战。

（四）学习教学系统设计可促进教育技术的实践与理论的发展

教学系统设计是教育技术学科的重要组成部分，是教育技术专业的一门主干课程。它是教育技术理论和思想方法运用于教学实践中的一门应用性很强的新学问。教学系统设计的学习将进一步推动教育技术的实践，也必然会进一步检验教育技术的理论，从而使教育技术的理论在不断总结其实践经验的基础上得到升华和完善。

第二节　计算机信息化教学设计

世界各国或地区大都是在 20 世纪 90 年代后期进入教育信息化时期的，不同的国家或地区的教育理论工作者和一线教师都在探索网络时代的教学改革问题。由于各国或地区的经济、政治、文化、历史背景不同，解决信息技术在教育中的应用问题的思路和发展模式也就各有特色。因此，结合中国国情，充分吸收和借鉴各国或地区在教育信息化环境下进行教学设计的方法，有助于发展适合我国国情的教学设计理论。因为 IT 改变了信息的社会分布形态和人们对它的拥有关系，造成了信息的多元性、易得性和可选性，从而改变了人们之间的教育关系。信息化教学设计理论和实践融合了现代的教学理念、信息素养培养的目标和信息化的评价手段，体现了信息化教学的基本原则，代表了信息化教学的发展方向，其实践模式具有在不同学科的教学中复制迁移的可能。

一、信息化教学设计概述

（一）信息化教学与信息化教学设计

1. 信息化教学的概念

信息化教学就是在信息化环境中，教育者与学习者借助现代教育媒体、教育信息资源和教育技术方法进行的双边活动。其特点：以信息技术为支撑，以现代教育教学理论为指导，强调新型教学模式的构建，教学内容具有更强的时代性和丰富性，教学更适合学生的学习需要和特点。信息化教学不仅仅是在传统教学的基础上对教学媒体和手段的改变，而且是以现代信息技术为基础的整体的教学体系的一系列的改革和变化。

2. 信息化教学设计的概念

信息化教学设计是上海师范大学黎加厚教授提出的，将教育信息化环境下的教学设计简称为"信息化教学设计"，以区别于20世纪90年代以前没有使用计算机和网络等信息技术的教学设计。信息化教学设计就是运用系统方法，以学为中心，充分利用现代信息技术和信息资源，科学地安排教学过程的各个环节和要素，以实现教学过程的优化。应用信息技术构建信息化环境，获取、利用信息资源，支持学生的自主探究学习，培养学生的信息素养，提高学生的学习兴趣，从而优化教学效果。

（二）传统的教学设计与信息化教学设计

信息化教学设计是教学系统设计中的特殊的一种，是在教育信息化环境下所进行的，作为教学系统设计的一个发展方向。教学系统设计以客观主义为理论基础，包括行为主义理论和认知主义理论。整个设计过程是自上而下，包括带行为目标的严格行动计划，并且按计划有组织地顺序展开设计过程，教学设计专家对于成功的教学系统设计至关重要。信息化教学设计则是以建构主义作为理论指导。由于建构主义学习理论强调以学生为中心，教学设计从"以学生为中心"出发，并强调培养学生的首创精神和高级思维技能。整个信息化设计过程是非线性的，有时甚至是混沌的。这种教学设计需要懂得教学内容与情境的开发者。其教学的重点是在意义丰富的情境中发展理解，注重信息化学习环境的创设和学习资源的提供。信息化教学设计并非仅仅指现代信息技术对教学领域的介入。传统的教学设计对于信息技术所持的是"媒体观"，即视信息技术为教学的媒体，用于辅助教师的讲解与演示；而在信息化教学设计中，现代信息技术是学生的认知工具。通过现代信息技术（以多媒体和网络为主）创设学习环境，提供丰富的学习资源，支持学生的自主学习和协作式探索。信息化教学设计的基本特征之一就是网络化，信息化环境需要网络技术的支持。网络能够为学生学习提供丰富而开放的学习资源、极大可能的交互，以及多样的选择。信息化教学设计的一个必要条件就是网络环境，区别于传统的教学设计，信息化教学设计不再是一个封闭的回路，而是一个开放的系统（见表5-4）。

表5-4　传统教学设计与信息化教学设计中关键要素对比

关键要素	传统教学设计	信息化教学设计
教学策略	教师导向	学生探索
讲授方式	说教性的讲授	交互性指导
学习内容	单学科的独立模块	带逼真任务的多学科延伸模块
作业方式	个体作业	协同作业
教师角色	教师作为知识施予者	教师作为帮促者
分组方式	同质分组（按能力）	异质分组
评估方式	针对事实性知识和离散技能的评估	基于绩效的评估

总的来说，信息化教学设计把静态的教学设计转变为动态的信息设计，让课堂充满活力、激发兴趣；把传统的教学设计转变为网络教学设计，让解读教材变为引导知识学习；把集体、统一设计转变为个性化设计；从重视结果评价转变为能力评价，关注了学生学会学习、学会创新、综合素质能力的提高和培养。

二、信息化教学设计的基本原则

在信息化教学设计中，要求以建构主义理论为指导，充分利用信息技术手段进行基于资源、基于合作、基于研究、基于研究的问题等方面的学习，使学习者在意义丰富的情境中主动建构知识。它关注了学生能力的培养，关注了学生的学习过程。为此，可以将信息化教学设计的基本原则归纳为以下几点。

（一）强调以学生为中心，注重学习者学习能力的培养

信息化教学设计，强调和主张在信息技术环境中进行学习。教师作为学习的促进者，引导、监控和评价学生的学习过程。

在信息技术环境中进行学习时，学习者的自主性将发挥巨大的作用，包括对于学习内容和学习方式的选择等。因此，信息化教学设计十分重视学习者的主体作用。以学为中心，注重学习者学习能力的培养，不论以"任务驱动"还是"问题解决"等方式开展学习或研究活动，在相关的有具体意义的情境中教授学习策略和技能时，教师都应该充分尊重学生的主动性和自主选择。在这一过程中，教师作为学习的促进者，要引导、监控和评价学生的学习过程，帮助学生掌握主动学习的技巧，使学生能够更好地开展自主学习。同时学生通过信息技术，也可以找到更多的高素质"隐性教师"。

（二）充分利用现代信息技术，注重情境的创设与转换，使学生尽可能在真实情景中灵活应用知识

信息化教学设计强调学生的积极参与，而活动的参与需要一定情境的支持，因此在信息化教学设计中应该注重情境的创设，使学生获得与实际相类似的认知体验。同时注重情境的转换，使学生的知识能够自然地迁移与深化。在情境的创设与转换过程中，可借助于信息技术手段，选择和组合各种信息技术，创设一个学习者可以互相合作和支持的地方，在那里他们使用许多工具和信息资源参与问题解决的活动，而不是创设一个学习只能单独孤立进行，不重视知识的实际运用的场所。让学生的学习总是与一定的社会文化背景（即情境）相联系，在实际情况下学习，使学生利用自己原有认知结构中的有关经验赋予新知识以某种意义。

（三）充分利用多种工具和丰富的资源，为学生提供良好的学习环境，以保障学习活动的有效开展

信息化教学设计注重对信息技术工具和信息资源的使用进行设计。现代信息技术的发展尤其是多媒体和网络技术的发展，能够为学习者提供信息化学习工具，提供丰富开放的信息化学习资源，为有效开展基于问题的学习和主动探究学习等提供了充分的条件。

这些工具和资源应当同学生的主题任务相关，能够帮助学生完成问题

解决的过程，促进学生的意义建构。例如，提供给学生与教学主题或问题相关的网络资源、典型案例，对学生的学习进行一定的指导和帮助等。信息技术工具和信息资源在信息化教学设计中具有不可替代的作用。因此，有关信息化学习工具和资源的提供与设计，也是教师在信息化教学设计中的一项重要任务。在信息化教学过程中，教师要充分发挥信息化学习工具的作用，利用各种信息资源支持学生的学习。

（四）以"任务驱动"和"问题解决"作为学习和研究活动的主线，鼓励学生自己体验学习和检验观点

以"任务驱动"和"问题解决"作为学习和研究活动的主线，主要在于说明学习活动的展开可以围绕某一问题或主题，这些内容来自现实学习和生活中的一些具体事例。同时，也说明了学习活动具有明确的任务性、目的性，学生知道为什么而做，教师的重点放在如何有效地引导学生方面。借助于现实中的任务与问题给学生制定学习目标，学生进行探究性学习，解决问题或完成任务，这样学生可以在相关的有具体意义的情境中获得学习策略和技能，可以通过对问题和主题的主动探索活动来体验学习的快乐，培养学习兴趣。

（五）鼓励合作学习，强调学生间的协作，努力营造良好的心理环境

信息化教学中，协作学习不仅指学生之间、师生之间的协作，也包括教师之间的协作，如实施跨年纪和跨学科的基于资源的学习等，但是主要是以学习者之间的协作学习为主。学习者通常是以小组或其他协作形式展开学习，在学习过程中互相帮助，共同完成某一项任务目标，实现"问题解决"。每个学习者在中间承担一定的任务，担当一定的角色，学习活动过程成为"学习者身份和意义的双重建构"。学生之间相互协作，共享他人的知识和背景，共同实现组织目标。

（六）突出环境资源的开放性，学习过程中要注意学习内容的适量，保持学习内容的灵活性

整个学习过程的开放性是信息化教学设计的一个特征，也是学习环境、学习资源等信息化教学要素的重要特征。开放包含了丰富和多样，信息技术本身也为开放性提供了可以实现的条件。信息技术也为教师和学生提供了形式多样的沟通方式和内容呈现形态，如同步与异步的一一对话、一对多广播与多对多讨论等，这些都为学生开放的学习方式创造了可能性。就

学习指导者而言，除了教师，各行各业的专家都可以对学习者的学习予以指导和帮助。但在这方面突显资源环境开放性的同时需要注意学习内容的适量，并且要使学习内容具有一定的灵活性。

（七）学习结果通常采用灵活的、可视化的方式阐述和展现

在学习活动结束时，学生应当对自己的学习结果进行总结和展示，同他人进行讨论和协商，以加深对学习过程的理解和反思。这些内容通常以研究报告、演讲、讨论等形式展开。在这些过程中，教师应当对学生的学习成果进行必要的指导和帮助，帮助学习者更好地将学习成果展示出来。

（八）充分发挥评价功能，强调针对学习过程和学习资源的评价

信息化教学设计是一个连续的、动态的过程，在学习过程中，教师通过不断的研究和质量评估，收集数据，使用过程性评价达到改进设计的目的。同时，由于信息化学习资源种类繁多，为了有效地利用信息化学习资源，也必须对资源进行优化选择。

三、信息化教学设计步骤与方法

信息化教学设计基本上可以分为单元教学目标分析、教学任务与问题设计、信息资源查找与设计、教学过程设计、学生作品范例设计、评价量规设计、单元实施方案设计、评价和修改八个步骤。在整个教学设计过程中，对于各步骤的分析和操作通常是按照这样一个顺序进行的，但必要时也可以跳过某些步骤或重新排序。

就整个教学过程而言，首先要经过分析确定单元的教学目标，即确定通过教学以后学生应该达到的水平和获得的能力。目标的实现需要有效而适合的教学方法或策略，方法和策略的选择在每个学习单元中都应各有侧重。这种选择需要相应的技术工具和资源的准备，要查找和设计信息资源。在信息化教学中比较注重任务驱动或是基于问题的教学，这样的教学需要根据教学目标，精心设计和准备真实任务和针对性强的问题。之后根据任务和问题、学生的学习水平确定资源的提供方式，例如让学生自主探索，还是教师事先收集和整理等。在教学过程中，由于信息技术的介入，学生的学习成果也要求通过一定的电子作品来体现，这样教师还要事先提供电子作品的范例及相应的评价标准。另外，在教学设计和整个教学实施的过程中，评价与修改必须始终贯穿于其中，作用于教学设计和教学实施的各个环节。不断地评价与修改能够保证整个信息化教学设计的开放性和动态性。下面就分步来介绍一下信息化教学设计中各步骤的具体要求。

（一）单元教学目标分析

分析教学目标是为了确定学生通过教学应该达到的水平或获得的能力。即教学活动展开后对目标的一个整体描述包括学生通过这节课的学习将学会什么知识和能力、会完成哪些创造性产品以及潜在的学习结果。

（二）教学任务和问题设计

教学任务和教学问题（包括疑问、项目、分歧等）的设计，这是整个信息化教学设计的关键。这个环节主要是根据已阐明的教学目标，设计真实任务、有针对性的问题，让学生在信息化学习中通过解决具体情景中的真实问题来达到学习的目标。

（三）信息资源查找与设计

学习资源对学习活动是一种支撑作用，不同的学习活动可能需要不同的学习资源和学习工具。因此，在信息化教学设计中就要根据任务和问题以及学生的学习水平，确定提供资源的方式，可以要求学生自己按照学习目标查找资源，也可以提供现成的资源给学生。前者必须要教师设计好要求、目的，后者要求教师寻找、评价、整合相关资源或提供资源列表。

（四）教学过程设计

教学过程设计是信息化教学设计的核心设计环节之一。通过教学过程设计，可以做到梳理整个教学过程，使之有序化。一般情况下应写出文字的信息化教案。

（五）学生作品范例设计

信息化教学设计中都有具体的成果，形式多种多样。为了更好地帮助学生以完成电子作品的形式来进行学习，在教学过程中就应该提供电子作品的范例，使学生对将要完成的学习任务有一个感性认识。

（六）评价量规设计

运用结构化的评价工具——量规评价信息化学习（特别是电子作品）。量规的设计应当具有科学性，以确保评价的可操作性和准确性。

（七）单元实施方案设计

具体实施方案设计，内容包括实施时间、分组方法、上机时间分配、实施过程中可能出现的软硬件问题等。

（八）评价和修改

在教学设计过程中，评价和修改是随时进行的，伴随设计过程的始终。

四、信息化教学设计过程的关注点

教师在进行信息化教学设计的过程中，需要把握好以下几个要点。

（一）问题或主题的设计

问题设计的水平是衡量教学设计水平的重要标志，是信息化教学设计的核心。设计问题或主题是指在对整门课程及各教学单元进行学习目标分析的基础上，确定当前所学知识的"主题"。依据学习目标，选出当前所学知识的主题（或基本内容），然后围绕这个主题进行意义建构。最后由教学者或指导者总结和综合，并考虑学习者的实际水平及所有目标达成的可能性进行筛选，从而最终确定主题，作为对学习内容的规划和设计的主线。教师进行问题或主题的设计时，要求能够重新组织大量知识，激发学习者全身心进行探究学习，深刻理解所学知识，促进学习者高级思维的发展。

（二）学习情境的创设

学习情境的创设要以促进学习者的积极性和主动性作为前提，尊重学习者"探究的需要、获得新的体验的需要、获得认可与欣赏的需要、承担责任的需要"，充分利用网络技术，尽可能创设各种情境，包括问题情境（以激发学生强烈的求知欲、发现欲）、应用情境（让学习者能有多种机会在不同情境下应用所学知识，将知识外化），从而构造出一个有利于学习者开展自主学习的网络化学习环境。

对于可创设的情境，主要包括故事情境、问题情境、模拟实验情境、协作情境等。

（1）创设故事情境。如在学习"我国的行政区"时，运用计算机教育软件，设计制作动画片《机器猫假期旅游》的故事情境。

（2）创设问题情境。在教学内容和学生求知心理之间设障立疑，问题应该真实、生活化。

（3）创设模拟实验情境，如物理、化学、生物、历史一些学科中的虚拟实验等。

（4）创设协作情境。利用网上多种交流工具如 BBS、可视化语音聊天室、电子邮件等工具，通过竞争、协作、伙伴和角色扮演等方式进行学习，针对某一个问题展开讨论交流，共同完成学习任务。

创设一些结合学习者实际的情境，让学习者在这样的学习情境中进行学习，才便于学习者对新知识的建构。

（三）学习资源的设计

学习资源的设计主要是为了支持学习者的主动探索和完成意义建构，它是指确定学习主题所需信息资源的种类和每种资源在学习主题过程中所起的作用。对于应从何处获取有关的信息资源，如何去获取（用何种手段、方法去获取）以及如何有效地利用这些资源等问题，如果学生确实有困难，教师应制作相关的资源列表，以方便学生查阅，提高学习效率。由于支持主题学习任务的学习资源多种多样，因此需要通过学习资源的设计以避免学生漫无目的地查找信息资源，浪费学习时间，使学生获得可靠、有用的信息。

（四）自主学习的设计

建构主义学习环境下的学习所追求的最终目标，就是让学生能建构知识意义。"意义的建构"要由学习者在适当的学习环境下通过主动探索、主动发现，即通过"自主学习"才能完成。在信息化教学设计中，要根据教学内容及所选择的教学方法，对学生的自主学习做不同的设计。自主学习活动的方式需要根据教学实践运用不同的自主学习策略来设计。自主学习策略是帮助学生"自主探索、自主发现"的学习策略，其核心是要发挥学生学习的主动性、积极性，充分体现学生的认知主体作用，其着眼点是如何帮助学生"学"。目前比较常用的自主学习策略主要有支架式教学策略、抛锚式教学策略、随机进入教学策略。根据不同的教学策略，对学习者的自主学习应做不同的设计。

（五）评价方式的设计

在信息化教学设计中，其评价理念和传统的教学评价相比较发生了较大变化，主要表现在以下几个方面：更多地关注了学生的表现和过程，侧重评价学生应用知识的综合能力；强调学生在学习过程中的主动参与，而且也强调评价过程中学生的自我参与和主动参与；资源的开放和多样性，也促使了信息化教学设计中对资源要进行评价；评价标准的制定是由教师和学生根据实际问题和学生先前的知识、兴趣和经验共同制定的。

在信息化教学设计中，除了理念上的转变以外，其评价方式也有了一定的变化。主要包括传统的评价方式（测验、调查、观察）、学习契约评价、量规评价、范例评价、学习档案袋评价、概念地图评价、自我评价。

（1）学习契约评价。学习契约又称学习合同，这种评价方法来源于真正意义上的契约或合同。评价设计是否合格的主要依据将是合约。学习契约的意义和实施方法与日常生活中所说的合约相差无几。在信息化教学设计中，主要就在于任务的完成、问题的解决、作品的提交、项目的设计等。学习契约这种评价方法能够让学生在完成任务和解决问题时有一个具体的目标或依据，能够对信息化教学进行客观合理的评价。

（2）量规评价。量规评价是利用量规对学生学习水平进行评价的方法。量规是一种结构化的定量评价工具，往往是从与评价目标相关的多个方面详细规定评价指标，具有操作性好、准确性高的特点，有利于避免评价的主观因素。随着教育信息化的发展，越来越多的学习任务是以非客观性的方式呈现的。因而，量规这种评价工具的应用逐渐受到重视，量规评价成为信息化教学评价的重要方法之一。

（3）范例评价。范例评价是通过范例展示、参照范例完成学习任务、评价学习过程和成果等环节对学生进行评价的方法。在完成学习任务之前，由教师根据学习任务给出解决该类问题的典型范例。这些范例可以是教师或其他人完成的，也可以是以前的学生完成的作品。学习者可以参照这些范例中解决问题的思路、方法，对照自己的学习过程和学习结果进行自我评价，也可以进行互评。

（4）学习档案袋评价。学习档案袋评价是利用学习档案对学生在信息化教学过程中的学习水平进行评价的方法。学习档案是按一定的目的收集的反映学生学习过程及最终产品的一整套材料。

学习档案中可包含各种形式的学习材料，如录像带、书面文章、图画、计算机编程等。学习档案能使学生检视自己的成长，也能使教师有效地辅导和支持学生达到学习目标的要求。在信息化教学中，学习档案的建立和维持可以自动进行，成为电子学习档案，其中不但可以记录并保持学生的学习过程，还能汇集学生的电子作品等。通过学习档案评价，可以非常清楚地了解学习者在整个学习过程中的表现和学习收获，有利于做出公正的评价。

（5）概念地图评价。概念地图评价是利用概念地图对学生在信息化教学过程中的学习水平进行评价的方法。概念地图是一种用来帮助表现思维过程与结果的工具，可用以指示课、单元或知识领域的组织形态。学生可通过手绘或电子工具的方法将概念沿着空间等级层次或时间先后顺序的维度联系起来，形成他们对这些概念关系的理解。利用概念地图进行评价时，可以通过要求学生画出所学内容的概念地图，对学生的学习水平做出评价。

（6）自我评价。自我评价是学习者运用一定的评价工具对自己的学习结果以及在学习过程中的表现进行评价的方法。自我评价的作用是让学习者有针对性地反思与提高自身的学习水平。自我评价多采用问卷调查表的形式设计表单，帮助学习者通过回答预先设计好的问题来产生某种感悟，从而促使他们对自己的学习过程和学习结果进行审视和修改，增强他们的自主学习能力。

五、信息化教案的主要内容

（一）单元教学计划

单元教学计划，具体地描述教学单元的主题、学习目标、学习活动（教学过程）、学习资源等，其中的学习活动和学习资源在很大程度上是由信息技术支持的，因此这种教学计划可称为信息化教案。

（二）学生电子作品范例

学生电子作品范例是指给学生提供参考用的电子作品，可以从各种电子信息源中选取或由教师自行制作。

（三）学生作品评价量表

学生作品评价量表为学生作品提供了结构化的定量评价标准，从内容、技术、创意等方面详细规定了评级指标。利用这种量规来评价学生电子作品，既可以让教师评价，也可以让学生自评、互评。

（四）教学支持材料

教学支持材料是指为支持学生有效进行学习活动准备的各类辅助性材料，如软件工具、资料光盘、在线参考资料、教师电子讲稿等。

（五）单元实施方案

单元实施方案包括教学活动的时间安排、学生分组办法、上机时间分配等。

（六）信息化教学设计评价的主要内容

（1）对学生收集信息能力的评价：能运用网络收集信息资源。

（2）对学生整理信息能力的评价：资料的相关性。

（3）对学生运用计算机能力的评价：演示文稿或网站的制作。

（4）对学生基本实验操作能力的评价：相关工具或软件的操作。

（5）对学生感悟运用所学知识能力的评价：整理某一事物的发展历程。

（6）对学生创新能力的评价：寻找身边事物的不足，提出有新意的创想。

第三节　计算机教育设计

计算机技术应用于课堂教学，是试验中教学手段改革的物质基础。但计算机技术不应只以手段论，应从教学新理论新思想的高度上使计算机技术成为教学设计的一部分，从手段到方法、从实践到理论，以此彻底改革传统教学观，形成完善的教学观。为达到这一目的，计算机教育设计尤为重要，这是由于教学设计是教学思想的具体体现，是教学方法实施的总体构想。

一、计算机教育的指导思想和评价

怎样的教学思想就会导致怎样的教学设计和教学过程。利用计算机技术进行课堂教学，如果是以传统思想作为指导，就一定是把多媒体作为一种单纯的先进教学工具，不可能融多媒体优越性于教学过程中，抑制功能优势的发挥，难以转变教学方式，将电化教学变为"电灌"，这样将可能适得其反，会把传统的应试教学的弊端推向极端，对新课程试验将产生消极的影响。建构学生认知结构、倡导自主学习的建构主义，已成为多数人认同的先进的学习理论基础。它与新课程试验的重视基础、面向现代化、提高能力、培养综合素质、面向全体学生、发展学生个性有着相当的共性。试验中的课堂教学，必须建立在以学生为主体、充分发挥学生能动性的基础之上，必须在教学过程中形成平等的师生关系，使教师既是知识的传授者，又是学生认知形成、探索未知世界的引导者。

这就是说，计算机教育设计，首先要突破传统的学生被动受教育的格局，使老师学生都成为教学过程中的主体，共同协调发挥作用，拓宽学生的学习视野和学习空间。其次要改变传统教学中，只能以顺序方式进行教学的落后教学形式，使教学过程具有交互性、交叉性、拓展性和研究性，培养学生的应变能力和创新意识。最后要转化学生听、看单一的刺激反应形式，将教学过程变为教师的感染力、示范性与生动运动的形象、丰富的色彩、轻松愉悦的声乐融于一体的教学环境，学生各种器官协同发挥作用，在学习的情境中全面发挥其潜能。

　　新兴的多媒体课堂教学的效果，不能用应试教育评价的标准来衡量，应从学生认知结构形成的快慢，结构的优化，学生素质、能力的提高程度来确定；应从新课程试验目的出发，全面衡量教学改革任务的落实情况。现代学生处在科技日益发展、视野不断开阔、新鲜事物层出不穷的社会环境里，思维发展由直线型变为发散型，感知事物的能力由片面型转向立体型，接受知识的方式由被动型进化到主动型，掌握知识的方法由记忆型逼近于探索型，只以掌握条条本本的多少不能完全刻画他们了解事物的全貌，说教模仿不能满足他们的总需求，应试不是现代学生希望的目标，也不是现代教育的根本目的。教育的全部内容应是使下一代对未来的人如何适应他们所面对不断进步的社会生活环境，如何谁动社会的发展。计算机教育有可能使学生全方位地对事物进行观察分析、对知识形成自己独特的见解和结构，各种素质同步提高，特殊素质优先发展。一堂多媒体课的好坏，主要以教师的前缘性引导，教师个人的教学魅力，学生的主动学习，师与生、生与生之间的交流，学生对知识的深刻理解和认知结构的优化，学生的探索创新能力来评价。

二、计算机教育设计的基本原则

　　计算机教育是当前和未来教学的一种普遍形式，它的教学设计直接影响教学质量，也是推广应用计算机技术必然的准备。根据计算机教育的指导思想和计算机技术的特点，我们认为，计算机教育的教学设计基本原则包括如下几个方面。

（一）信息情境与学习目标相一致

　　计算机技术引入课堂教学，使教师过去文字、符号的讲授，语言启发思考的静态刺激形式变得丰富多彩，课堂能够组织、输出更多的信息形式和信息量，使课堂变成一个较大的学习空间。但是每一堂课的信息情境不能是简单的声像堆砌，不能将媒体演播变为讲授式的新变化，也不能一味地使用无连贯性的未经选择的声像，应该在意义上有一定秩序形式，在情境中有趣味，能为教学目标服务的生动的信息集合。多媒体课堂教学，既要创设丰富资源的学习环境，也要对信息资源、自主学习、协作学习环境进行设计，达到信息情境与学习目标的高度一致。

（二）教师前缘引导与学生自主学习的原则

以教师为主导、学生为主体是目前乃至今后教学的主要教学思想。利用多媒体进行教学，学生对各种信息的接受与处理应有全新的方法。学生要在丰富的情境中利用自己某一方面的信息加工优势，灵活地理解并掌握所学知识。因此，教师不能是对每条信息都进行解释，或者是一味地进行"启发"，当然也不能让学习像看电视节目或听音乐一样各自为政、放任自流。教师应站在超前于学生智力发展的边界上（最邻近发展区），进行前缘性的引导；应适度分析当前的信息，引导学生观察发现、研究归纳，引导学生优化认知结构进行意义建构。这样既可排除非主要信息给学生带来的干扰，同时又积极使学生独立思考，自主学习。我们在教学中，要避免抑制学生主动性的发挥，也要通过恰当的引导使学生形成正确的思维品质，形成并改善认知结构。

（三）刺激适度与充分记忆的原则

任何教学方法和教学形式，都应遵循学生生理发展的规律，按照其特点组织教学。我们知道，较大的刺激量能使学生增强注意力，提高学习效率；而过度的刺激会引起过早疲劳，分散学生的注意力，降低学习效率。计算机教育应根据教学要求，设计刺激的方式，准确把握刺激量的大小，积极调动学生的各种情绪即利用非智力因素，以达到提高学习效率的目的。一般的计算机教育，其课堂容量往往比传统教学形式下的容量要大，给学生的刺激程度也较高，这样加速了学习的进程，增加了单位时间内的学习内容，同时也就减少了学生理解记忆时间。如果不充分认识到这一问题，就会造成欲速而不达、事与愿违的后果。大量的教学实践告诉我们，由于对刺激量大小的认识不足和控制不当，结果事与愿违。这就要求我们在教学中安排的刺激量适度，把握教学节奏，使学生有充分理解记忆的时间和过程。

（四）人机交互与师生交际的原则

多媒体课堂教学通过超文本链接和网络学习，能够实现人机的交互学习，增大了学生学习的自主性。这是计算机教育中的一大显著特点。在教学中，学生可以脱离教师进行学习，而我们许多的教师，也容易依赖于机器，使讲课的对象与教师分离，减少了师生之间的思想交流和情感交流，忽视了教师的形态、教师的参与及教师的个人气质和教学艺术魅力对学生情感和知识掌握的巨大影响力。因此，在教学中既要充分发挥人机交互的作用，也要在协作学习中，体现师生的相互作用，注重师生交际，使交互与交际两者有机地结合起来。

三、计算机教育设计的基本过程

多媒体课堂教学要设计什么，怎样进行设计，是我们要解决的重要问题。根据多媒体课堂教学的任务，我们要遵循其教学基本原则，确立如何去实现教学目的，明确教学中教师的地位和学生学习的方式及学习效果等问题，从整体上去设计教学。

（一）分析教学内容，确定教学目标

按照课程的逻辑结构（章、节、问题）明确所讲授的知识点，确定每个知识点内容的属性，并分析这些知识点的内容是属于哪一种类型（事实、概念、技能、原理、问题解决等），进而确定教学目标。

（二）教学媒体的选择

选择教学媒体，就是根据教学内容和教学目标，选择记录和储存教学信息的软件和硬件。注意其目的性、针对性、多样性、适度性以及经济性等原则，按照教学媒体选择的方法和流程进行。

（三）信息情境的创设

多媒体信息是多样化的，信息要进行合理、适度的组合，在某种程度上能够刺激学生，实现当前学习主题和教学目标。

（1）信息资源的设计。确定实现教学目标所需的信息资源的种类，利用资源以突出主题进行组合；使学生在学习过程中具有可接受性，深化学习主题，突破难点，突出重点。

（2）情境创设的设计。情境，又称教学情境或学习情境，是学生参与学习的具体的现实环境。知识具有情境性，是被应用的文化、背景及活动的部分产物。知识是在情境中通过活动而产生的。具体的、充满情感和理智的教学情境，是激励学生主动参与学习的根本保证。教学情境的创设，

是指创设有利于学生对所学内容的主题意义进行理解的情境，是教学设计中的一个重要环节。通过有关的信息资源，使教学内容在社会文化背景下，逼近实际生活并与当前学习主题相吻合。通过生动、直观、运动的形象，营造与学习主题气氛一致的生态环境，并动静结合，有效地激发学生的联想，引起积极的观察，唤醒学生长期记忆中的相关知识和感受，从而使学生有新的认识、新的理解，掌握深化的知识，进行新的建构。情境创设要使学生在不同的环境中选择适合他们个人的学习兴趣和爱好，主动地发现和探索，激发学生参与交互式、协作式的学习的积极性。通过教师前缘性的引导，使学生在营造的氛围里感受新的事物，完成对问题的理解，进而运用新的知识形成意义建构。

（3）信息刺激的设计。情境的创设与刺激量密切相关。要正确处理各种信息输出方式、时机和量度的问题。动态有利于引起注意，超量则容易造成可记忆时间缩短、深度的分析理解不能完全消化，从而浮于表面，对知识的自我链接不牢靠。音像有助于营造气氛形成新的感受，使学生在与学习内容一致的愉快氛围里引起共鸣，可减轻学习疲劳，但使用不当会干扰对事物的深入分析，干扰严密思考的进程。因此，信息刺激的设计要从方式、时机、量度、动态、声态几个方面进行全面的安排，达到和谐。值得注意的是，多媒体课堂教学由于显示内容相对较多，速度高于一般情况，特别是显示的内容屏与屏之间无残留性，学生对知识系统的整体感受相对下降，因此要通过概括性的小结和高度浓缩，刺激学生回忆、记忆和进一步理解教学内容，使学生感受系统的完整和连贯，完成知识系统的建构。

（四）学习方式的设计

计算机教育的特点能够很大程度上地改变也必须改变学生学习的方式。多媒体课堂教学中学习方式的设计，直接影响学生的学习效率和效果，影响计算机教育目的的实现。

（1）交互式学习设计。交互式学习设计要体现各种学生层次的需求，并由不同基础向深化知识趋近，使学生主动地通过交互式的对话，引入一个更高的水平。因此，交互的内容要有随机的进入和随机的处理方式，能够通过选定的典型问题、情境，引导正向迁移；也要通过框架式、树式等形式的填充使学生形成整体认识。交互式学习设计的三个要素是主动性、引导性和探索性。

（2）协作与引导学习设计。协作学习是自主学习的一种特殊形式，通过分组讨论、协商，以及小组之间提出各组统一见解的学习，是用集体智慧深化个体理解的方式。协作学习离不开教师的引导和指导，它是在教师设计的问题范围内进行的充分思考。因此，协作学习可以是在每堂课的初始期，由教师提出能引起争论的议题开始，并通过设计，步步向教学目标靠拢的后续问题，统一学习认识，使学生在协作之中发挥主动性，进行认知建构；也可以是在教学中对遇到的实际疑难问题展开讨论，教师通过一些变式的问题组让学生明辨是非，深化对问题的理解。在协作学习中，教师要充分发挥主导性作用，让学生在教师教学艺术的感染下，在其魅力的呼唤下，进入智力邻近发展区，达到充分调动学生的积极性，自主地解决问题的目的。

（五）学习评价

学习评价是指对学生的学习过程极其结果进行评价。它是指依据一定的标准，采取一定的手段对学生通过教学所发生的行为予以确定的过程。学习评价的对象是学生的学习过程及其结果，评价者主要是任课教师。学习评价不能等同于学习测量，测量是人们对事物进行某种数量化的测定，运用各种测量手段获取各种信息，只是对学生行为进行描述，而不管其价值如何，而评价则以这种描述为基础而试图确定学生行为的价值，即根据测量结果对学生的行为做出价值判断。简言之，学习测量着重于对学习状况的数量化确定，而学习评价则是在测量的基础上着重于对学习状况的"解释"与"判断"。在学习评价中，测量的手段或工具很多，但主要是测验。教师根据测验结果对学生的学习做出价值判断。

第四节　ASSURE 教学设计

一、ASSURE 教学设计概述

ASSURE 模式包括 6 个阶段，即分析学习者（Analyze Learners），阐明目标（State Objectives），选择方法、媒体和资料（Select Methods, Media and Materials），使用媒体和资料（Utilize Media and Materials），要

求学习者参与（Require Learners Participation），评价和修正（Evaluate and Revise）。取这 6 个阶段第一个字母就组成了 ASSURE。

ASSURE 是一个系统地计划教学过程（其中包括媒体和技术的应用）的指南。ASSURE 模式假定，对于教学对象来说，培训和教学是必需的，所以在 ASSURE 中不再对教学进行需求分析。而其他的教学设计模式是从需求分析开始的，以确定教学或培训是不是解决当前绩效问题的合理的方案。ASSURE 模式是围绕在教室环境下怎样选择和使用媒体的一套模板，其实质是一种针对课堂教学媒体运用的小型化的教学设计模式。

二、ASSURE 教学设计模式

所有有效的教学都需要进行精心的设计。利用教学媒体及技术进行的教学当然也不例外。使媒体具体化的 ASSURE 模式，是设计和传递教育的一个程序上的指导。下面对 ASSURE 模式做一个简单的介绍。

（一）分析学习者

教学设计的第一步就是分析学习者。学习者可能是学生、受训人员或某单位的工作人员等。为了选择完成教学任务的最佳媒体，你必须了解学习者。学习者的特征可分为一般特征和具体能力特征两类。

1. 一般特征

对学习者一般特征的分析不涉及对教学内容的确定，但关系到对整个教学水平的正确把握、对教学中下文的铺垫以及对具体举例的选择。学习者的一般特征是指他们的年龄、年级、工作类别、职务类别、文化程度、社会经济背景等因素。要知道，对于学习者的一般特征哪怕只是肤浅地分析也会对教学的全局和媒体的选择起到很大的帮助。例如，对阅读有困难的学习者采用非印刷类的媒体就能大大提高教学的效果；如果你的学习者中有人类学家或者文艺界人士，你就要多选择一些他们感兴趣的实例和材料；如果你所面对的是一个特殊的种族或文化群体，你要优先考虑文化和种族的禁忌，在选择教学媒体的时候也需要高度重视文化差异；如果学习者对主题缺乏兴趣，可以考虑采用高刺激的教学媒体，如戏曲录像带、模拟游戏或其他活动；如果学习者第一次进入新的领域，他可能需要更多直接的、具体的经验，如参观访问、角色扮演等；具有丰富背景经验的学习者可以考虑采用抽象的视听教学材料或文字材料；对于不同的学习小组来说，小组成员具有不同的知识背景，可以采用录像带等视听媒体为主，视听媒体可以从多种渠道传达信息，建构共同的知识基础，使他们具有对某项事物的共同经验，为后续的小组讨论或者个人学习奠定基础。如果教学面对的是一些特征相似的学习者，那么分析学习者的共同特征就是一件必须做的工作。

但是有时候，进行学习者分析是很困难的。如果你教的是一班新学生，没有时间来观察和了解他们的特点。也可能，某一班的学生之间的差异比别的班级要大，很难确定你所选择的教学媒体和教学技术是否符合大多数人的需要。此外，在进行商业培训或者市民培训、兄弟会或者青年俱乐部等培训活动中，确认受教育者的一般特征也是比较困难的事情。

在这些情况下，学生以前的学习成绩记录、直接提问让学生回答问题、与学生交谈等都可以帮助我们了解教学对象的特征。有经验的演讲家经常要面对不熟悉的听众，他们通常会提前到达会场，然后与观众进行简短的交谈，通过这种方式了解观众的一些共同特征：他们的背景、期望和心态。

2.具体能力特征

在准备一个教学的具体内容时，教师无论自觉还是不自觉地都已经做了两个假定：其一，假定了在所要教学的领域里，学习者还不了解、未掌握什么，这就是所要教学的东西；其二，假定学习者都已经掌握了，这部分知识正是学习者能够听懂教学内容的基础。这两个假定似乎是不言而喻的，但它们实际上是一个教学能够成功的前提。而在实际生活中，把握不好这两个前提的事例实在是太多了。有的时候是对学习者现有知识技能估计偏高，有时又估计偏低。结果不是学习者难以理解，就是学习者感到索然无味。

（二）阐明目标

ASSURE模式的第二个内容是阐明目标，即阐明教学所要传递的信息、解决的问题、建立的概念、教会的技能、改变的态度、建立的价值标准等方面的目标。在准备教学时必须对于这个目标有严格、具体的分析和限定：哪些目标必须达到？哪些目标不可能达到？如何检验和判断这些目标是否达到？这都需要给出明确的陈述。

1.阐明目标的依据

无论教学的内容、方式和条件有多大的差别，无论是何种水平、何种学科、针对何种对象的教学，都必须事先对教学目标有清晰的阐述，在教学时要认真地把握。否则就会出现那种令学习者厌烦而又无奈的"不知所云""离题万里"的教学。

2.阐明目标的 ABCD

概括来讲，目标应该包含行为、条件和程度三个层次的含义，再加上行为的主体，也就是学习者一共有四个要素。其英文字头刚好是 ABCD：行为主体（Audience）、行为（Behavior）、行为条件（Condition）、行为的程度（Degree）。为了便于记忆，称之为"目标的 ABCD"。例如，通过计算机文字处理软件培训班的学习，学习者（主体 A）在结业时要能熟练使用中文 Word 软件（行为 B）；能够在一小时内录入、编辑完成 1000 字的日常公文（条件 C），其差错率小于 5%（程度 D）。

（1）行为主体：系统化教学的前提是学生在做什么而不是老师做了什么。只有当学生积极地思考或者积极实践一项技能时，学习才可能发生。不管是练习思维训练还是运动技能都是如此。因为完成学习目标要依赖于学生做了什么，所以目标描述中一定要说清楚是谁的技能发生了变化。

（2）行为：在目标描述中最重要的是动词，描述学习完成后学生获得什么样的新能力。如果这个动词描述的是一个可观察的行为，那么这样的描述最可能清楚地表示你的意图。在教学完成后，学生会做什么？含糊不清的词汇，像知道、理解、意识等词不适合出现在教学描述中。好的词汇包括定义、分类和示范等，都表示可观察的行为。

（3）行为条件：教学目标的陈述中要包括对展示技能的环境描述。例如，在描述过量使用酒精的后果时，学生能不能使用笔记？如果要求学生辨认鸟类，使用彩色图片还是用黑白照片？在示范的时候，允许学生使用哪些工具和设备，不允许使用那些工具和设备？例如，一个教学目标可以这样描述："在欧洲行政区划图上，请学生标出主要的煤炭产地。"或者也可以说："在没有笔记、课本和其他图书资料的情况下，请学生写一篇 300 字的短文，讨论营养与学习的关系。"

（4）行为的程度：对于写好教学目标的最后一个要求是必须指明一个标准，用这个标准来评价学生的行为。如学生必须达到什么样的熟练程度和正确程度，这项标准是否要用定量或者定性的词汇来描述，这项标准是否符合实际的需要。

（三）选择方法、媒体和资料

一旦了解了学习者和明确了教学目标，就已确定了教学的起点（学习者目前的知识、技能和态度）和终点（教学目标）。接下来的任务是在这两点之间建"一座桥"。可以从以下几个方面着手：

1. 选择教学方法

不要简单地认为有一种教学方法超过了其他所有的方法，能够适用于所有的教学环境。随着教学进展，我们需要使用不同的方法来服务于不同的教学内容。例如，教学开始可能需要使用模拟活动，集中学生的注意力、激起学生学习的兴趣；然后用示范方式展示新的教学内容；最后，安排计算机补助的练习活动提高学生的熟练程度。

2. 选择教学媒体

在教学中，最常用的媒体格式包括活动挂图（静态图像和文字）、幻灯片（可放映的静态图像）、音频（声音和音乐）、视频（电视画面上的移动图像）和计算机多媒体（显示器上的图形、文字、移动图像）等。

按照记录和显示信息的方式来看，每一种媒体格式都有自己的优点和局限。选择媒体格式是一项复杂的任务。考虑到媒体的种类、学习者的多样性、各种不同的教学目标，选择媒体的确是一件不容易的工作。

为了简化这项工作，多年来，人们开发出了很多的媒体选择公式，又称选择模型，通常采用流程图或者检验表的方式。在多种媒体选择模式中，教学环境（如大组、小组或者自学）、学习者（如阅读、非阅读、音频偏好等）、教学目标的特征（如认知、情感、运动和人际交往技能等）以及每一种媒体格式（如静态图像、动态图像、印刷文字或者口语文字等）的特征都是要考虑的因素。有的选择模式还要考虑每一种媒体格式的反馈性能。

3. 获取教学资料

显然，如果有现成的符合要求的教学资料，学生可以方便地使用这种资料，那是最好的，可以省时间、省金钱。如果没有完全满足教学目标或者适合学生的教学资料的时候，一种折中的方法是修改现有的教学资料。如果也没有可供修改的资料，那就只有自己设计新的教学资料了。虽然这种方法费时间、费金钱，但是可能是最适合你的学生和学习内容的资料。

（四）使用媒体和资料

完成了以上工作之后，就要决定怎样使用这些材料以及在这些材料上花费多少时间。接着就要备课，准备好所需要的设备和工具，然后开始讲解材料。利用课堂讨论、小组活动或个别化学习来学的内容。无论是对已有媒体还是对自己设计制作的媒体，不同的使用方法是会得到不同的使用效果的。因此，ASSURE模式要求像重视媒体和材料的选择那样重视对它们的运用。运用是需要进行周密的计划和认真的准备的。在教学前要预先观看和熟悉所选择的媒体材料，进行预演，特别是对媒体间的衔接和连贯性，它们对教学效果的影响很大。

这里介绍一种使用媒体的过程模板，简称为5P模型，即预览资料（Preview Materials）、准备资料（Prepare Materials）、准备环境（Prepare Environment）、让学生做好准备（Prepare Learners）、使用媒体学习（Provide Experience）。

1. 预览资料

在使用教学资料之前，一定要预先浏览一遍所要使用的媒体，千万不要贸然使用任何一种教学资料。在选择的过程中，要确定哪一种资料合适。公开的评论、出版商的内容介绍、同行的评价等都是很有价值的资料。然而，这些都不能代替你自己，一定要在使用之前预先浏览所用的资料。只有了解了资料的内容，你才能充分挖掘资料的潜在价值，用好资料，提高教师对教学过程的控制。

2. 准备资料

准备需要的媒体和资料，为教学计划提供支持。不管是由教师展示媒体还是学生自己使用，都需要做好准备。以教师为主的课程中，教师需要提前练习各种设备的操作使用。以学生为中心的环境中，要保证学生有足够的资料、媒体和设备。教师作为学习任务的推动者，要保证每个学生获得必要的资料，还要准备一些其他必要的资料。

3. 准备环境

准备好教学的环境，检查媒体、电源以及灯光等条件。教师要提前检查这些条件是否具备，设备是否操作正常。安排好这些条件，让所有的学生都能够看清楚、听清楚。

4. 让学生做好准备

对学习的研究清楚表明，如果学生集中精力准备学习，则学习活动将取得好的效果。类似地，我们注意到在很多商业活动中都有一个"暖场"的过程。可见，让学生做好学习的准备，对教学的展开是非常重要的。

5. 使用媒体学习

如果课堂教学是以教师为主的，那么教师就应当注意教师"教学的技巧"，要像演员一样能吸引学生的注意力。如果课程是以学生为主的，教师的角色就应当是一个引导者的角色，帮助学生查找 Internet 上的主题，讨论课程内容，准备多媒体的文件夹，或者向学生呈现自己找到的其他信息。教师可以指导学生制作自己的多媒体作品。

（五）要求学习者参与

ASSURE 模式的第五步是要求学习者的参与。这一点对于教学效果影响最大，也是 ASSURE 模式中最具挑战性的一步。忽视了学习者的参与和响应，教学就是单向的传播、单调的注入。而我们知道学习是人类的一个主动过程，如果缺乏学习者的参与和响应，教学的效果是难以令人满意的。在教学过程中，学习者要到达学习目标，就必须对于教师讲解的内容进行思考、加工和实践。只有在正确的响应过程中新学的知识和技能才会得到强化。因此，凡是在目标中提出的要求，必须在最后的评估之前给学习者以操练和实习的机会。而且，学习者也必须对他们所学到的内容进行练习，教师也必须强化学习者的正确答案。

（六）评估和修正

ASSURE 模型的最后一个阶段是对有效的学习进行评估和修正。评估有很多方式，最常见的是书面考试，评价学生的学习成绩等。这里所说的评估包含两方面的含义：对学生学习成绩的评估、对教学媒体和教学方法的评估。

虽然要等到整个教学单元结束后才能进行总的评估。但实际上在教学前、教学过程中、教学完成后都要进行评估。例如，教学开始前，教师需要评估学生的特征和起点能力，判断所采用的学习资料和教学方法是否合适。而且，资料也需要提前评价。教学过程中，可以采用学生练习反馈、小测验和自评的方法。教学过程中的形成性评估，主要起到诊断检查的作用，可以检测发现和纠正教学过程中的问题，可以尽早发现学生成绩上的困难。

修正是教学过程的最后步骤，检查收集到的评估信息。看一看：所设想的教学目标和实际达到的目标之间是否有差异？学生是否在一个或多个教学目标上有落后的现象？学生对使用的教学媒体反应如何？教师对选择的媒体是否满意？教师应当对课程和课程中所采用的媒体和技术进行反省，并且在课程完成后马上做笔记，在下一次教学前一定要查询这些笔记内容。如果发现在任何方面有所缺憾，就要找出问题加以修正。

第六章　同步网络课堂交互行为的研究分析

教学过程是一个"交互"过程，没有交互就不能称之为教学。交互是指教师和学生在已知学习任务、学习目标的基础上，有目的地、自发地与教师、学生、媒体之间发生的相互沟通、相互交流、相互反馈信息，完成传授知识、培养能力的任务。每个有效交互的发生都有其特定的目的与功能，在不同的学习环境中，交互有其不同的形式和含义。

第一节　交互理论的概述

一、交互的概念与分类

（一）交互的概念

交互主要是指教育中的交互，在国内外，具有代表性的概念主要有以下几种：

弗格纳（Wagner）在 1994 年首次将交互和交互性特点做了全面阐释：交互是双方和双边的行动，可以表现为个体或小组间的相互作用。交互性是指点与点之间连接起来技术能够提供的能力。

摩尔（Moore）从交互的社会性意义出发，首次将教育中的交互意义进行了阐释，认为交互行为可以建立个体之间的联系：交互是在某种学习环境中，两个或两个以上的个体为完成学习任务或建立人际关系而进行的双向交流。

对于早期远程教育中的交互，我国学者陈青做了界定：交互是远程学习者与远程教育机构中的所有硬件和软件资源发生的相互作用和交流，这些硬件和软件资源不仅包括远程学习材料，也包括远程教育中的支助人员和设施，如辅导教师、行政人员和基础设施。

纵观以上定义，笔者发现国内外学者普遍将教学中的交互与学习者的学习混为一谈。将学习者利用印刷材料进行自学的过程（内容交互）认为是交互的主要形式，交互与学习的概念、自学的概念已经发生了重叠。其实印刷材料不会与学习者发生交互，因为印刷材料不会对学习者的学习要求做出反应。因此，我们迫切需要划清交互与学习的界线，不能使交互成为学习的代名词。

（二）交互的分类

摩尔（Moore）在1989年将交互划分为三种类型：学习者与学习内容的交互、学习者与教师的交互、学习者与学习者的交互。在以教师为主体的传统教学模式中，交互主要体现在学习者与教师的交互；在以网络平台为基础的网络教育中，学习者与教师之间的交互成为最重要的部分，教师通过不断了解学习者的学习近况，为学习者提供学习支持和学习建议。在协作式的以学生为主体的新型教学模式或网络协作式学习环境中，学习者之间的交互就变得尤为重要。希利曼（Hiliman）在摩尔（Moore）分类的基础上，于1994年提出了第四种交互：学习者与界面的交互。

从交互发生的范围来看，贝茨（Bates）将交互分为个别化交互和社会化交互。按照师生交互发生的时间来看，有同步交互和异步交互两种类型。网络课程中的电子邮件、论坛功能主要提供的是异步交互，而基于电话、实时视频、实时语音、聊天工具的同步网络课堂则大部分是同步交互。与异步交互相比，同步交互使学习者更容易得到及时有效的反馈，并且视频的面对面特点更能让学习者迸发灵感，一般课堂气氛比较活跃。

我国学者陈丽在总结以上交互类型的基础上，将交互分为三种类型：操作交互、信息交互、概念交互。操作交互是最低层次的交互。指学习者与界面资源之间的相互作用，信息交互其次，主要表现为学习者与教学中各种元素的交流和作用，包括资源、教师、学习者。概念交互是最高层次的交互，学习者的学习过程必然要经历概念交互，是指学习者原有认知结构中的概念与新概念的相互作用而改变原有认知结构的过程。

二、教学交互过程模型及交互层次塔

教学过程中交互到底是怎样发生的，一直是国内外学者关注的问题。罗瑞兰德（Laurillard）关注学习者在学习过程中的交互，提出了学习过程中的会话模型（Conversational Framework），他详细列出了完成学习所发生的一系列活动，详见图 6-1。

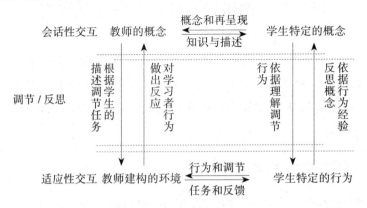

图 6-1　学习过程的会话模型

著名学者陈丽认为，学习是通过概念的交互实现的，教学交互是学习过程的本质属性，所以学习过程的会话模型本质上就是教学交互过程模型。在学者罗瑞兰德（Laurillard）学习过程会话模型的基础上，陈丽又做了以下的补充和发展：①增加了学生与媒体的交互；②改变适应性交互的内涵，将适应性交互更名为信息交互和操作交互；③扩充会话性交互对象，将其改为概念交互。

此外，陈丽根据交互的层次不同，将操作交互、信息交互、概念交互这三类交互由浅入深、由具体到抽象、从低级到高级进行了分层，并且对每一类交互的具体交互形式进行了概括，提出了教学交互层次塔，详见图 6-2。

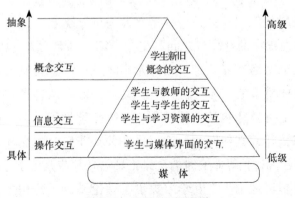

图 6-2　教学交互层次塔

第二节　网络课堂学习中的交互研究

基于计算机课件和网络资源的学生自主学习越来越受到重视，教师由"台前"走到了"幕后"，学生也由被动接受变为主动学习。但是无论教师和学生的角色如何变化，教学方式如何改变，教学过程中的交互仍然起着很重要的作用。

一、教学中的交互学习

教学中交互是一个信息环路．即信息从原实体出发，经过目标实体，最终回到原实体的过程。实体可以是教师、学生、计算机，也可以是其他可以接收、发送信息的人或媒体。普通的交互环路模式可以是从学生到教师再到学生，从学生1到学生2再到学生1，或者是从学生到计算机程序再到学生。交互活动必须是一个完全的环路，只有当信息可以从原实体到第二个实体再到原实体的时候，交互环路才能够形成。有时从教师的角度看，交互是一个完整的环路，但从学生的角度看，交互的环路只发生了一半。例如，在传统的教学过程中，教师向学生提出问题，然后学生回答这个问题，从而构成了交互环路；但是，当学生回答完问题以后，教师如果不给学生一个反馈信息，对学生来说，这个交互环路只发生了一半。

我们通常所说的教学交互有三种类型：一种是"人—人"交互，参与交互的对象是教师和学生或学生和学生，在传统的课堂教学中，基本上是以教师为中心的师生交互；另一种是"人—机"交互，这类交互主要指的是学习者和作为媒体的计算机之间的交互；第三种是"人—机—人"交互，这种交互多见于网络远程教育，人与人之间进行信息交流主要是通过媒体进行的。网络环境下的"人—机—人"交互一般有两种形式：一种是实时的交互，主要是指教师和学生同时参与在线教学过程，学生在学习过程中随时都可以和教师或其他同学讨论；另一种是非实时的交互，主要指学生通过电子邮件、留言板等非实时的交流工具与教师或其他学生进行交流。

建构主义学习理论为交互学习提供了理论基础。建构主义认为：知识不是通过教师传授得到的，而是学习者在一定的情境即社会文化背景下，借助其他人（教师、学生等）的帮助，利用必要的学习资料，通过意义建构的方式而获得。因此，建构主义学习理论强调学习环境的四大要素："情境""协作""会话"和"意义建构"。其中，"意义建构"是整个学习过程的终极目标，交互的教学思想贯穿始终。建构主义学习理论中的交互包括学生与教师、学生与学生，以及学生与周围环境的交互，其最终目的是通过交互加深对所学知识的理解而达到意义建构。

二、网络环境中交互学习的意义

在传统的课堂教学中，教师对学生的影响，不仅是向学生传授知识，而且对学生世界观、性格的形成等都有潜移默化的作用。这些都是通过教师与学生面对面的活动进行的。但是在网络教育中，教师和学生缺乏这种面对面交流的机会，所以如何进行交互学习就显得尤为重要。网络环境中，交互学习的意义主要表现在以下几个方面。

（一）获得新的知识

皮亚杰认为，学习者与周围环境的交互是学生学习的基础。皮亚杰理论体系中的一个核心概念是图式。图式是指个体对世界的知觉、理解和思考的方式。皮亚杰认为，只有在学习者仔细思考时才会导致有意义的学习。学习的结果，不只是知道对某种特定刺激做出某种特定反应，而是头脑中认知图式的重建。决定学习的因素，既不是外部因素（如来自物理环境和社会环境的刺激），也不是内部因素（如个体生理成熟），而是个体与环境的交互作用。学生在远程学习中，通过与教师、学生以及其他媒体的交互获得新的知识。

（二）对学生情感的影响

传统的课堂教学提供了一个社会场景，从而使学生与教师以及其他学生进行面对面的交互，通过这种交互，潜移默化地影响学生的情感。研究发现，教学中的交互会对学生的心理发展产生积极的影响，促进学生良好个性的形成，从而使学生成为能适应社会的、全面发展的人才。网络环境为学生提供了一个虚拟的社会场景，也需要进行信息的交流，从而让学生在交互学习中也能获得情感受益。

（三）增强学生思考问题的能力

在传统的课堂教学过程中，教师向学生提出问题或者是要求学生表达自己的观点，如针对其他学生的回答给予客观的评价等。这不仅是促进学生对知识理解的过程，也是要求学生进行积极思考的过程。网络教学中也应注意创设问题情境，让学生积极思考，参与交流，在交互学习中增强他们积极思考问题的能力。

（四）使学生获得了人际交往的技能

在信息社会，竞争越来越激烈，职业的变更、工作中的协调都对人的交往技能提出了要求，即社会需要的是全面发展的人才：不仅要求具有很好的专业技能，还要具有与人交往的能力。我们可能都有这样的经验，在自己的同学中，不是学习好的人的人际关系就好。在传统交往方式下，个体的人际交往往往局限于实际生活的狭小圈子内，难免受种种约束和限制。网络交往有利于提高个体主体意识、参与意识。它让人们足不出户便知天下事，不必面对面就可与朋友倾心交谈。这是一个人人可以畅所欲言的绝好空间，有利于提高行为主体的参与意识和人际交往的主动性。所以，在网络教学中，教师可以创设虚拟的学习社区鼓励学生通过与人进行交流，或者进行协作学习，认识到合作的重要性，并且学会如何与人相处的技能，使他们在以后的学习及生活中愿意并善于与人交往和合作。

三、网络环境下实现交互学习的策略

在基于网络的学习中，技术的支持是实现交互学习的基础和条件，而为了提高交互学习的质量，还必须恰当地运用相应的教学策略。

（一）学会使用网络通信工具

在传统的课堂中，师生以及生生之间的交互主要是通过面对面的会话交流进行的。网络教学中，他们之间缺少这种面对面交流的机会，网络将是学习者获取信息和交互学习的主要工具。学生在进行远距离学习的时候，先要掌握与其他人进行交互的一些常用技术。例如，学会如何使用聊天工具与教师进行在线交互，知道如何收发电子邮件，当硬件出现问题的时候知道如何获得帮助，等等。也就是说，网络工具的使用方法不应该成为交互学习过程的障碍。

（二）建立共同经验

无论是在传统课堂中还是在网络教学中，教师和学生要以共同的经验作为教学的基础。网络环境下的虚拟学习社区的成员通常是异质的，每个成员都有自己的特点，建立共同经验对开展协作学习十分重要。首先，参与交互的双方要具有相同的知识基础，只有在共同的知识背景下，双方才能够进行交流。我们可能都遇到过这样的情况：当你和一个人聊天的时候，你从他（她）那里获得的反馈信息与你所传递的信息不一致，那么你会感觉和这个人没有共同语言，这或多或少就会影响你交谈的心情，以至于你放弃交谈。学习也是如此，如果交互的双方没有共同的知识经验作为基础，在就一个问题进行交流的时候，也会觉得没有"共同语言"，这必然会影响双方的积极性，从而使他们不愿意进行交流或者是不愿意再继续学习。其次，交互的双方在其他方面也具有一致性，如他们有共同的兴趣、爱好，尽管这些与学习目标并没有直接的关系，但是这对促进双方的交流与合作是很有好处的。例如，学生对于自己喜欢的教师或同学就会伴随有某种信任感，于是能产生更多的交往欲望和行动，因而也就能从对方那里获得更多的益处。在网络教育中，由于师生之间处于分离状态，相对于传统教育而言，他们之间更缺乏了解，所以共同的经验就显得尤为重要。

（三）减小反馈延时

反馈延时指的是在一个交互环路中，发送原始信息与收到反馈信息这个过程之间的时间。在传统的课堂教学中，教师与学生以及学生与学生之间的反馈延迟很小。例如，一个学生提出问题，教师就可以立刻停下来对学生的问题进行回答。而在网络教育中，有实时的交互与非实时的交互。在实时的交互中，学生或教师都能获得及时的反馈信息，但是在非实时的交互中，反馈信息通常都要滞后一段时间，这会影响学生学习的兴趣，因为在此期间学生又会有新的学习任务，他们对以前的问题甚至渐渐淡忘了，所以教师要尽量给予及时的反馈。

（四）在交互信息中加入情感信息

教学信息包括两方面的内容：一种是学习方面的内容，另一种是情感方面的内容。在传统的教学过程中，这两方面的内容都很容易获得。例如，在教学过程中，教师通过语速、语调、面部表情等非语言符号向学生传递情感信息。而在网络教学中，教师和学生缺少面对面交流的机会，这种非语言符号也就不起作用了，取而代之的是用一些文字或图像来表达喜欢、不满等情感活动。所以教师在进行教学设计的时候要把这些情感符号考虑和设计进去，如果缺乏这些信息，那么学生就可能会缺少学习的信心，或者是感觉自己不被关心。

（五）鼓励学生与学生之间的交互

随着年龄的增长，学生也开始有自己的认识、评价和选择，此时，同伴的关系对他们价值观念的形成、行为规范的社会化以及社会适应能力的发展都有重要的影响。指导学生的交往活动，使之能积极、正确地与同龄人交往，这对学生形成正确的人生观、价值观，养成忠诚、互助、平等共处等良好品质，具有特殊意义。网络空间并不是脱离现实社会的"虚无"存在，而是人们社会生存空间的延伸和拓展。当然，人们在网络空间中的生存与发展，同样必须通过人与人之间的互动和交往才能真正实现。在传统的课堂教学过程中的交互通常都是学生和教师的交互，教师为了维持课堂秩序，很少有学生和学生之间的交互（除非教师安排）。而在网络学习中，小组协作学习是交互式学习的一种重要方式。在协作学习过程中，小组中的每个成员都有各自的任务，都能发挥自己的特长。这不仅提高了小组学习的兴趣，也使他们每个人都有发言机会。不同协作小组之间进行信息交换，还有利于小组间的相互学习、竞争和比较，增强小组的荣誉感。

（六）防止迷航现象的发生

网络信息具有分布范围广、数量多、形式多样等特点。当用户在因特网上查找信息时，面对网上海量信息，一些人会不知所措、无从下手；有一些人在搜索过程中会发现令人着迷的信息而偏离自己本来的目标，或者因此而迷失方向；网上也存在一些失真的、不可信的，甚至带有暴力、色情倾向的负面信息，对青少年的身心产生不良影响。因此，我们把人们面对这些形形色色、杂乱无章的信息时，所表现出的迷茫、无措、烦躁、焦虑等现象，称为信息迷航。

为了防止迷航现象的发生，教学资源的设计显得尤为重要。好的教学资源设计要能帮助学习者有效地分配注意力和时间，使学习者能迅速找到所需要的内容并有效地领会。为此，在内容上应做到结构清楚、知识分类明确、层次鲜明，教学内容安排由浅入深、循序渐进；在形式上要简洁、一致、自然和可理解，内容的布局、信息的呈现和着色的运用要符合人的认知特征，一次呈现的信息量要科学，使学生能集中其注意力完成一定量的学习。告诉学生如何利用搜索工具迅速地找到所需要的信息，告诉学生信息对于他们的价值，或者是通过建立导航系统来支持学习者的学习。

第三节 对话型同步网络课堂的创新应用

随着互联网技术的发展，异步网络教学正在向同步网络课堂形式发展，这一转变为网络教育注入了现代活力，但核心形式仍是异步教学。建构主义认为：学习是在一定的情境即社会文化背景下，借助其他人的帮助即通过人际间的协作活动而实现的意义建构过程，"情境""协作""会话"和"意义建构"是学习环境中的四大要素。这些要素正是异步教学模式较难实现的，但对话型同步网络课堂中可以提供这些要素，同时还能通过基于问题的讨论方式增强学生的参与意识，提高学生的参与度。学生的参与是激发其思维的前提，学生参与的深度、广度、态度又会直接影响课堂的教学质量。

一、对话型同步网络课堂

对话是人们达到目的的有效策略，网络技术的进步把对话潮流引入了学校教育领域。由教学过程分析得出的具有客观性、可靠性特点的 S（学生）–T（教师）教学模式，可以通过 Rs 和 Ch 方法来表示。Rs 和 Ch 分别表示教学过程中学生行为占有率和行为转化率。学生行为占有率表示教学过程中学生行为所占的比例；行为转化率表示教学过程中，学生行为与教师行为间的相互转化次数与总的行为转化次数之比。对话型教学模式在 Rs–Ch 图与教学模式中如图 6–3 阴影部分所示：

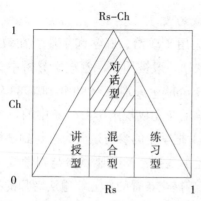

教学模式	标准条件
练习型	Rs ≤ 0.3
讲授型	Rs ≥ 0.7
对话型	0.3 < Rs < 0.7 Ch ≥ 0.4
混合型	0.3 < Rs < 0.7 Ch < 0.4

图 6-3 Rs-Ch 图与教学模式

网络课堂是基于互联网络的远程在线互动培训课堂，同步网络课堂是指教师教学与学生学习是同一过程的网络课堂。而对话型同步网络课堂是指在教学过程中学生行为占有率大于 0.3 且小于 0.7，行为转化率等于或大于 0.4 的同步网络课堂。此种教学模式中学生行为占有相当大的比例，且教师与学生间的行为转化率也较高，学生的参与度比较大。相比传统型的传话式教学，对话型同步网络课堂可以基于问题以讨论的形式进行，为学生发表见解、张扬个性提供了广阔的空间。这种教学方式中教师思维与学生思维彼此碰撞、相互沟通，教师的主导性和学生的主体性都得到了很好的落实，对话型教学模式中学生行为占有率的要求意味着课堂活动中学生参与时间得到了保证。学生的课堂参与度可分为参与的广度和深度，参与的时间代表了参与的广度，广度的保障又能为深度参与提供有效条件。

二、对话型同步网络课堂中学生的参与度

无论是传统教学还是同步网络课堂，在教学过程中学生如何表现、如何反应、如何学习都可以说是参与。由于师生空间分离，同步网络课堂有其局限性，但它确能具备传统教学所没有的开放性和灵活性。同时，计算机技术的发展已经使同步网络教学不再局限于早前的 QQ 文本形式的交流沟通，如教师与学生可以应用团队语音工具以声音和文本两种媒体形式进行教学活动。在教学过程中学生的认知、情感和行为是以语音和文本的方式来呈现的，所以明确在线学习参与度是对同步网络课堂中学生过程性评价的重要参考因素之一。

（一）参与度定义在教育领域的发展

参与度这一概念已被广泛地应用于政治、医学和企业。在教育领域，参与度的研究也有了许多相关文献，一般被用于课堂教学分析中。早期研究中，费雪（Fisher）和布罗菲（Brophy）分别在 1980 年和 1983 年殊途同归地把学生参与度定位在了关注学生在完成规定学习任务中的行为表现方面。1984 年，纳特雷洛（Natriello）把学生的参与定义为参与到学校的各项活动中，此时学生参与度定义已经扩展到：学生愿意参与到学校中的日常事务和活动中来的程度，如不旷课、提交布置的作业、遵从老师的指导等。

1990 年，比亚娜（Beana）提出：情感渗透于学校和学生经验的全部。它是学生参与行动强有力的先导动力，也可成为转换过程和进行过程中的

动力。同时，作为一种学习的产物，在学生的内在历程和外在的表述中，情感都是一个重要因素，可以和其他因素加以整合。

1993年，斯金纳（Skinner）和贝尔蒙特（Belmont）将学生参与度定义为：学生在学习活动中表现出持续性的行为参与，并伴随着积极的情感体验。学习者在具体参与完成活动任务中，表现出积极的情感特质，如热情、乐观、好奇以及兴趣。相对于参与的反面就是不满，不满的学习者是消极的、不努力的，他们感到沮丧、毫无兴趣，他们很可能一开始就放弃或者很快就放弃学习机会。

1994年，宾特里奇（Pintrich）和他的同事提出了学生认知模型，主张可以使用动机策略和学生的认知和元认知策略来促进学生的互动参与。并且他们根据学生在学习中所使用的认知策略将学习参与度分为表层参与和深度参与。表层参与只是一种行为上的外显表现，表现为一种简单的操练和练习，其认知策略还处于较低的层次；而深度参与则表现为一种创建、一种反思、一种自我控制的行为表现。

现代教育心理学家认为，教学过程既是学生在教师指导下的认知过程，又是学生能动的过程，要使学习效果比较好，学生须成为教学过程的主要参与者。因此，教师要把主要精力放在为学生创设学习情境、提供信息、引导学生积极思维，着力增强学生的参与意识，提高学生的课堂参与度。

学习参与度是学生在认知、行为和情感三个方面的综合表现，三者彼此关联，相互伴随。学生的行为是在认知和情感决定下的表现，而行为表现又会在一定程度上促进其认知和情感的发展。因此，要想提高学生的课堂参与度，需要处理好三者之间的关系。

（二）同步网络课堂的在线参与

虽然与参与度相关的文献研究大部分停留在传统的课堂教学，但无论是面对面的传统课堂教学还是空间分离的同步网络课堂教学，其实质都是一个学习者不断促进认知发展的学习过程，要想使学习有成效就需要学生积极、主动地参与。同步网络课堂是教师与学生基于互联网络，在不同空间、相同时间，进行远程在线互动和教学活动的一种新型课堂。学生通过听教师语音或视频讲授、相互讨论完成基于任务和问题的活动、彼此交流观点思想，来完成认知、行为和情感的转变。在线参与更强调的是一种交流和分析，在网络学习中，学生要学会通过交流讨论来完成自我学习目标，获得个人成长，同时还要把自己的思想与成果与他人分享，以此为整个学习共同体的建设做出贡献。这虽然是一个虚拟的空间，但同样有信任和真诚的情感存在，这些与面对面的传统教学毫无差异。

（三）参与度的深度和广度

在教学活动中学生是参与的主体，活动是参与的客体，主体与客体是否结合在一起，是参与是否发生的标志。结合包括两层意思：一是结合程度的深浅，二是结合时间的长短。前者叫参与深度，后者叫参与时间，二者构成了参与的深度和广度。因此，学生的课堂参与度不仅包括与深度的结合度，还包括与时间的结合度。

根据学习者在同步网络课堂中的在线活动类型以及分享和贡献的程度，可以把参与度划分为表层参与、中层参与和深层参与三个层次。同时这里的时间参与度是指主体对整个教学过程时间的参与程度。

三、对话型同步网络课堂参与度提高策略

教育心理学家认为，学生必须成为教学过程的参与者，只有参与知识的形成、发生和发展过程，才能使学生从被动接受转为主动探索。同时参与度还可以作为分析学生学习过程的维度，能为其过程性评价提供依据。同步网络课堂采用对话型教学模式的出发点是为了保障学生的参与时间。那参与的深度该如何保证呢？参与的效度又该如何提高呢？

（一）建立平等师生关系，创设民主参与氛围

参与性教学的一个重要特点在于其民主性，把学生和教师都看作是教学活动的主体和主导，师生双方在教学活动中是平等的。William Dole 对教师角色的界定是"平等中的首席"，他认为教师的作用应"从外在于学生转向与情境共存。权威应转入情境之中，教师是内在情境的领导者，而不是外在的专制者"。只有建立在平等的基础上，教师与学生才能真正地成为互助者，这要求在实施参与性教学的过程中，教师需放弃权威思想，转变角色定位，创造一种平等的、民主的课堂氛围。教师更多地从学生角度出发来考虑问题，想学生之所想，准确把握学生的各方面需求，为他们提供合适的课程内容。这种平等师生关系的建立和良好民主氛围的形成重新定义了教师的权威内涵，也确定了学生的主体地位，这有利于学生的主动参与

式学习，从而能解决学生被动、无意义的接受式学习困境问题。课堂民主氛围的创设对教师熟悉学生的程度提出了更高要求，无论是传统课堂还是网络课堂，教师思想的定位都会影响学生的课堂参与度。

（二）组织多种形式的课堂讨论

英国哲学家培根曾说过："讨论犹如砺石，思想好比锋刃，两相砥砺将使思想锋利。"因此课堂讨论可使学生从多渠道、多方面来发现问题、分析问题、解决问题，并能有所创新，从而消除网络课堂中学生参与范围狭窄、参与深度不够的现象，并能培养学生发现问题—分析问题—解决问题的能力。这需要教师提前设置高质量且有意义的问题，让学生基于问题展开积极的讨论，从而提高学生参与的深度。

（三）明确参与度作为多元化评价的维度

新课程标准倡导评价学生的学习，应采用促进学生发展的多元化评价方式，既要注重结果性评价，又要重视过程性评价。采用对话型同步网络课堂授课时，教师可以把参与度作为评价学生课堂学习的一个重要指标。这一指标的建立和运用有助于教师对学生课堂参与的客观评价，对于解决教师模糊的主观评价问题有重要意义。课前教师制定好参与度评价标准，初次上课教师就把评价规范提供给学生，从而在外部因素上影响学生的内心参与动机。

（四）缩小学生的课堂参与梯度

对话型同步网络课堂中，学生的性格不同，学习起点不同，对此种教学方式的兴趣度也会有所不同，教学过程中师生空间又是分离的，这些都使得教师对学生的了解局限在了一定的范围内。久而久之，课堂教学中学生的参与梯度就表现出来了，教师如何针对学生的课堂参与梯度做出回应，也是评价课堂成功与否的关键指标。教师要满足不同层次的学生课堂参与，就要精心设计不同层次的问题或者具有开放性的问题，以此来激发学生的参与动机，引领学生的课堂思维，使得每一位学生都能参与到网络课堂中。缩小学生的课堂参与梯度增加了课堂参与主体人数，有利于学生的整体，是解决学生参与式学习机会不均问题的一种策略。

（五）选择合适的学习支持服务工具或平台

对话型同步网络课堂中，选择方便的且能调动学生学习动机的学习支持服务工具和平台对提升学生的参与度至关重要。使用 QQ 平台进行网络教学就是一种方式，它不仅具有文本功能，还能为多人语音讨论提供方便，节省打字时间。学生可以选择文本参与或语音参与，这使学生的参与变得更加便捷。随着计算机技术的发展，越来越多的媒体工具被应用于教学，在选择网络学习支持服务工具时，要把学生参与学习的难易程度考虑进去。

第七章 计算机教育中的微课教学模式

当人类步入 21 世纪的第二个十年，"微潮流"开始兴起于网络。微博、微信、微视频大行其道。这是网络技术与现代生活方式不断调适的结果。在教育领域，基于微视频作用的深刻认知，可汗学院以精炼简洁的小视频重新表达基础教育中科学类课程的关键知识点，使视频教学的魅力再现。同样引人注目的是，深悉短小视频与名人讲演结合传播优势的 TED 讲座，以 18 分钟为上限，让技术、娱乐、艺术等热门领域的名人的精悍演讲风靡世界。多媒体时代，微课教学模式成为网络时代媒体创新的典范。

第一节 微课资源现状与开发

微课是指为使学习者自主学习获得最佳效果，经过精心的信息化教学设计，以流媒体形式展示的围绕某个知识点或教学环节开展的简短、完整的教学活动。后又经过完善将定义改为：微课是以微型教学视频为载体，针对某个学科知识点（如重点、难点、疑点、考点等）或教学环节（如学习活动、主题、实验、任务等）而设计开发的一种情景化、支持多种学习方式的新型在线网络视频课程。

一、微课资源的现状

随着教育工作者对更加主动的学习环境的追求，越来越多的在线课程和面对面教学都尝试着进行各种形式的变革。从这个意义上讲，微课程作为一种大胆而积极的尝试，的确具有较大的发展潜力，尤其是在在线教学以及在面对面课堂教学中作为课程教学的组件和资源来使用。因为这样的微课程让学生有了更大的自主权和拥有感，微课程的开放性及后续补充与开发的潜力也为教学应用带来了巨大的灵活性。

（一）国外研究与发展

在国外，与微课相关的研究早已有之。请以 Micro-course、Micro-lecture、Micro-lesson 等作为关键词进行搜索查找，在经过文献调研分析之后，能够发现即使是同一种表述方式，比如同样是使用 Micro-lecture，在不同的时代其含义也不尽相同，并且不同的国家对微课的研究取向也不完全相同。

1960 年，美国艾奥瓦大学附属学校首先提出了微型课程（Micro-lesson），有译者把它译成短期课程或课程单元。1998 年，新加坡教育部实施的 Micro-lesson 研究项目，主要目的就是培训教师如何构建微型课程，涉及的课程时长一般为半小时至一小时，教学目标比较集中，侧重资源、活动、学习情境的创设。项目主持人菲利普教授认为，微型课程是运用计算机通信技术（ICT）来达到特定目标的小教学材料。微型课程一般是一系列半独立性的专题或单元，持续时间比较短，一般只有 1～2 个学时，教学的组织规模也比较小。由此可见，微型课程针对的是以信息技术为支撑的完整的教学活动，促进信息技术更好地整合于教与学，时间与规模都是微型的。而国内所说的微课程则以微视频为核心教学资源开展教学，可以整合常规课程教学，也可以供学生自主学习与教师发展所用；微型课程基于现实的学校课堂教学，属于正式学习范畴，而微课程则适用于正式学习、非正式学习或兼而有之。

当然也有人认为微课程（Micro-lecture）的雏形最早见于美国北艾奥瓦大学（University of Northern Iowa）LeRoy A. 麦格鲁教授所提出的 60 秒课程（60-Second Course）以及英国纳皮尔大学（Napier University）肯提出的一分钟演讲（The One Minute Lecture，OML）。麦格鲁教授希望在非化学专业的学生以及民众中普及有机化学常识，然而现有的有机化学概论教材篇幅很长且需要花很多精力去学习。因此，麦格鲁教授提出 60 秒课程，以期在一些非正式场合，如舞会、搭乘电梯时，为大众普及化学常识。他将 60 秒课程设计成概念引入（General Introduction）、解释（Explanation and Interpretation）、结合生活列举例子（Specific Example-The Chemistry of Life）三部分，并认为其他领域的专家也可用类似的方式普及自己的专业。

2000 年，莫林拉赫、格伦·普拉特和迈克尔·特雷格拉发表论文《颠倒课堂：建立一个包容性学习环境的途径》，着重提出如何使用翻转教学激活差异化教学，以适应不同学生的学习风格。韦斯利·贝克在第十一届大学教学国际会议上发表论文《课堂翻转：使用网络课程管理工具（让教师）成为身边的指导》，提出让教师"成为身边的指导"替代以前"讲台上的圣人"，成为大学课堂翻转运动的口号。

2004 年 7 月，英国启动教师电视频道（www.teacher.tv），每个节目视频时长 15 分钟，频道开播后得到教师的普遍认可，资源的积累最多达到 35 万分钟的微课视频节目。2006 年，美国学者萨尔曼·可汗（Salman Khan）推出可汗学院（Khan Academy），其录制的微型课程视频在美国基础教育领域风靡一时。2007 年，美国化学教师乔纳森·伯格曼和萨姆斯在萨尔曼·可汗的基础上，提出"翻转课堂"教学模式。随着以可汗学院与 TED 为代表的国外在线微视频（时长 5 ~ 15 分钟）学习资源的出现与流行，慕课以及在翻转课堂等教学模式中使用微视频作为教学资源供学生自主学习，触发了教育工作者将微视频运用于课堂教学的可行性探索。微课最早的雏形出现在国外学者麦格鲁教授首次提出的 60 秒课程，其表现形式是向简短的课程中注入"鲜活"的元素，从而使简短的课程发挥传统课程的主要作用，同时又能展现与传统课程不同的"个性"。

2007 年，杰·里米·斯特雷耶在博士论文《翻转课堂在学习环境中的效果：传统课堂和翻转课堂使用智能辅导系统开展学习活动的比较研究》中把自己设计的案例制作成视频分发给学生观看，课堂上再利用在线课程系统 Blackboard 的交互技术，组织学生参与到项目工作中（学生会控制正在观看的视频，以保持机敏状态来接受新信息）。这些专家、教授对于翻转课堂教学模式进行的理论研究和创新，为多所学校改革传统教学模式提供了宝贵理论依据，也为微课的产生做了深厚的理论铺垫和准备。

2008 年秋，美同新墨西哥州圣胡安学院的高级教学设计师"一分钟教授"戴维·彭罗斯（David Penrose），首创了影响广泛的"一分钟的微视频"的微课程（Micro-lecture）。其核心理念是要求教师把教学内容与教学目标紧密地联系起来，以产生一种"更加聚焦的学习体验"。由此可见，尽管国外与微课有关的名词有 Mini-course、Micro-lecture、Micro-lesson 等，但其对微课的研究取向并不完全相同。微课呈现的是以在线学习或移动学习为目的的教学内容，时长一般为 1 ~ 3 分钟，突出关键的概念主题和活动，引导学生利用网络，根据所提供的资源和活动，建构自己的知识。

英国教师电视网站（Teachers TV，TTV）是由英国教育部于 2004 年建设的，因为访问量过高，视频服务器无法承受，最终在 2011 年 4 月被迫关闭。其拥有 3500 个精品微课视频，目的是帮助学龄儿童和中小学学生提高学习能力，在教师开发这些视频资源的同时促进他们的专业发展。这些微课内容涵盖了英国中小学和幼儿园的所有课程，每段视频长度一般在 20 分钟左右，而且视频的中间或开头结尾部分通常会穿插教育研究者或管理者与教师的随机访谈视频，课堂实境教学内容有 10 分钟左右。英国各地课堂教学改革或学校教育管理改革的时讯专题节目（长度 10 ～ 15 分钟）也会定期通过该网站播放。

（二）国内的研究与发展

随着传媒技术的迅速发展，以"微"为标志的文化家族悄然诞生，迅速繁衍形成了许许多多的微群落——微信、微电影、微课等。近两年来，微课作为刚刚兴起的在线教育形式，正在迅猛发展。微课内容碎片化和时间短的特点恰好满足了大众利用各种零碎时间进行学习的需求，实现了"人人皆学、处处皆学、时时皆学"的终身学习愿景。学生、家长和教师都能方便地通过终端设备（如手机、iPad、笔记本、MP4 播放器等）在家里、校园里、公共汽车上、地铁上，甚至动车和高铁上进行学习。尽管目前学校中微课应用不多，但它已经成为教育界最热门的话题之一。

20 世纪 80 年代初，我国就有电教工作者总结出学校课堂教学应发展为内容集中单一、时间短，由教师随堂灵活运用的"插片"。1989 年，万明高、朝桂荣在《电视教材利用率的追踪分析》一文中提出了对一般教学片段应当发展小片段（3 ～ 5 分钟）在课堂教学中穿插播放的想法。

20 世纪 90 年代后，我国电教界已明确将"片段性内容"电视教材作为电教教材的一种类型。1991 年，李运林在《电视教材编导与制作》一书中指出："片段性内容电视教材，可以没有尾，也可以没有解说，只是就某一课程内容的问题提供形象化的片段材料，教师使用这类教材时，需要边展示边讲解。这类片段教材，尽管只有一两分钟长，但往往是教学上非常珍贵的形象材料，对帮助教师提高教学质量很有好处，是一种值得提倡的电视教材。"

2010 年，佛山教育局教育信息中心的胡铁生老师在我国最先提出"微课"的概念。胡铁生老师在长期从事基础教育资源研究的基础上，由身边的"微"元素触动了灵感，从而紧接着开展了关于微课的一系列的系统研究，并将微课研究活动逐步走向研究化、专业化。2012年，在"全国首届中小学信息技术教育应用展演会"上，教育部副部长刘利民看到胡铁生老师的现场演示，当即指示，中小学要搞微课，高校也要搞微课。

2012年9月，教育部教育管理信息中心主办的第四届全国中小学"教学中的互联网应用"优秀教学案例评选活动暨第一届中国微课大赛（以下简称大赛），标志着国内研究者和一线教师对微课进行了探索、研究和实践。

2013年，由华南师范大学和凤凰卫视合作的"凤凰微课"正式上线。首届全国高校微课大赛顺利举行，参与比赛的高校超过1600所，参赛选手12000多人。这些事件标志着一种新型学习资源——微课，正受到国内教育界的广泛关注。因此，有专家预测微课将成为近几年最有前景的教育技术之一。

在我国的微课表现手法上，具体来讲是一种思维方式的大的转变，即突破了传统的"满堂灌"的特点，而只是就重点难点、疑点、考点等穿插在微课里，并且由讲授教师精彩地演示、表达出来，同时借助摄像机现场录制出来。微课之前的发展主要是用于教师之间的研讨，为教师的专业发展提供基础依据，但其更大的推广作用不止于此，除了用于交流、研讨、借鉴，还能促进学生的发展。

随着移动技术、视频压缩与传输技术、移动终端、网络带宽、网络速度、视频分享网站等技术的进步和应用的快速普及，以视频为信息传输媒体的微课常态化应用在技术上成为可能。同时，在提倡以"学生为中心"教育理念的时代背景下，与移动学习、泛在学习、碎片化学习、翻转课堂等融合互联网精神的学习理念思潮相结合，为微课的广泛传播提供了教育应用的土壤。可以说微课是信息技术发展与教育变革时代相结合的产物，也是技术与教学应用融合的高级阶段。尽管目前有比较多的学校开始批量建设微课，并应用到日常教学实践中，但对微课的概念界定、构成要素和应用模式都存在不同的认识，在一定程度上影响其作用的发挥。

目前微课在我国的发展趋势总体是沿着重组并创新的路线来走的，并没有彻底摒弃传统的录制视频影像资料，而是借鉴并选取其中优质资源进行重新组合，将以前的杰作升级为精简版的微课作品，同时并不仅仅只是重组，还有创新，具体来说就是发挥学校教师的智慧才能，以及利用掌握的信息技术进行原创微课作品，并且精益求精，在经过专家老师的评审之后将作品上传到互联网，提供在线观看、下载的微课作品。由于微课是由国外引入的，国外的建设相对较早，现已建设并应用了一批优质的微课视频资源库，如英国教师电视网站视频库（Teachers TV，TTV）、基于维基功能的视频资源库"观看知道学习"（Watch Know Learn）以及"英语中心"英语学习视频内容库（Watch Learn Speak）等。而我国，目前还处在起步阶段，各地相继举办微课制作以及相关的培训讲座，部分省市还举办了各种形式的微课大赛，以期通过这种形式，让教师了解微课、制作微课、使用微课，进而在教师群中推广微课。

二、微课的开发

微课相对视频公开课、精品资源共享课、网络课程来讲，视频长度短，注重细分知识点的完整性。如今，在国内微课刚刚发展且存在着不同的认识，微课作品的表现形式就会有多种多样的形态。为了能更加深入地推广微课的开发技术，更好地体现微课的特征，掌握与微课相关的学习理论、传播理论、教学设计与开发流程就很有必要。了解优秀微课的特征，解决微课教学设计制作过程中的各类问题，对于开发高质量的微课具有很强的实际意义。

（一）微课的开发流程设计

微课的开发流程包括微课选题、教学设计、课件的制作（搜索资料、文本图片、视频、音频、动画等资源）、视频录制（PPT的播放讲解、录屏软件的录制、视频的拍摄等）、后期加工（视频剪辑、特效制作、字幕添加等）、视频输出等环节。

1.微课选题

微课的选题要切合实际，最好是教学重点、难点和关键点。为知识点取一个响亮的名字（最好是问题），就能很直观的表达出制作的微课想要讲解的内容。例如，近因原则是"汽车保险与理赔"课程的重点内容，其中近因原则的判断是难点内容，所以，可以将这个难点内容作为选题。为此，可以将微课的名字叫作："汽车保险赔不赔？近因原则告诉你！"

2.教学设计

教学设计包括确定教学设计思路、确定教学目标与重难点、教学过程设计，当然，撰写脚本的开发路线不同，脚本撰写的方法也不同。

（1）教学设计思路。

以"汽车保险赔不赔？近因原则告诉你！"为例，讲述教学设计思路。本课采用基于问题的教学模式，为激发学生的学习兴趣，通过视频案例，采用"提出问题—分析问题—解决问题"的教学思路，教学过程注重学生自主分析问题能力的培养。

首先，通过视频，引出问题，"暴雨"—"车被浸泡"—"启动发动机"—"汽车损坏"—"保险公司赔不赔"。其次，通过讲授，学习近因原则中重要知识点——近因的判断。掌握近因的判断方法，分四种情况介绍，每种情况都以一个案例进行解释，最后一种情况以"车被浸泡"（视频引入）为例，首尾呼应，引导学生运用近因原则进行分析，揭晓答案。最后，通过典型案例，强化近因判断的应用效果，引导学生运用近因判断方法自己分析案例，实现学以致用。

（2）教学目标与重难点。

微课的制作首先要了解本节微课设计的教学目标是什么，侧重于哪个知识点。在明确教学目标的同时，也要指出知识点中的教学重难点，教师要进行重点讲解，培养学生理解和应用的能力。

（3）教学过程设计。

教学过程分为问题引入、概念学习、核心知识学习、概念界定、解决问题、新案例拓展、案例分析与解决、知识总结等。

问题导入的设计是为了激发学生对学习知识点的兴趣，在一个微课视频中大概占用 40 ～ 60 秒，常用的教学方法是引导启发法。概念学习是对该节微课中讲解的知识点的概念进行理解，知识点概念不同，讲解的时间也不尽相同，通常为 2 ～ 3 分钟。核心知识学习是指本节微课重点要讲授的知识点，当然，微课中的核心知识有可能是一个，也有可能是多个，所以，这也是微课设计的核心问题。核心知识学习常用的教学方法是案例演示法和归纳分析法。知识总结是对本节微课所讲授的知识点进行总结，重点强调知识点的解决思路和方法。

3. 课件的制作

课件的制作主要分为课件模板的制作、Flash 动画的制作、PPT 动画的制作等。开发课件之前，首先确定使用哪些素材，具体包括文字、图形、动画制作、视频等，是使用搜索引擎搜索（百度、谷歌、搜狗），还是自主开发。微课需要的动画制作，可以网络下载，也可以自己使用 Flash 或其他软件进行制作。

4. 视频录制

视频的录制方式主要包括以下三种方式。

（1）视频拍摄工具拍摄。通过 DV、摄像机、智能手机、网络摄像头、数码相机等一切具有摄像功能的设备进行拍摄。当然，有条件的学校也可以采用专业的录播教室进行拍摄。通过这些设备对教师及讲解的内容教学过程进行全程的记录拍摄，这样，真实的教学情境能给人以亲切感。使用视频拍摄工具拍摄可以使情境真实，充分展示教师的教学水平与能力，但是，这也使微课的制作成本增加，有些拍摄工具还需系统学习，不利于大部分教师的使用。在视频拍摄完成后，视频后期编辑工作量大，这些缺点仍需克服。

（2）录屏软件录制。在教师自己的计算机上安装录屏软件进行录制，如 Camtasia Studio 录屏软件，结合 PPT 与其他软件或者工具呈现教学过程。使用录屏软件成本低，只需下载安装即可，人人都可操作，但需要在 PPT 的制作和微资源的收集与制作上下功夫，才能制作出高质量的微课。

（3）混合式录制。运用实拍式、录屏式合成等多种方式的整合，最终的视频既有拍摄，也有录屏，还有软件开发的各种资源等。也可以采用软件与硬件一体专业级录播或者演播系统。这种方式形式多元、教学主线清晰、信息量大、质量高，具有很好的交互性、学习性和观赏性，是高质量微课的首选方案。但这种方式制作时需要专业的设备与软件，需要专业人员进行拍摄与后期编辑，制作成本高，花费精力大，在脚本设计时需要更加细致。

5. 后期加工

最后进行视频的整合处理，软件主要用到 Flash、Photoshop、QQ 影音、美图秀秀、GIF Animator、电子杂志、会声会影、Camtasia Studio 等。专业级非编软件可以使用 Premiere、Vegas、Canopus Edius 等，也可以使用 After Effects 进行后期特效合成。

专业的后期加工包括三部分。首先，组接镜头，也就是平时所说的剪辑，具体来讲，就是将电影或者电视里面单独的画面有逻辑、有构思、有意识、有创意和有规律地连贯在一起，形成镜头组接。一部好的微课是由许多镜头合乎逻辑地、有节奏地组接在一起的，从而阐释或叙述某件事情的发生和发展的技巧。当然，在电影和电视的组接过程当中还有很多专业的术语，如"电影蒙太奇手法"，动接动、静接静、声画统一画面组接的一般规律等。其次，特效的制作，如镜头的特殊转场效果、淡入淡出以及圈出圈入等，还包括动画以及 3D 特殊效果的使用。最后，声音的出现和立体声的出现进入到视频以后，还应该考虑后期的声音制作问题，包括后来电影理论中出现的垂直蒙太奇等。

制作者可以进行简单的后期处理，具体包括组接镜头、转场处理、字幕添加等。

6. 视频输出

微课通过录播系统录制后，又使用视频编辑软件进行剪辑，最后通过 Camtasia Studio 添加字幕。需要注意的是：第一，在录播系统的使用中，应注意教师在场景中出现的频率与时间的长短，区分微课与常规课堂。第二，在微课的 PPT 或者动画中，尽量保证是动态的，回避长时间静态帧的出现。

7. 微课开发团队的组建

微课开发的核心应当说是主持老师的创意，就是将知识进行数字化的重构。如果要进行构建系列微课或者构建微课程，则需要进行系统化考虑，即如何整合微课与相关的资源包，使用什么平台，以及如何更新与动态管理等。

开发团队主要包括三类人员：课程策划与教学团队、技术实现团队、界面设计团队。课程策划与教学团队主要包括主持教师、主讲教师、教学策划与设计者等，体现教学设计的心智模式，他们是微课的核心；技术实现团队包括媒体元素设计、编导、摄像、软件技术、影视编辑等技术人员，他们是实现设计的核心；界面设计团队包括 PPT 制作与美工等人员，他们是微课视觉呈现美观规范的核心。

（二）微课开发的注意事项

微课最后是以视频的形式展现的，通常需要注意以下几方面的内容。

1. 声音清晰

从微课的主要元素（即教师与教学内容）来讲，优秀的微课在"教师声音的清晰度与感染力""教师体态的语言丰富性、恰当性""教育内容的清晰完整性""整体教学效果"方面都较好。其中，教师的声音是否清晰且具有感染力，不仅与教师本身有关，也与录制的环境有关。在体态语言方面，教师不必过于拘谨，但也不要过于懒散。

2. 教学内容的呈现画面清晰

在教学内容的呈现方面，优秀的微课能够清晰地呈现教师所讲的教学内容，如 PPT、动画、视频、教师的操作演示等。整体教学效果则是在前几个要素的基础上体现出来的。

此外，混合录制的方式比摄像机录制的整体效果要好，全部添加字幕比添加部分字幕或者没有字幕的整体效果要好。字幕能够保证在嘈杂的环境（如公交车、地铁等）里也能顺利浏览视频，同时字幕还能够补充微课程不容易说清楚的内容。

3. 片头设计简洁清晰

从视频的设计与录制的角度来讲，优秀的微课在"片头设计""背景声音的纯净度""镜头组接的逻辑性"方面都较好。其中，片头具有"第一印象"的作用，优秀微课的片头大都较为简洁美观。背景声音效果较为嘈杂，如汽车、鸣笛声、教室的回音，会影响教学内容的传播质量，因此优秀的微课在背景声音方面较为纯净。

4. 镜头组接的逻辑性好

镜头组接的逻辑性也是整个微课教学内容逻辑性的一个重要影响因素。比如，根据教师的教学流程，画面中应该出现的是教学内容，那么当前画面就应该展示相应的教学内容，而非停留在教师讲授的画面。

5. 混合式录制

在众多微课的形式中混合式录制的视频质量相对较高，可以多次使用。

（三）微课教学设计需避免的问题

从教学设计的角度，针对微课选题、表现形式、教学逻辑、微课定位及教学表达等方面，需要避免出现如下问题。

1. 命题不得当

微课选题是微课开发的第一步，是从总体上考虑微课"做什么""为什么做"的问题。"做什么"就是要通过对教学内容和学习对象的分析，确定微课教学内容的侧重点；"为什么做"就是要考虑微课的应用模式，在此基础上确定微课的题目。

在微课命名方面，微课名字最好不要以课程名字作为微课的名字，如"法律基础""思想道德""体育"这些主题所包含的内容都太大，不可能在15分钟内将内容全部讲述清楚，因此很容易导致标题与内容偏离，造成题大而内容少的情况。

在内容选取上，不能在15～20分钟内谈及多个知识点。并且教学方法单调、平铺直叙，很难将众多的知识展示清楚，也很难保持学习者的学习兴趣与注意力。

另外，针对一些概念与理论性的陈述也不建议制作微课。这些概念本身并不是能引起学生认知冲突的内容，教学过程也没有要对概念之间的关系进行辨析，这些教学内容与其做成微课，倒不如让学生看书、查文献，这样学生可能收获得更多。有些知识点并非重点、难点或疑点，内容一般也没有必要制作成微课。

微课选题不仅要"小而精"，还要"微而全"。这里的"全"并不是指教师需要在单一的微课里把知识点的前世今生说得一清二楚，而是指微课的内容也要自成体系，教学过程完整、逻辑性强，符合学习认知的规律，不宜跳跃教学步骤，以免学习者产生思维跳跃，影响对知识点的完整理解，也就是所谓的"麻雀虽小，五脏俱全"。

2. 表现形式单一

在学校教师所做的微课中，有部分理论性的教学内容的表现形式主要采用了文字配以教师的讲解，而非用一些相关的图片、视频、音频、动画或者对操作的演示来辅助教学。这些内容本身是较为枯燥的，如果能用多样化的媒体形式展现来加深学习者对其的理解，将有利于提升学生观看视频的兴趣与教学效果。教学内容表现形式是否恰当，也是微课成败的一个重要影响因素。尤其是在微课中如何使用多媒体元素十分重要。

3. 教学逻辑含糊

除了要丰富教学内容的表现形式以外，教学内容的逻辑性也非常重要。如果微课在教学内容的组织与表达方面逻辑性差，将导致学习者在学习完毕不知其教学的主线是什么，主要想讲授、解决的重点是什么，媒体素材的组织与教学内容之间的关系是什么。例如，在讲解过程中，对于主要的内容没有在视频中清晰地呈现；讲到另一个知识点时，没有明确的语言说明与前一知识点的关系以及本知识点的主题，并配以相应的语调加以强调；

在利用媒体素材来引入、补充说明教学内容、案例分析时，没有加入过渡性的话语，或者缺少对于这个视频的简单介绍，或者未解释在观看视频时的学习活动安排。最终导致给观看者的感觉就是一堆视频素材的简单罗列。

因此，建议老师在利用多媒体素材时，要先简单地引入、说明素材，并对学生的学习活动进行指导；或者在一个视频演示完毕，配以教师的讲解。在整个教学过程中，也要注意通过讲授的语音语调、PPT 中重点内容的标注、字幕等方式突出所讲的重点与主线。

4. 定位错误

微课作品不是面授，一般不需要有学生集体站起来向老师问好。还有的错将微课当作"说课"，展示并解说整堂课的教学阶段。微课虽然时间较短，但是必要的教学环节还是不可或缺的。其中，微课的引入就非常重要，它是能否吸引学习者进行学习与思考的一个重要环节。一节微课的引入方式有很多种，通常采用动画引入、开门见山、游戏引入等。

5. 教学平铺直叙

教学策略是否运用恰当决定了一节微课的整体教学效果。实践证明，有效的教学策略能提升学生的学习兴趣；而教学过程平铺直叙，课堂学习氛围沉闷，缺少案例，没有起伏与高潮，将难以吸引学生。

6. 教学表达欠佳

教学表达是教师利用口语和肢体语言将教学内容传达给学生的过程。教学表达内容是否准确，方式是否恰当，形式是否具有艺术性，直接影响到教学内容的传播。

（四）微课开发策略

微课资源的建设要采用多种方式、多种途径，要吸引不同角色的人群参与，而且已建设好的微课资源应该采取开发的资源权限，允许不同的学习者和教师对其进行编辑、再生和更新。具体来说，可以从如下几个方面进行。

1. 多种方式开发微课资源

微课资源开发，可以采取"加工改造原有的课堂教学视频录像""重新选择教学内容，采用摄像机手机等工具重新拍摄""使用录屏软件录制（如 Camtasia Studio）""使用 PPT、Flash 等软件工具合成""可汗学院的微课录制模式（配备手写板）"等多种途径。不同的方式有不同的资源开发特色，在丰富微课资源的同时，也增加了微课特色和类型。

2. 采取征集评审式和专业拍摄式相结合的策略

征集评审式是指教育行政单位（如学校、教育局等）定期开展微课竞赛、活动等多种形式，从基层中小学教师中征集微课作品到微课资源库平台。这种方式的优势是征集的微课资源数量较多，涉及教师和学科的面较广，但存在制作质量不高、微课资源不成体系等问题。为了制作一批精品优质示范课，教育行政单位可以以项目的形式外包，聘请视频拍摄制作公司和教育教学专家，从全市范围内挑选各年级各学科的名教师、学科骨干教师到专业演播室拍摄，专业公司对教师微课的设计、资源准备、现场拍摄、后期加工、共享发布等环节，进行专业指导和操作。为鼓励名师积极拍摄，教育行政单位可以为拍摄教师提供继续教育学时学分，免费赠送自己教学的精美 DVD 光盘，并对所拍摄的微课进行评比评奖，提高教师的积极性。

3. 开放微课的编辑权限

已经建设好的微课资源应该采取开放的资源权限，允许世界各地不同的学习者和教师对其进行编辑、再生和更新，当然为了不造成微课资源的混乱，每次编辑之后均需要管理者或者是资源的所有者去确认。百度百科采用的就是这种资源更新模式，效果良好。在教育领域，美国的 TED 课程就将视频、字幕、交互式问答系统融为一体，允许世界各地的教师与学生都能自由编辑视频，得到了学习者和资源建设者的一致认同。

第二节　翻转课堂与混合学习中微课的应用

翻转课堂颠覆了传统的教学模式，知识传授通过信息技术的辅助在课后完成，知识内化则在课堂中经老师的帮助与同学的协助而完成。混合学习是在线学习和面授相结合的学习方式。与传统的课堂教学模式不同，翻转课堂与混合学习模式下，学生在家完成知识的学习，课堂变成了老师和学生之间以及学生和学生之间互动的场所，包括答疑解惑、知识的运用等。课堂因此变为学生消化知识的场所，从而达到更好的教育效果。

一、翻转课堂中微课的应用

传统教学过程通常包括知识传授和知识内化两个阶段。知识传授是通过教师在课堂中的讲授来完成，知识内化则需要学生在课后通过作业、操作或者实践来完成的。在翻转课堂上，这种形式被颠覆。随着教学过程的颠倒，课堂学习过程中的各个环节也随之发生了变化。

（一）翻转课堂教学模式的步骤

越来越多的学校开始根据本学校的特色开创出符合本校特色的翻转课堂教学模式。所实施的翻转课堂教学模式在某些方面有些区别，但是都存在共同的地方。

1. 课前准备阶段

（1）教师活动。

①分析教学目标。

当我们一谈到翻转课堂，人们的第一反应就是制作教学视频。但是在制作教学视频之前，我们需要分析教学目标。教学目标就是通过教学活动期望达到预期的结果。明确教学目标，我们期望学生通过教学知道什么、获取什么，这是任何教学所要明确的首要关键的事情。只有教学前确定清晰的教学目标，我们的教学才有针对性，才能明确我们要采用的具体的教学方法，如哪些内容需要探究式的教学方式，哪些内容需要直接的讲授，等等。实施翻转课堂教学模式之前的教学目标的分析，有利于我们分析什么内容适合通过视频的方式直接讲授给学生，哪些内容适合课堂上通过师生的合作探究获得最佳的教学效果。明确教学目标，才能避免教学中的盲目性和无目的性。

②制作教学视频。

在翻转课堂中，知识的传递是通过视频来完成的。教学视频可以是教师自己录制，也可使用其他教师制作的教学视频或者网络上优秀的视频资源。制作教学视频是翻转课堂教学模式的首要部分。乔纳森·伯格曼和亚伦·萨姆斯总结出制作教学视频的以下步骤：首先，做好课程安排。明确课堂教学的目标，决定视频是不是合适的教学工具来完成课堂的教育性目标。如果教学内容不适合通过教学视频直接讲授的方式，那么不要仅仅因为要实施翻转课堂而去使用视频。翻转课堂并不仅仅是为课堂制作教学视频。

其次，做好视频录制。在录制教学视频过程中应考虑学生的想法，以适应不同学生的学习方法和习惯。美国大部分实施翻转课堂的学校在录制教学视频中并不呈现教师的整个形象，而是呈现一双手和一个交互式白板，在白板上有教师所讲授内容的概要。录制教学视频必须要选择一个安静的地方，这样制作出来的视频才能保证学生在观看教学视频时不受视频中噪声的干扰。再次，做好视频编辑。林地公园高中的两位教师在实施翻转课堂的初级阶段在录制完教学视频以后分发给学生，但是他们逐渐发现视频后期制作的价值。它可以让教师改正视频制作中的错误，避免重新制作视频。最后，做好视频发布。发布视频是为了让学生能够观看到教师制作出来的视频。在此阶段对于教师来说，最大的问题在于把视频放在什么地方以使学生都能够观看视频。不同的学校会根据本地区、本学校和本校学生的具体情况来确定视频发布的地方。林地公园高中会把制作出来的教学视频发布到一个在线托管站点，如 YouTube 平台等，也会为家里没有网络或者电脑的学生制作 DVD。为了让学生都能够观看到视频，美国克林戴尔高中把校园多媒体中心的开放时间延长了两个小时，在这里学习的学生可以使用属于自己的账户登录到校园多媒体中心观看教学视频。总之，学校可以选择一到两种方法满足学生的需要。

（2）学生活动。

①观看教学视频。

教师通过对教学内容的分析，把适合直接讲授的内容的部分用教学视频的形式交给学生，在一定程度上避免了课堂时间的浪费。学习速度快的学生可以快速地进行知识的学习。对于学习进度慢的学生，他们不用担心传统课堂上跟不上教师节奏的问题。他们可以根据自己的实际学习情况对教师讲授的内容做适时的停顿。在观看教学视频的过程中，学生遇到不懂的地方可以做笔记，把自己不懂的问题带到课堂，这样学生可以完全掌控自己学习的步调。在此过程中，学生需要对观看的教学视频里所讲授的知识做一定程度上的梳理和总结，明确自己的收获和困惑的地方。

②做适量练习。

学生观看完教学视频后需要完成教师布置的针对性课堂练习。这些练习是教师针对教学视频中所讲的知识，为了加强学生对学习内容的巩固并发现学生的疑难之处所设置的。根据"最近发展区理论"，教师需要对课前练习的数量和难易程度做出合理设计，明确让学生做练习的目的是帮助学生利用旧知识完成向新知识的过渡，加深对教学视频中知识的巩固与深化。学校可以通过网络交流平台与学生进行互动，了解学生在观看教学视频和做练习过程中遇到的问题。教师可以通过学生所做的练习的反馈情况时刻了解学生实际的学习情况。与此同时，学生与学生之间也可以进行互动，彼此交流收获，进行互动解答。

2. 课中教学活动设计阶段

（1）确定问题，交流解疑。

人是社会中的人，在交流中才能实现成长。传统的课堂教学教师主宰着课堂，师生之间的交流是建立在师生地位不平等的基础上的。课堂中要实现真正的交流，要一种融洽的环境做保障。学生在观看教学视频的过程中，由于本身的知识结构以及看问题的角度不一样，因此对事物的理解也会不同，这样学生之间会产生一种认知的不平衡，学生之间认知的不平衡会导致学生新的认知结构的产生。在课中活动开始阶段的交流中，教师需要针对学生观看视频的情况和通过网络交流平台所反映出的问题进行解疑。学生也可以提出自己在观看教学视频中存在的疑惑点，与教师和同学共同探讨。这种交流本身就是一种学习资源。

（2）独立探索，完成作业。

独立学习的能力是学生必备的能力之一。一个没有独立学习能力的人，必然无法在社会中生存。独立性是个体存在的主要方式。在传统的课堂中，教师一手包办学生的学习。课堂的大部分时间用来讲授知识，学生课下时间被大量的机械性的作业所填满，学生独立学习和探索的能力越来越被压制。学生是独立的个体，他们本身有着独立学习的能力。学生知识结构的内化需要经过学生独立的思考，而教师只能从方法上引导学生，而不能代替学生完成学习。

翻转课堂为学生提供了个性化的学习环境，学生在课堂中独立完成教师所布置的作业，独立进行科学实验。在学生独立完成作业的过程中，学生审视自己理解知识的角度，建构知识的结构，完成知识的进一步学习。教师要在刚开始时给予学生一定的指导，帮助学生完成任务。待学生有一定独立解决问题能力的时候，教师要"放手"，逐渐让学生在独立学习中构建自己的知识体系。

（3）合作交流，深度内化。

学生在独立探索学习阶段，已建立了自己的知识体系。但是要完成知识的深度内化，需要在交流合作中完成。人是社会中的人，交往是人与人之间直接的相互作用的过程。哈贝·马斯把交往行为定义为：一种主体之间通过符号相互协调的相互作用，它以语言为媒介，通过对话，达到人与人之间的相互理解和一致。交往学习是学生在与他人的对话、交流、讨论等学习活动中所开展的学习过程，学生在此过程中实现自身的发展。爱德加·戴尔通过自己的实验证明，团队学习、合作学习和参与式学习的效果可以达到 50 % 以上。在翻转课堂里，你可以看到的课堂形态为：学生分成小组，一般为 3 ～ 4 人为一组，学生与学生之间通过独立探索阶段的学习，与同伴交流自己对知识的理解。

教师不是站在讲台上，俯视着课堂里所发生的一切，而是走下讲台，走进学生的探讨中，真正地融入学生的小组合作活动中。当学生在讨论中遇到问题时，教师可以给予及时的帮助，引导学生澄清对知识的错误认知。在此过程中，学生的批判性思维、课堂参与能力以及对待学习的态度都会发生很大的改变。教师适时将学生真正推到学习的主体地位。当学习本身成为学生自身需要的时候，学生就会成为真正的学习的主人，变"要我学"为"我要学"。教师也从说教、传授的角色转变为学生学习的引导者和促进者。在合作学习越来越受到教育界的关注下，现今学校很多课堂教学都采用合作学习、小组学习等方式。但是在传统课堂里，合作学习只是课堂教学的"微弱"的补充，难以真正发挥学生探索的积极性，合作学习只是流于形式。而在翻转课堂教学模式下，学生与学生之间、学生与教师之间的合作学习是一种真正意义上的合作学习。

（4）成果展示，分享交流。

学生在经过独立探索和合作交流后，完成个人或者小组的成果。学生可以通过报告会、展示会、辩论赛或者小型的比赛等形式交流学习心得、体会。在成果展示过程中，学生或小组可以通过教师与学生的点评获得更深的了解。同时，学生还可以通过观看其他学生或小组的展示，学习到他人的优点，明确自己的优势与不足。学生在此过程中不断领略学习给他们带来的乐趣，更以一种积极的乐观心态面对以后的学习，增强自身的自信心。这也是一个交流的平台，学生在交流中彼此的智慧火花得以展现。教师在分享交流环节可以通过学生或者小组的汇报，明确学生知识的掌握水平，有针对性地进行后期的"补救"工作。当然，在学生展示的环节，教师所做的是为学生创设一个民主、平等、和谐、自由的课堂环境，适时调控学生学习的进程和发展方向。

实施翻转课堂教学模式的学校在成果展示环节，教师不仅鼓励学生在课堂上进行展示，还鼓励学生在课下通过制作微视频的方式把自己的汇报上传至网络交流区，供教师和同学讨论和交流。翻转课堂教学的成败并不在于视频的制作，而是在于课堂学习活动的设计。如何改变传统的教师主宰课堂的局面，让学生真正成为自己学习的主人，是翻转课堂教学模式的关键点。

（二）微课程与翻转课堂

1. 微课程是翻转课堂的基础

翻转课堂主要分为课外、课内两大学习环节——课外自学、课内消化。微课程正是课外自学的核心，通过微课程将课堂知识点清晰明了地呈现给学习者，学习者可根据自身具体情况自定步调展开自学，只有在有效完成微课程学习的前提下，翻转课堂的教学才能顺利实施并发挥积极作用。

2. 翻转课堂成为微课程发展的胚体

教学设计时要依据翻转课堂的需要来设计微课程，分化知识点，将学习目标分解为若干个小目标，每一个微课程就只针对一个主题，解决一个难题。翻转课堂式教学的开展成为微课程发展的胚体，微课程只有根植于翻转课堂教学模式中，才能真正发挥微课程的力量，许多零散的微课程才能成为一个体系。因此，基于翻转课堂教学模式的微课程将具有系统化、专题化、可持续修订、可分解等特性。

3. 微课程质量决定翻转课堂的教学效果

翻转课堂在课内解决对知识的理解、对知识的反思等一系列有意义的学习，而基础知识的掌握完全依靠课外学习，课外学习的核心便是微课程。所以，必须要精心设计微课程，从课程目标分解、微课程教案设计、微课程教学分析（包括学习者、学习活动等要素）、微课程摄像、微课程后期制作、微课程生成等多个环节提升微课程的设计、制作水平，以优良的微课程质量确保翻转课堂教学效果的优化。

4. 翻转课堂是微课程的评价实体

微课程质量的高低可以在翻转课堂上得到验证和评价，在团体预备知识评测和反馈的环节，可以评价学生微课程学习的效果，翻转课堂上教师通过设计答疑解惑、反思知识点、问题大讨论等活动来充分检验学生课外的学习效果，及时发现问题并反馈信息，有助于微课程的不断改进。

围绕教学目标，学生课外展开微课程学习，可以自定步调、自主学习、积累知识。课堂上学生在教师引导下进行知识的整理和消化，通过提出问题、反思问题、解答问题等多种形式促进学生知识的内化。

二、混合学习中微课的应用

所谓混合学习（Blended Learning），就是要把传统学习方式的优势和 E-Learning（即数字化或网络化学习）的优势结合起来。也就是说，既要发挥教师引导、启发、监控教学过程的主导作用，又要体现学生作为学习过程主体的主动性、积极性与创造性。只有将这二者结合起来，使二者优势互补，才能获得最佳的学习效果。微课可以作为网络化学习的核心资源供学生学习，结合面授可以获得最佳效果。

（一）混合学习及其学习模式

国内外学者从不同角度阐述了混合学习：柯蒂斯·邦克认为，混合学习是面对面教学和计算机辅助学习的结合；黎加厚教授认为，混合式学习指的是对所有的教学要素进行优化选择和组合，以达到教学目标。从中不难发现，混合学习的内涵很广泛：从形式上看，混合学习不仅是线上线下的结合，更是不同学习理论、学习方式及评价方式的整合；从资源角度看，混合学习有机地组合了教学视频资源、辅助教学资源、多媒体资源和学习活动资源等；从有效性角度看，混合学习体现了以学生为主体、以教师为主导的双主体教育思想，强调以教为中心和以学为中心的教学模式的融合。

如何"混合"是混合学习的关键问题。对于怎样"混合"，没有统一的标准，这给我们带来了更多实践和探索空间。混合学习的模式，是指用来清晰地展示混合学习过程，明确混合学习的各个环节的一种描述方式。混合学习的模式有很多，外国专家学者将其分为技能驱动型模式、态度驱动型模式、能力驱动型模式以及巴纳姆模式。不同的混合学习模式，混合时机不同，学习资源设计不同，学习内容分配存在差异。因此，我们可以结合实际教学情境，设计出满足学习对象需要的混合学习模式。

第一，以融合的学习理论为指导。行为主义、认知主义和建构主义等理论为混合学习实践提供了理论基础。在混合学习环境下，更需要将多种学习理论进行融合。

第二，设计建构性的学习环境。建构性的学习环境有助于学习者利用其认知结构自我建构。要以学习者特征分析为起点，选择合适的课程资源、媒体资源、认知工具和交互工具。

第三，加强学习资源设计。通过适当的教学策略，对混合学习中的资源进行精心设计与合理整合，使其协同作用，最大限度地发挥作用。

第四，突出评价和反馈。学习资源设计是否科学、媒体运用是否恰当、混合学习效果是否显著等问题需要进行评估。对教师而言，通过评价和反馈，可以调整教学策略，了解学习者状况，为其提供个性化指导；对学习者而言，即时的反馈可以使其纠正学习态度和调整学习方法。

（二）基于混合学习的微课教学模式设计

通过分析混合学习及其学习模式，学者从资源角度出发，在融合的学习理论指导下，以学习者为中心，提出了基于混合学习的微课教学设计模式。该模式重视学习资源的设计，通过微策略、微反馈、微反思和微评价将资源紧密联系，有效地保证了混合学习的效果。

第一，做好前端分析。混合学习中，学习者有较高的自主性，作为教学设计者，要分析学习者特征，重点把握学习者的认知特点、知识储备及在线学习习惯。在此基础上，要分析学习环境，考虑学习者处于什么样的混合环境中，是否有利于其通过网络平台开展学习。对学习者特征和学习环境分析，一方面可以确定教学目标，另一方面为教学内容和教学策略的选择及学习资源的设计提供依据。

第二，分析教学内容。选择针对性强的教学内容，以单个知识点为教学单元，突出讲解重难点。在分割内容时，不能损害微课的系统性和完整性，不仅要保证知识点相对独立，而且要保证内容结构化，使学习者体验一个完整的学习过程。作为教学内容的载体，教学视频的设计要清晰明了，图文并茂，化抽象为形象，在相对短的时间内，传递完整的教学内容。

第三，优化学习资源。在设计资源时，要面向微课视频资源、辅助资源、微媒体资源和微学习活动等进行设计。微反馈、微反思及微评价以即时、便捷、交互的特点贯穿其中，使不同的资源紧密联系。以知识点为基础的切片化的视频有利于学习者个性化学习，根据单个结构化的切片视频，学习者有选择地进行重难点的学习。辅助资源作为教学资源的补充，一方面能为学习者拓展知识提供资料，另一方面能为学习者探究学习提供支架。教学设计者要选择合适的微媒体资源，尽量降低学习者的认识负荷，同时要能高效地传递知识。微学习活动是学习者交流的途径，其设计不仅要有利于学习者进行个体学习，更要多方位地引导学习者展开讨论和交流。要善于利用数据挖掘技术追踪学习者学习过程，更好地为学习者提供个性化辅导。

第四，重视交互和评价。据美国缅因州国家训练实验室提出的"学习金字塔"研究成果显示，讲授教学方式的学习内容平均保持率仅为 5 %，讨论方式的学习内容平均保持率为 50 %，而通过分享将自己所学向他人讲授的学习内容平均保持率高达 90 %。通过社会化网络交互基于混合学习的微课教学设计模式工具和对视频资源的设计，引导学习者讨论和分享知识。

混合学习下的微课教学设计是以学习者为中心的，通过过程性评价掌握学习者学习进度，及时提供指导，学习者互评、自评及教师评价等使评价方式更加客观，同时学习者可以对微课的设计进行评价，以帮助教师进行更加合理的设计。

第三节　微课教学模式开发和应用

互联网时代的到来打破了商业格局，颠覆了传统行业，产生了一系列变革。身边的变化在不断影响我们每一个人。每一个职业人都需要快速成长，适应变化，为自己和企业创造更多价值。无处不在的大变革背景下，职业人学习需求也变得更加时效化和碎片化。但是很多企业的培训工作还在做着所谓的系统化建设，投入大量的人力、物力、时间，按部就班地组织实施传统培训学习项目。这些方式早已不能适应需求，投入产出比也越来越低。此时，微学习和微课应运而生，成为众多培训从业者追捧的形式。

一、情境微课的开发

情境微课是指根据特定的环境、任务、场景展开的微课教学活动。情境微课分为情境类电子微课和情境类面授微课。它主要用来传授企业特定任务、场景中需要的整合性知识、技巧，学习者可以直接模仿和借鉴，容易转化和应用。这就要求情境微课开发者需要有丰富的实践经验，能结合企业特定情境中的挑战点、痛点、难点提炼出有针对性的知识，因此适合由企业内部的专家来开发。

（一）情境微课开发的目的

情境微课不是传授通用知识，而是传授解决特定问题或挑战的策略、技巧和方法。这就需要把专家头脑中的丰富经验（隐性知识）显性化，通过深度分析提炼成有价值的组织经验。这些知识传授给一般员工或新员工，他们就不需要自己琢磨，可以直接模仿应用，加速成长。因此，微课的选题和内容萃取对组织和个人都有重要意义。

情境微课的核心问题是解决如何从我（专家）掌握到你（学习者）收获的过程。培训的目的是提高学习者能力，因此课程开发就包含了这个关键过程。好的教学设计要使学习者喜欢学、听得懂、学得会、记得牢、会应用，最终提升个人和组织绩效。

（二）情境微课开发的独特性

情境微课开发比标准课程开发难度更大，难就难在必须像做精致小菜一样保证每一门微课的内容和形式都要有独特价值。因此，情境微课看起来小，做起来容易，但要做好则很难。

情境微课开发者大部分是各领域专家。常规做法是在企业培训部门统一规划下，较为系统地开发相关主题课程，不同主题由不同的专家承担。在互联网时代，随着企业快速发展，越来越多的企业鼓励员工分享知识，员工也乐于奉献自己的经验和智慧。通过自主开发电子微课，人人都可以成为微课开发者。

业务专家一般都参加过很多培训。其中，大部分培训是传统面授课程，时间长、内容多；可能有少部分是电子微课，而情境微课的学习体验就更少了，好的体验就基本没有了。这就导致他们对于什么是微课、什么是情境微课、什么是好的情境微课都缺乏体验，这时候还要他们以课程开发者的身份进行课程的开发、制作，那更是不知从何处下手了。具体来说，作为情境微课的开发者，他们面临着如下几方面的挑战。

1. 萃取难

许多专家都有这样的体会，工作中的疑难题自己处理起来很轻松，但是要清楚地把自己是如何做到的讲给其他人听很不容易。情境微课要求在很短的时间内讲清楚，更是难上加难。

2.设计难

教学设计是一项专业工作，业务专家基本是门外汉。诸如系统化教学设计、敏捷式课程开发，他们都不是十分了解。

3.成果繁

培训部门对课程成果的要求程度不同。许多企业要求一门课程要提供课程大纲、授课 PPT、讲师手册、案例、练习和学员手册六项要件，写作量巨大。如果要制作成电子微课，还需要进行电子化设计。

4.时间紧

作为业务骨干，本职工作已经非常繁重，开发课程需要占用许多时间。还有一个问题是，占用工作时间过长会带来与本职工作的冲突，占用业余时间过多会带来与家庭生活的冲突。同时，情境微课是为了解决企业热点和痛点问题，过长的开发时间也会降低课程的时效性。

这些问题事实上是对开发方法提出了挑战，具体来说，就是业务专家在开发情境微课时需要简化的流程步骤、通俗易懂的开发方法、可以直接套用的模板工具和可以直接参考的典型范例。这也正是情境微课开发需要解决的问题。

（三）情境微课开发的三种驱动

情境微课开发主要有三种驱动力，或者称为三种应用方向，也就是"新""关""痛"。新是指企业需要推广新产品、新政策、新技术等，结合员工应用场景来开发对应的情境微课可以助力学习落地，如新产品推广。"关"是指即使没有业务政策变化，在企业日常生产经营活动中同样存在关键客户开拓与服务、关键流程执行、关键项目管理等任务场景，这些场景除了标准作业流程和方法之外，还会有许多关键环节需要强化，这也可以开发出对应情境微课，如关键客户服务。"痛"是指在日常经营活动中会出现一些业务痛点，例如，关键客户流失、瓶颈工序严重影响产量和质量、某个设备故障引起整个系统问题等。企业内部有专家，也有力挽狂澜转危为安的案例，通过梳理这些典型案例开发出相关情境微课就可以助力消除痛点。

（四）情境微课的开发模式

在情境微课开发过程中，企业一般会采取两种模式。

一种是个人经验分享式。常见模式是专家案例分享课程，这种模式简单易于操作。通常是一个业务专家结合自身典型案例进行个人复盘，总结其经验教训或方法窍门后，利用简单课件工具就可以制作完成。企业通过鼓励专家和更多人分享，经过简单制作就可以获得大量微课。尽管质量参差不齐，但是可以通过评价、点赞等机制筛选出一批有水准的课程，然后进行深度萃取。

另一种是组织经验萃取式。常见模式是组织一批专家通过头脑风暴、焦点小组、世界咖啡等多种形式对组织经验进行深度萃取，最终形成可以复制的策略、方法、工具、诀窍等，同时输出具有典范和对比效应的正、反案例。这种情境微课质量高，但是开发难度明显比第一种大。

企业可以结合内部专家数量和现有知识积累程度来决定采取哪种模式。关于以上两种情境微课开发模式的比较情况详见表7-1。

表7-1　情境微课两种开发模式对比

不同点　模式	个人经验分享式	组织式经验萃取式
人员投入	一位专家	多位专家＋辅导者
萃取深度	个人结合自身典型案例进行经验、教训总结	结构化方法论，结合多位专家经验提炼出可复制的流程步骤、工具、方法、典型案例等
教学设计形式	以案例分享为主，不需要太多互动设计	包含微目标、微视频、微练习、微评估在内的系统化学习要件
开发难度	较低	较高

（五）情境微课模式开发流程

情境微课模式开发流程一般包括四个阶段。首先要理解每个阶段要完成的任务，然后在每个阶段内展开具体行动。

第一阶段：聚焦情境。这个阶段核心任务是考虑清楚课程要聚焦在哪个热点问题或者痛点问题上进行开发。聚焦是核心，选择的情境、问题、挑战越具体，提炼的"干货"才越有针对性，授课者才能在短时间内讲清楚、讲透彻，学习者才能有收获。

第二阶段：萃取知识。这个阶段核心任务是提炼"干货"，也就是解决特定情境下痛点或挑战的策略、方法、工具。萃取的关键是要围绕挑战和痛点展开。因为挑战和痛点背后隐藏着专家的经验和知识，这些内容才是真正的"干货"。提炼的逻辑是先明确挑战、分析成功或失败个案背后的经验教训，再将其提炼成结构化的工作方法。

第三阶段：设计大纲。这个阶段核心任务是解决转化问题，就是想清楚如何把提炼好的知识从专家转移到学习者上。相关学者提出了运用一勾（勾兴趣）、二学（学方法）、三练（练本领）、四查（查收获）的快速设计套路来实现这个目的。

第四阶段：开发课件。这个阶段核心任务是把设计的教学活动开发出来，也就是如何勾、如何学、如何练、如何查。相关学者也提出了许多标准模板和范例，可供业务专家直接使用和模仿。

（六）规划情境的策略

规划情境通常有两种策略。一种是自发方式。业务专家根据自己特长和兴趣爱好直接选择情境进行开发，开发了大量微课后，通过内部员工学习和点评筛选后进行梳理整合。另一种是定向招募。业务部门或培训部门主动策划微课主题，然后定向招募或组织业务专家进行深度开发，在碎片化学习的同时保证内容的系统性和价值性。

二、微课教学模式的应用

（一）开门见山式微课教学模式应用

1.开门见山式微课简介

开门见山式表示直接点明主题，不拐弯抹角。开门见山式微课表示教师在微课开始直接介绍本节微课的主要内容与学习目标。这种开讲方法能够引起学生的足够注意，便于其抓住本节课的知识脉络。通过对本节重点概念或关键问题的简介，引入知识内容，既突出了授课的重难点，又是一种微课知识引入的良好方式。

开门见山式微课即在视频刚开始就直接阐述微课题目，如"今天我们一起来学习'二进制与八进制、十六进制的数值转换'"。简洁明了，这一点微课与传统授课的过程还是有区别的，即略去课堂语言。开门见山式微课主要针对学习兴趣比较浓厚、积极性较强的学习对象。

2.开门见山式微课教学模式设计

开门见山式微课通常教学内容简洁明了，直接切入主题。开门见山式微课教学设计中，知识点的引入要能直接引起学习者的关注；知识的讲解要紧凑；教学媒体的选择要适合表现形式，注重直观形象，通俗易懂；教学总结要突出重点，还可以设置一些问题，以检验学习者的学习效果。

3. 开门见山式微课的适用场合

开门见山式微课直接点明主题，明示讲解的主要内容与学习目标。这种方法能够引起学习者的足够注意，便于其抓住本节课的知识脉络。这种方式适用于主动学习的，或者是目标明确、积极向上的学习对象。

开门见山式微课适用于课程的概念阐述、重难点解析和疑惑点解析。此类微课适合在教材配套的数字资源中使用。

（二）情境式微课教学模式应用

1. 情境式微课简介

情境即情景、境地，也就是在一定时间内各种情况的相对的或结合的境况。从社会学角度讲，情境指与个体直接联系着的社会环境，与个体心理相关的全部社会事实的一种组织状态；从心理学角度讲，情境指对象和时间等多种刺激模式，对人有直接刺激作用，有一定的社会学意义和生物学意义的具体环境。综上所述，情境是指能引起人情感变化的具体的自然环境或社会环境。建构主义强调用真实背景中的问题启发学生的思维，其所指的真实背景就是情境。从学生角度看，情境可以理解为促使学生产生学习行为或从事学习活动的环境和背景，它是提供给学生思考空间的智力背景，能产生某种情感体验并诱发学生提出问题和解决问题的一种刺激事件或信息材料。

情境可分为三类：一是真实的情境，指人们身边真实而具体存在的群体和环境；二是想象的情境，指在人的意识中有的群体和环境，人与意识通过各种媒介互相影响和作用；三是暗含的情境，指某人或群体某种行为中包含的某种象征意义。构成情境的要素有目标、角色、时空、设施、阻碍因素等。

教学情境通常指具有一定情感氛围的教学活动。孔子说："不愤不启，不悱不发，举一隅不以三隅反，则不复也。"孔子的这段话，在肯定启发作用的情况下，尤其强调了启发前学生进入学习情境的重要性。所以，良好的教学情境能充分调动学生的学习主动性和积极性，激发学生思维，开发学生智力，是提高教学效果的重要途径。教学情境是指教师在教学过程中运用各种手段与方式创设的一种适教和适学的情感氛围，从而完成教学目标和任务。良好的情境可以使教学内容触及学生的情绪和意志领域，使学生的学习活动变为自己的精神需要，从而使课堂教学充满生命力。教学情境是课堂教学的基本要素，是教师教学意图的体现，而创设有价值的教学情境则是教学改革的重要追求。情境可以贯穿于整个微课，也可以是在课的开始、课的中间或课的结束。

一个好的教学情境应具备的条件：①生活性，要注重联系学生的现实生活，要充分挖掘和利用学生的经验。②问题性，提出的问题要具有一定的挑战性，以利于学生创造能力的培养。③形象性，要适合不同认知水平的学生学习，以引起学生的学习动机和兴趣。④情感性，具有激发学生情感的功效。⑤学科性，符合教学目标、教学内容、教学要求。

情境教学是指在教学过程中，依据教育学和心理学的基本原理，根据学生年龄和认知特点的不同，通过建立师生之间、认知客体与认知主体之间的情感氛围，创设适合的学习环境，使教学在积极的情感和优化的环境中开展，让学习者的情感活动参与认知活动，以期激活学习者的情境思维，从而在情境思维中获得知识、培养能力、发展智力的一种教学活动。它是利用具体的场景或所提供的学习资源以激起学习者主动学习的兴趣、提高学习效率的一种教学方法。

传统教学与情境教学的区别在于：传统教学是把存在于自然状态中，时间和空间上零散存在的知识本身抽取出来，直接呈现和传授给学生去理解记忆；情境教学是教师把自然状态的，在时间和空间上分散存在的情境，有目的地进行加工并组成有机的学习情境来组织课堂教学，学生在情境中发现问题和获取知识。不同的教学方式会产生完全不同的教学效果。传统教学中学生完全脱离知识和应用的背景，无法发现知识形成的途径，获得的知识难以应用于解决实际问题；而情境教学中的学生得到的是学习策略和方法的锻炼，获得的知识与实践紧密结合。

课堂引入重视创设情境、设置任务，以激发兴趣，关注学生的内心体验与主动参与，把学生带入与教学内容有关的情境，让他们在情境中捕捉各种信息、产生疑问、分析信息并引出各种设想，引导他们在亲身体验中探求新知，开发潜能。为此，可从以下几方面进行实践。

（1）生活实例式。

从学生熟悉的生产与生活的实际问题引入新课，能使学生感知书本知识和生活实际的紧密联系，从而激发学生的求知欲望。例如，在学习数据库时，可以让学生思考如何整理归纳班级学籍信息，如姓名、年龄、性别、籍贯和科目成绩等，从而引出建立学籍管理数据库。

（2）创设悬念式。

针对微课内容精心创设任务情境，让学生的思维在情景中尽情展开，并适时设疑，利用学生的好奇心、好胜心引入新课。例如，在一场暴雨之后，汽车被大雨浸泡，车主启动发动机，发现汽车损坏，那么保险公司赔不赔车主的损失呢？带着这种悬念，学生开始学习"汽车保险与理赔"课程的"近因原则"。

（3）实验演示式。

英国教育心理学家托尼·斯托克维尔说："要想快速而有效地学习任何东西，你必须去看它、听它、感觉它。"通过实验演示或实物展示，把抽象、枯燥的内容具体化、形象化，可以使学生获得直观的感性认识，加深对学习对象的理解。例如，课前准备了废旧的硬盘、光盘、U 盘和移动硬盘等，让学生从存储介质、组成材料、容量、存取速度等各方面分辨这几种外存的区别，从而引入"外存储器"的学习。再如，请学生动手交换 A、B 杯中的可乐和橙汁，出现第 3 个空杯子的必然性，为本堂课讲解数据交换中的"中间变量"的作用打下坚实的基础。

2. 情境式微课教学模式设计

在情境式微课中，情境的创设要贴近生活，以吸引学习者，与学习者产生共鸣，增加关注度。知识的讲解要注意层次性，注重引导学习者思考。教学媒体的选择要适合表现形式，注重直观形象、通俗易懂。问题的讲解要注重情境的延续性，最终要解决情境中的问题。总结考核最好设置一些问题，以检验学生的学习效果，如果存在没有掌握的知识，可重新学习。

3. 情境式微课的适用场合

生活展现情境能使学习者直接、鲜明地感知目标，易于在观察中启发想象，比较适合认知类、思政类和素养类课程。实物演示情境具体直观，易于展示现场观摩、操作，适用于汽车、机床等实践操作类的实践操作演示。图画视频再现情境易于发现问题、分析问题、解决问题，适用于案例分析类课程，如会计、心理健康、法律基础等。虚拟仿真情境可以描述成本较高、难以演示、有安全隐患的场景，适用于医学类、SMT、网络基础、通信类、电子与电气类、数控加工模拟等课程。音乐渲染情境适用于大学语文、大学美育、体育类课程。表演体会情境可分为进入角色和扮演角色，适用于情景剧式微课的制作。语言描绘情境中，语言要具有主导性、形象性、启发性和可知性，比较适用于素养类、讨论式的课程。情境的创设要选择适合的老师、恰当的数字媒体资源，表现力较强的老师可以使用语言描绘情境。

（三）探究式微课教学模式应用

1. 探究式微课简介

《辞海》将"探究"一词解释为"深入探讨，反复研究"。探究有广义与狭义之分。广义的探究是一种积极主动的思维方式，泛指一切独立解决问题的活动；狭义的探究是专指科学探究或科学研究。简单地讲，探究就是努力寻找答案，解决问题。

美国学者彼得森认为："科学探究是一种系统的调查研究活动，其目的在于发现并描述物体和事物之间的关系。其特点是：采用有秩序的和可重复的过程；简化调查研究对象的规模和形式；运用逻辑框架做解释和预测。探究的操作活动包括观察、提问、实验、比较、推理、概括、表达、运用及其他活动。"

探究式教学，就是以探究为主的教学。具体地说，它是指教学过程中，在教师的启发诱导下，以学生独立自主学习和合作讨论为前提，以某个知识点或者技能点为基本探究内容，以学生周围的世界和生活实际为参照对象，为学生提供充分自由的表达、质疑、探究、讨论问题的机会，让学生通过个人、小组、集体等多种解难释疑尝试活动，将自己所学的知识应用于解决实际问题的一种教学形式。探究式教学就是将科学作为探究过程来讲授，让学生像科学家进行科学探究一样在探究过程中发现科学概念、科学规律，培养学生的探究能力和科学精神，找到解决问题的方法。具体包含两层意思：一是从教师角度——教学方面的研究，即探究式教学；二是从学生角度——学习层面的研究，即探究性学习。在教学过程中，教师和学生的作用是相互的，不能分开的。

探究教学模式，就是在探究教学理论的指导下，在探究教学实践经验的基础上，为发展学生的探究能力，培养其科学态度和精神，按照模式分析等方法建构起来的一种教学活动结构与策略体系。一般来说，探究教学模式包含理论基础、教学目标、操作程序与实施条件。探究教学模式表现为教学活动结构和教学策略体系的四大要素，即可操作性、顺序性、阶段性、程序性。之所以这样理解，是由于探究教学模式从发展之初就是作为教学策略出现的，更注重微观层面，因而具有可操作性；同时，探究教学模式具有特定的顺序性和阶段性，因此形成了一定的教学活动结构。教学模式的本质是程序，是对教学设计、实施、评价与反思等程序的说明。

由于探究教学是师生共同开展的教学与探究活动，因此强调教师要创设一个以"学"为中心的智力和社会交往情境，让学生通过探索发现来解决问题。探索的目的不是把少数学生培养成科学精英，而是要使学生成为有科学素养的公民。它既重视结果又强调知识获得的过程，突出以学生为中心和全体参与。因而，探究式教学更利于素质教育、创新教育的有效实施，它符合自然科学的认知规律。探究式教学的特点包括以下几方面。

（1）教学过程的主体性。探究式教学是学生在教师指导下的自主探究，在教学过程中突出了学生的主体性，教师的主导完全是为了更好地发挥学生的主体作用，并通过学生主体的充分参与、主动探究和主体的发展反映出来。

（2）探究学习的自主性。在探究式教学中，学生是在教师的指导下自主参与教学的全过程，要获取知识，靠的是自己的主动探究，而不是填鸭式的接受灌输。

（3）情境创设的问题性。问题是科学探究的动力、起点，教学中若不能提出富有吸引力和挑战性的问题，学生就很难形成强烈的问题意识，也就很难有认知的冲动性和思维的积极性。因此，问题是探究教学的关键和核心。创设的具体问题既要充分关注学生的兴趣所在，又要处理好学生倾向与教学目标之间的关系，使二者有机结合。

（4）信息交流的互动性。探究式教学强调在自主探究的基础上进行小组或班级的合作学习探究。与传统模式由教师单向的信息传递所不同的是：在课堂上师生之间、学生之间进行动态的信息交流，实现师生之间、学生之间的相互沟通、相互影响、相互补充，师生在互教互学中，形成学习的共同体；每个学生都能发挥各自的优势，获得表现的机会，从而激起探究性学习的热情。

（5）师生关系的和谐性。探究式教学尊重学生的主体地位，通过师生互动，创建活泼、积极主动的课堂教学气氛。教师的教完全是为了学生的学。师生之间民主平等，易于形成具有感染力和催人向上的教学情境，学生受到熏陶，由此激发出学习的无限热情和积极性。而缺乏交流的师生之间甚至产生严重对立的课堂教学气氛，则会抑制学生的学习热情，更甚者则使学生产生厌学情绪。

（6）教学要求的针对性。由于环境、教育、经历、主观努力和先天遗传等的不同，学生之间具有较大的个体差异，传统的教学模式无视其差异，一部分学生感到要求过低，另一部分学生又感到要求过高，造成两极分化。而探究式教学对不同层次的学生提出不同的教学要求和不同的学习任务，因材施教，教学要求有针对性，更为实现有效的课堂教学创造了条件。

（7）教学评价的激励性。探究式教学变教师独自评价为师生共同评价，自评、互评、组评、师评、综合评价相结合，既重结果又重过程。由于探究式教学分层次要求，学生在原有基础上获得不同程度的进步，既累积了知识，又开发了潜能，因而都有机会受到表扬激励，获得成功的体验，从而满足自我实现的需要。

总之，探究式微课教学设计就是指结合知识点与技能点相适应的学习内容，创设生活中的尤其与专业相关的教学情境，以问题为中心，采取合作交流的方式，在教师的引导下，学生通过实验、观察、操作、调查、信息搜索等方式，实现自主解决问题的一种教学设计。

2. 探究式微课教学设计模式

探究式教学是一种以学生为中心的教学模式，主要强调学生的主体地位，倡导学生自主、合作、科学思维的学习方式与策略。然而，在微课的教学设计中，主要以教师为主要讲解者，所以在强调师生的角色扮演方面，既可以采用学生提出问题的方式，也可以采用教师扮演学生角色提出问题的方式。探究式微课的教学设计包括提出问题、产生假设、验证假设、总结结论四个环节。

3. 探究式微课的适用场合

探究式微课适用于理论性与实践性并重的工科类课程，如数据结构、数控机床的维修、机电设备故障诊断与维修、计算机的维修、网络故障的诊断与维修等。例如，在"数据结构"或者"C语言程序设计"课中，为了更好地发挥实践教学对算法学习的促进作用，在探究式学习理论的指导下，研究并实践以学生为本，以团队协作为载体，融合任务驱动式、启发式等教学方法的教学模式，提高学生调试代码的能力。又如，在"机电设备故障诊断与维修"微课中，呈现某种故障现象可能是由哪些因素导致的，就是一个"排除假设—缩小范围—找到故障"的过程。

（四）抛锚式微课教学模式应用

1.抛锚式微课简介

建构主义"以学为主"的教学策略有支架式教学、抛锚式教学和随机进入教学三种。这三种教学策略都体现了以学生为中心的教学设计，能有效地促进学生的自主学习和对知识意义的主动建构。

抛锚式教学是指在多样化的现实生活背景中或在利用技术虚拟的情境中运用情境化教学技术以促进学生反思提高迁移能力和解决复杂问题能力的一种教学方法。抛锚式教学是一种学习框架，它主张学习者在基于技术整合的学习环境中学会解决复杂问题。在这种学习环境中，学生的学习内容和学习过程是真实的，所学结果具有较高的迁移性，从而使学生的学习变得有意义。

抛锚式教学要求建立在有感染力的真实事件或真实问题的基础上。确定这类真实事件或问题被形象地比喻为"抛锚"，因为一旦这类事件或问题被确定了，整个教学内容和教学进程也就被确定了（就像轮船被锚固定一样）。建构主义认为，学习者要想完成对所学知识的意义建构，即达到对该知识所反映事物的性质、规律以及该事物与其他事物之间联系的深刻理解，最好的办法是让学习者到现实世界的真实环境中去感受、去体验（即通过获取直接经验来学习），而不是仅仅聆听别人（如教师）关于这种经验的介绍和讲解。

由于抛锚式教学要以真实事例或问题为基础（作为"锚"），所以有时也被称为"实例式教学"或"基于问题的教学"。

抛锚式教学中的核心要素是"锚"，学习与教学活动都要围绕着"锚"来进行设计。教学中使用的"锚"一般是有情节的故事，而且这些故事要设计得有助于教师和学生进行探索。在进行教学时，这些故事可作为"宏观背景"提供给师生。由于该模式在全球范围内产生较大的影响，已得到广泛认可和应用。

抛锚式教学的基本环节包括创设情境、确定问题、自主学习、协作学习、效果评价。然而，基于微课本身是一种单向的教学，所以它在基于抛锚式微课开发时，更多的是基于真实事例或问题为基础的实例式教学。

2.抛锚式微课教学设计模式

抛锚式教学的主要目的是使学生在一个完整、真实的问题、事件或环境（具体来讲就是一个事件、一个真实的设备场景，或者是一个真实的项目）中产生学习的需要，并通过学习者共同体中成员间的互动、交流，即合作学习，凭借自己的主动学习、生成学习，亲身体验从识别目标到提出和达到目标的全过程。总之，抛锚式教学是使学生适应日常生活，学会独立识别问题、提出问题、解决真实问题的一个十分重要的途径。

3.抛锚式微课的适用场合

抛锚式微课适用于思想政治类、财经类等文科，或者素养类讲事实、说道理的系列专题微课开发。因为这种类型的课程通常能以视频、动画、图片的方式把学生引入相关的事件当中，表达方式相对单一。如果针对工科类课程，则涉及相关的实践项目，具体包括项目的展示、问题的分析、教师的相关操作与演示等。

（五）理实一体式微课教学模式应用

1.理实一体式微课简介

理实一体式微课即理论实践一体式的微课教学设计模式。其突破以往理论与实践相脱节的现象，教学环节相对集中。它强调充分发挥教师的主导作用，通过设定教学任务和教学目标，让师生双方边教、边学、边做，全程构建素质和技能培养框架，丰富理论教学与实践教学环节，提高教学质量。在整个教学环节中，理论和实践交替进行，直观和抽象交错出现，没有固定的先实后理或先理后实，而是理论中有实践演示，实践中有理论的应用，突出学生动手能力和专业技能的培养，可充分调动和激发学生的学习兴趣。理实一体式教学中主要运用讲授法、演示法、练习法。

（1）讲授法。

讲授法重点在课堂上，将项目展开并通过演示操作及相关内容的讲解后进行总结，从而引出一些概念、原理，并进行解释、分析和论证，根据教学内容，既突出重点，又系统地传授知识，使学生在较短的时间内获得构建的系统知识。讲授要求有系统性，重点突出，条理清楚。讲授的过程是说理的过程，即"提出问题—分析问题—解决问题"，做到由浅入深，由易到难，既符合知识本身的系统，又符合学生的认识规律，使学生逐步掌握专业知识。

（2）演示法。

演示法是教师在理实一体教学中通过教师进行示范性实验及示范性操作等手段使学生通过观察获得感性知识的一种好方法。它可以使学生获得具体、清晰、生动、形象的感性知识，加深对所学知识点与技能点的理解，把抽象理论和实际事物及现象联系起来，帮助学生形成正确的概念，掌握正确的操作技能。教师要根据课题选择好设备，如软件、工具、量具等。

（3）练习法。

练习法是指学生学习完理论课之后，在教师的指导下进行操作练习，从而掌握一定的技能和技巧，对理论知识通过操作练习进行验证，系统地了解所学的知识。练习时一定要掌握正确的练习方法，强调操作安全，提高练习的效果。教师要认真巡回指导，加强监督，发现错误动作立即纠正，保证练习的准确性。教师要对每名学生的操作次数及质量做好记录，以提高学生练习的自觉性，促进练习效果的提高。对于不好好操作的学生，教师要在旁边认真观摩，指出操作中的错误，及时提问，并作为平时的考核分。

理实一体式教学模式旨在使理论教学与实践教学交互进行，融为一体。采用该教学模式：一方面，可提高理论教师的实践能力和实训教师的理论水平；另一方面，教师将理论知识融于实践教学中，让学生在学中做、做中学，在学与做中理解理论知识、掌握技能，打破教师和学生的界限（教师就在学生中间，就在学生身边），能大大激发学生的学习热忱，增强学生的学习兴趣，学生边学、边练、边积极总结，能达到事半功倍的教学效果。

基于理实一体式的微课教学设计注重讲授与演示，练习环节要结合学生所学专业的情况而定。

2. 理实一体式微课教学设计模式

理实一体式微课突破理论与实践相脱节的现象，教学环节相对集中。如果实训项目过大，建议开发系列微课或者专题微课，通过实训类微课加强知识的联系与应用，也可以结合抛锚式或者探究式使用。

3. 理实一体化微课的适用场合

职业教育的特点是以学生的生活、生存技能的培养为根本目的，更多强调实践技能的训练。理实一体式微课适合职业教育电子类、电气类、机械类、汽车维修类、计算机类、机电一体化、经管类实训、物流类等众多实践性较强的专业使用，也非常适合开发系列化的专题微课。它不仅能将现场操作演示、虚拟展示、桌面操作过程等记录下来，同时也便于模仿与推广。

第四节　微课教学资源的整合

伴随终身学习的理念日益深入人心，学习化社会的日趋蓬勃发展，加之信息化社会的日新月异，现代课程的学习生命的存在及其活动的本质逐步显露出来了，作为新的课程形态的学习化课程（Curriculum for Learning）也逐步被孕育。这种学习化课程的实质是一种新型的整合课程形态，它是围绕课程的学习生命的存在及其优化活动的本质，不断超越已有的信息化微课，追求信息通信技术与课程开发的双向整合。为此，微课的整合模式逐渐生成和发展起来。

一、国外微课的资源整合

国外微课程应用平台的内容呈现形式纷繁多样，如卡通动画、现场演示、录屏讲课、真人演讲等，课程面向不同专业和年龄的学习者，时间一般为5分钟，并配有相应的字幕，方便不同国家的学习者学习。在国外，最具代表性的微课程应用平台是可汗学院和TED。

可汗学院网站为学习者提供的微课程包括数学、科学、金融学、人文科学、计算机编程、医学和实验等，其内容主要以电子黑板和教师旁白相结合的形式讲授，通常以专题的形式呈现，没有过多的导入，直接进入主题。可汗学院网站还根据不同学科设有相应的功能满足学习者的学习需要。例如，在计算机编程中，学习者除了学习基本的理论知识，还可以在线编程、新建项目、创建程序、运行项目等。

TED网站的微课程包含更多领域，分别有艺术、设计、文学、数学、哲学、宗教、科学、金融、心理学、教育、社会学和人体健康等主题和系列。内容主要以卡通动画或现场演讲的形式呈现。视频配有知识介绍和作者介绍，并被翻译成不同语言，方便更多地区的学习者使用。网站界面颜色搭配合理、内容精练扼要、知识点明确。

国外的微课程应用平台除了能播放微课程，还配有比较完善的学习支持服务，而且各具特色。

可汗学院为学习者提供的学习服务包括知识地图、自定学习计划、数据分析和在线测试。知识地图将专题知识点以地图的形式连接起来，学习者可以根据知识地图的提示由浅层次向深层次递进学习。知识地图的存在：一方面避免了因知识点的碎片化导致的学习迷航，为学习者指明了学习路径；另一方面明确指出学习知识点所需的必备技能，为学习者指明了学习任务。可汗学院为学习者提供的第二个特色功能就是在线测试。界面内容包括成绩区、作答区和帮助区，成绩区记录学习者的正确次数或积分，当学习者作答遇到困难时，可以在帮助区寻求帮助。可汗学院网站记录了学习者的测试情况并进行数据统计，将数据结果以可视化图表反馈给学习者，并根据测试结果颁发对应的"勋章"。学习者可以通过测试结果选择重新学习微课程，教师也可以查看测试数据，掌握学生的学习情况。除此之外，可汗学院网站还为学习者提供了指导和讨论服务。学习者可以在个人页面中将其他用户设置为自己的教练，学习者还可以就学习当中遇到的问题在视频播放页面发起讨论。

TED 为学习者提供的学习支持服务包括即时练习、深入挖掘、讨论、分享最有特色的个性化定制。TED 网站的个性化定制功能契合翻转课堂的教学思想。允许学习者从自身应用需求出发，修改微课程的名称、课程概况、在线配套资源等内容。把自己定制的课程页面发给朋友或学生，这样学习者就成为讲课者和动画设计师之外的第三贡献者。事实上，用户不仅仅可以定制任何一个在线的视频，还可以定制任何一个上传的视频。个性化定制课程功能使学习者不仅是课程的受益者，也是课程的贡献者。

二、国内微课的资源整合

国内微课应用平台开始于各种微课程比赛。如佛山市教育局启动的首届中小学新课程"微课"征集评审活动、教育部教育管理信息中心主办开展的中国微课大赛，这些平台中的微课程主要利用录播设备、电子白板等多媒体的教师讲授或课堂实录片段。目前，我国的微课程平台针对用户为基础教育中小学群体。

中国微课网通过组织比赛的形式向全国各省市、地区的中小学教师征集作品，内容包含语文、数学、英语、物理、化学等基础学科领域，讲授时间被控制在 10 ～ 15 分钟，微课程内容主要是以中小学课程为教学内容的传统课堂实录，除此之外还包括教师结合课件的讲解、教学设计、教学素材等资源。

微课网是北京微课创景教育科技公司联合四大教研机构，即北京市中学教研室、海淀教师进修学校、西城教研中心、东城教研中心和十余所顶级名校名师打造的专业化中小学学习网站。该网站的微课程经公司统一制作发布，针对知识点进行单独讲解，时长在 10 分钟左右。把时间充分控制在有效学习时间内，提升学习效率。

中国微课网的功能偏向于教师专业发展，为教师提供了微课制作交流区，通过评比的方式提高教师制作微课程的水平。为学生提供的学习支持服务有评论、问答、分享、收藏。整体来讲，中国微课网适合于教师群体，不适合学生使用，对学生的自主学习支持服务远远不够。

学习者可以根据自己的兴趣新建群组，可以加入其他的群组，在同一群组中，组员可以交流讨论、分享图片和视频。群组功能可以有效弥补自主学习中团队协作能力训练的缺憾，有助于提高学习者主动参与学习的主观能动性。

国内的微课程教育网站目前还处于蓬勃发展阶段，微课程应用平台的功能还不够完善，亟待解决的问题还很多。

第五节　微课教学的理念设计及实践

从微课本质构成上讲主要以微视频为主，辅助的有微教案、微课件、微练习、微点评、微反馈和微反思。对基础教育来讲，微课主要以基础的学科知识与常识学习为主。例如，安全常识的学习可以通过讲解安全知识并配合微练习达到微课教学的目的，学科知识则通过理论的讲解，结合微课件、微练习、微反馈以及微反思达到教学效果。

一、微课教学的理念设计

（一）微课教学模式理念

1.教学模式基本概念

教学模式是在一定教学思想或教学理论指导下建立起来的较为稳定的教学活动结构框架和活动程序。作为结构框架，其突出了教学模式从宏观上把握教学活动整体及各要素之间内部的关系和功能。作为活动程序，其突出了教学模式的有序性和可操作性。"教学模式"一词最早由美国的乔伊斯（B.Joyce）和威尔（M.Weil）提出。

2.教学理念设计的类型

教学模式是教学理论的具体化，是教学实践概括化的形式和系统，具有多样性和可操作性。因此，教学模式必须要与教学目标契合，考虑实际的教学条件。对不同的教学内容选择不同的教学模式。美国学者乔伊斯（B.Joyce）和威尔（M.Weil）根据教学模式是指向人类自身还是指向人类学习，把它们分成了四大类：信息加工类、社会类、个体类、行为类。

（1）信息加工模式。

信息加工模式就是按认知方式和认知发展调整教学，其目标是帮助学生成为更有能力的学习者，教学的最终目的是要揭示大脑记忆、学习、思维、创造等的机制。此模式包括归纳思维模式、概念获得模式、图文归纳模式、科学探究及其训练模式、记忆模式、讲授模式。

（2）社会模式。

社会类模式以不同的思想和个性相互作用而产生的协同作用为依据，强调人的社会属性，使人习得社会行为及社会交往，提高人的学习能力，利用合作产生的整合能量来构建学习型群体。此模式包括合作学习模式、价值观学习模式以及角色扮演模式等。

（3）个体模式。

个体模式试图帮助学习者把握他们自己的成长，强调人自出生就受到各方面的影响，形成人类的语言和为人处世，而且人自己进行积极地建构组合。因此，人们要积极地关注周围的环境和人，以得到更好的发展。此模式包括非指导性教学模式与自我认知发展模式。

（4）行为模式。

以行为模式建立的教学，强调调节学习速度、任务难度以及先前的成绩与能力，而教育者的任务则是设计出能够鼓励积极学习的教学材料和教学活动，避免消极的环境变量。此模式包括掌握学习模式、直接指导模式、模拟训练模式。

国内对教学模式的分类也很多，一般把教学模式分成三类：一类是师生系统地传授和学习书本知识的教学模式，一类是教师辅导学生从活动中自己学习的教学模式，还有一类是折中于两者之间的教学模式。

（二）信息化环境下的教学理念设计

1. 探索型教学模式

探索型教学模式主要适用于重要知识点的讲解和章节知识的梳理，是指在教师教学目标的指引下，将教学内容进行数字化处理，使学生在体验学习情境之后，以理顺知识的方式提出问题并作答。通过"情境—质疑—释疑—知新"的方式来建构当前知识。其主要步骤如下：

（1）根据学习需要，确立教学目标。

（2）将教学内容利用信息处理技术情境化。

（3）学生根据情境体验对情境信息进行初步加工。

（4）针对加工过程中的问题提出质疑。

（5）根据问题情境进行知识联系和梳理。

（6）深入理解，解答问题。

（7）指导学生进行评价，获取反馈信息。

2. 任务驱动型教学模式

根据奥苏贝尔的"学习动机内驱力"理论，先对学习者进行分析，然后以网页或课件等形式设置情境，诱发其学习动机。学习者有针对性地选择任务进行自主探究、建构知识体系。其过程大致如下：

（1）获取刺激，诱发动机。由教师进行学习者分析后，创设反差性情境，激发学生的学习动机。

（2）理性思考，查找反差。学生通过对比、交流等进行反省剖析，找准缺陷。

（3）深入探究，寻找答案。

（4）知识迁移，巩固经验。

（5）反思评价，形成体系。

（6）交流应用。

3.专题研究型教学模式

专题研究型教学模式是指在教师的指导下，学生以科研、实践等方式对某一问题进行专门探讨，最终形成结论。这种模式有利于提高学生的创新能力和实践水平，要求学生自主地搜集资料、探索规律、建构知识，以专题研究的深度、学生获取新知识的多少以及科研能力的提高程度为主要评价标准。专题研究的问题一般是课堂知识的延伸，知识跨度比较大，需要学生具有较强的综合能力和推断能力。教师应指导学生根据自己的兴趣和特长来选定主题，题目不宜过大，要有一定的事实基础或理论依据，研究要具有可行性。学生在研究过程中要分工合作，敢于提出自己的观点，要充分利用便捷的网络资源，借鉴已有经验，要满怀信心，深入研究。整个研究过程都由学生自主完成，教师仅对选题、资源等进行一般性的介入。

4.知识创新型教学模式

知识创新型教学模式是基于建构主义和人本主义学习理论的教学模式，充分体现学生的"自主"和"中心"地位，从信息获取到问题探索再到意义建构都由学生独立完成，教师只给出方向性的建议，但最终的规律体系应由教师和学生共同评议。学生的探索路径可概括为选择、揣摩、摸索、揭示、扩充。

二、微课教学理念的实践

（一）微微课教学理念的实践原则

微课是借助先进的信息技术和网络平台实现的，其积极作用不能低估。它首先表现在优质资源共享和自学的灵活性上。目前传统课堂的小班上课，由于一个学校教师水平的参差不齐，一些优秀教师所教的班有限，别的班的学生没法享受优秀教师的资源，更别说学校之间的差距更大。多年来屡禁不止的择校问题，与其说是择校，不如说是择师。虽然优质学校的硬件设施好于薄弱学校，但家长更看重的是优质学校的师资水平。而传统的手工式的教学方式，再优秀的教师也只能教几个班的课，不可能让外班外校的学生享受到这种优质资源。对于如何发挥优秀教师的讲课资源，微课可以部分解决这一问题。

1. 吸引原则

教师所开发的微课要能对"消费者"——学生形成一定的吸引力。要想让微课能够成为资源建设的一支生力军，作为微课开发者，一定要站在学生的角度来下功夫。这方面可以从微课的易学性和趣味性上"做文章"，所开发的微课应该使"消费者"流连忘返，教师要放下开发者的骄傲姿态，使得开发的微课符合学生的认知特点。"消费者"不停地反复点击观看，只有这样才能发挥出这种学习资源的效力，使学习者满载而归。

2. 效用原则

教师开发的微课要在保证"微小"的前提下，能够使得学生觉得这些微小的学习资源有用。微课开发者不要为了赶时髦或者为了哗众取宠，而在一些没有教育或者学习价值但表面漂亮的资源上做文章。这是一切微课都要参照的原则，如果没有这个原则，必然会搁浅。

3. 灵活原则

微课被引入课程教学过程中，可以是在课前、课中或者课后等节点灵活应用。在课前，学生个体自主学习微课，预先了解授课内容，便于师生在课堂上探讨问题，直至学习者掌握该知识点或技能。在课中应用微课，教师把微课当作纯粹的教学资源，在教学需要时，集中播放给学生观看，帮助学生更加形象和直观地理解重难点知识。在课后应用微课，教师课后发放微课，为学生提供可以反复学习的课程视频，保证每一个学生都能掌握课堂知识。这种方式可以帮助学生自主补习，反复学习，直到学会为止。

4. 反馈原则

微课开发、应用与交流共享之后，需要对微课程进行多元评价和微课程的教学与应用评价，为接下来微课程内容的设计与开发提供指导和参考意见。教育评价、多元评价等多种评价方法都可以用于微课程的评价，及时的评价与教学反思可以促进优秀微课的开发与共享。

（二）微课应用的范围

1. 适于教师在备课时借鉴学习

通过微课可以募集到许多优秀教师的讲课课件，这些优秀教师对课程标准的理解、对教材的分析、对课堂教学的设计都是难得的课程资源。如果教师在备课时能学习借鉴这些优秀资源，一方面可以提高个人的专业素养，另一方面可以直接借鉴学习，提高自己的教学水平。因为微视频不同于过去网上的课堂实录和优秀教案，它是以 PPT 课件的形式配以教师的讲解，对教师的备课能起到直接的启迪借鉴作用。

2. 适于转化学习困难的学生

在课堂上同样的授课时间，学习困难的学生并不能完全掌握，教师也没有时间专门去照顾这些学生。过去靠课堂笔记难以复现教师讲课的情境，现在有了微视频，学生在课后复习时可以反复观看，加深理解。学生还可以根据"微课"提出的练习题进行变式练习。由此可见，微课的应用有助于转化学习困难的学生。

3. 适于家长辅导孩子

现在家长普遍重视孩子的学习，有的家长想辅导自己的孩子苦于不能了解教师的讲课进度和要点，也有的限于文化水平而辅导不了。现在有了微课，家长在家也可以反复观看，首先自己明白，然后检查和辅导自己的孩子就方便多了。家长甚至可以通过智能手机在上班的地铁上或中午休息时间下载观看老师的微视频，提前学习，回家辅导孩子时做到心中有数。

4. 适于学生的课后复习

根据艾宾浩斯的遗忘规律，学生在课堂上学得再扎实过后不复习也会遗忘，而学生在复习时如果能够观看老师的微视频，会加深自己对教材的理解，会复现老师讲课的情景，激活记忆的细胞，提高复习的效果。所以老师在课后可以把自己的微视频放到网络上，供学生复习时参考。

5. 适于缺课学生的补课和异地学习

有些学生因病因事缺课，过后找老师补课，此时就要面对这样的情况：一方面老师不可能有时间及时给学生补课，另一方面老师补课时也不会完全像在课堂上讲得那么具体。如果有了微视频，学生即使在外地，也可以通过网络下载老师的微课自学，及时补上所缺的课程，使"固定学习"变为"移动学习"。现在笔记本电脑、平板电脑、智能手机比较普遍，携带方便，都能实现这种移动学习。

6. 适于假期学生的自学

中小学生每年的寒暑假时间都比较长，除了参加一些必要的社会实践活动外，一般老师都会布置一些预习和复习作业。如果老师能够根据学生的需要事先录制一些微课帮助学生预习或复习，也能够提高学生的自学效果。当然，用于预习的视频要区别于教师讲课的视频，不然又变成了"先教后练"的接受性学习。

（三）微课教学实践活动的策略

微课作为一个新事物，需要综合考虑学科特点、知识类型、学习者特征等影响因素，其在教学实践中的效果也需进一步探索。

1.微课教学应突破传统教学模式的思维怪圈

微课教学不必遵循传统教学线性的设计过程，它可以是一个动态的、网状的、循序渐进的、形散而神不散的教与学的过程。一个完美的教学过程应体现出控制性和释放性的统一。因此，微课应突破传统教学模式的思想怪圈，做到教师教学与学生学习的"学教并重"的统一步调，"以教师为主导，学生为主体"的"双主结合"，从而实现学生、教师、微课和技术四个实体要素动态交互的过程。

2.微课教学应打破等同于微视频教学的思想偏见

有很多教育工作者片面地认为，微课等同于包含某个知识点或者教学环节的微视频。其实不然，微课不仅包含微视频，也包括音频及多媒体文件的形式，同时还包含与教学主题相关的教学设计、素材课件、教学反思、练习测试及学生反馈、教学点评等教学支持资源。微课在教学实践中，应注重的是利用信息技术手段与某个知识点或教学环节进行深度融合，而不是拘泥于信息技术媒介的外在表现形式。

3.微课教学应注重时间与空间的连续与统一

微课为符合学习者的视觉驻留规律及其认知特点，将教学内容以片段化的方式呈现，虽有助于学习者的深度学习，但碎片化的知识对课堂内容的统一、系统化整合带来了巨大的挑战。因此，微课的设计并不是对课堂教学内容盲目地切割，而是对课程中所出现的重点、疑点、难点进行精心地信息化教学设计：在把握好知识粒度的同时，又必须确定好时间单元；在保持知识相对独立性的同时，又与实际教学内容的整体性相联系。此外，学习者应有效地使用教学支持工具，充分利用零散时间开展移动学习，做到课内正式学习与课外非正式学习的统一与连续。

4.微课教学应用于具体的教学情境

微课教学模式设计是否科学，应用效果如何，不是通过简单理论归因、专家评判就能得出的，而是需要将其应用到具体的教学情境中，对教与学的环境、条件、因素等各方面开展实证研究，才能更加科学、客观地设计、开发以及实施微课，从而提高学习者的学习效果。

因此，微课的制作与教学应用要注意以下三个方面。

（1）要与常规课程相结合。微课是对重点、难点或某个知识的解释，是常规课程的有益补充，使用时必须与课程相结合。

（2）要与课程特色相结合。微课表现的内容必须体现课程的特色，用微课作为课程的名片。

（3）要与学生的学习兴趣相结合。将学生感兴趣的、关注的知识内容用微课展示出来，这样才能吸引学生，才能获得好的学习效果。

（四）微课教学实践对多媒体的要求

1.视频技术要求

微课一般采用流媒体格式。微课码流在 128kbps ～ 2Mbps，帧速大于或等于 25FPS，电脑屏幕颜色设置为 16 位。微课启动时间要短，片头设计一目了然，进入主题快捷。微课应插入一定的字幕，一是解决教师语言表达和视频表达的难点问题，二是用文字加强对学生知识的记忆。微课进程节奏要快，片头和片尾要简短，主题部分要丰满，镜头切换和"蒙太奇"手法运用合理。视频素材不应有抖动或镜头焦距不准的情况，镜头推拉要稳定，要保证主体的亮度。背景音乐和解说要清晰，解说要用普通话，音量和混响时间适当，音乐体裁与内容要协调。微课播放时要稳定性好、容错性好、安全性好、无意外中断、无链接错误。要对微课设计相应的控制功能，使其操作方便、灵活，交互性强，人机界面简单快捷。

2.动画技术要求

除与视频技术要求相似外，动画中的配色方案要协调，颜色不夸张、不暗淡。用二维空间表现的立体层次要分明，进场和出场前后顺序不能颠倒，动画运动速度合理，视觉不应产生错觉。动画中的字幕规范，字号不宜过大或过小，字体运用合理，字幕不宜过多，以防干扰学生的注意力。动画所演示的概念、原理、结构及其他信息不应让学生产生理解错误和理解误会。动画设计应有必要的交互和链接，播放时尽量不用特殊的插件。

3.课件技术要求

课件中文字大小应符合人体工程学的要求，文字配色要与课件配色方案相符合，每个幻灯片中的文字不宜过多，只能用提纲式的文字，不能用过多的文字来代替教学内容。图形或图像应采用 JPG、GIF、PNG 等常用格式，彩色图像的颜色数不少于 256 色，对色彩要求较高的图像建议使用全真彩，灰度图像的灰度级不低于 128 级，合理使用照片和剪贴画，照片不宜占满屏幕。课件应尽可能利用图片、图表、表格、流程图、双向表、插画等。课件中动画效果不宜过多过杂，避免转移学生的注意力。

4. 艺术性标准

微课界面布局要合理、新颖、活泼、有创意，整体风格统一，色彩搭配协调、效果好，符合视觉心理。在构图上要合理组织画面，合理分割画面，主体元素突出。在色彩设计上要处理好对比与协调、变化与统一的关系。颜色不宜过多和过杂，在统一的色调中寻求变化。文字要简明扼要，提纲要突出，字体、字号和字形要与微课协调，不使用繁体字或变形字。视频拍摄的角度、视距和镜头推拉要合理，主体、光照条件和背景亮度要协调好。解说、背景音乐和音响效果要搭配好，并与视频或动画主体的时间合拍，不得相互干扰。

（五）微课教学实践活动的标准

1. 微课应符合课程教学大纲要求

微课内容要与教学内容匹配，反映教学重点、难点或关键知识点。微课要有一定的思想性、启发性和引导性，具有很好的辅助教学效果。微课要表述准确，无科学性、知识性、文字性错误。微课的教学目标不能超过教学大纲的要求，不能包括过多的教学内容，要符合课程要求及专业教学标准，符合学生认知能力水平。微课整体设计要新颖且有创意，具有较大的推广价值。

2. 微课应符合学习者的学习心理

微课应减少学生学习时间，提高学生的学习信心和兴趣，创造良好的学习情境。微课的内容要难易适中，深入浅出，适于相应认知水平的学生，要有利于激发学生学习热情，有利于学习理解，注重能力培养，注重学生的素质教育。微课应注重教学互动，能起到启发学生思考、激发学生主动学习的效果。

3. 微课应表现教师的教学艺术和教学风格

教师的教学语言要规范、清晰、准确、简明。教师的仪表要得当，教师要严守职业规范，要能展现良好的教学风貌和个人魅力。微课教学应有创意，应充分表现教师的教学艺术和教学风格。

4.微课应提供完整的教学资源

除了微课本身要有主题明确的微课程名称、片头、内容、片尾、字幕等完整的媒体文件外，微课开发者还应提供教学设计、教学课件、学生作业等其他教学资源。

第八章　计算机教育中的慕课教学

自 21 世纪以来，信息技术的快速发展不仅给人类的生活方式带来了巨大改变，而且对全球教育也产生了较为深远的影响。而慕课这一教学形式与信息技术之间的紧密结合，已经成为全球教育发展所关注的重点，慕课的兴起是时代发展对教育提出的一个新要求。

第一节　慕课的产生及发展

信息技术的发展以及互联网的普及，为人们的工作、学习、生活逐渐网络化，提供了技术层面的支持。在在线教学方面，信息技术的发展以及互联网的普及对大规模学习者突破地域的限制来获取更多的教育资源，以及为他们之间的讨论交流提供了大大的便利。斯坦福大学的计算机学家 Daphne Koller 认为技术进步使课程制作的成本降低，让在线授课这种教育方式变得更容易、更便宜，也使得以前不切实际的设想变成现实。

一、慕课的产生

慕课只有短暂的历史，但是却有一个不短的孕育发展历程，它的出现是互联网教育发展长期积淀的结果。准确地说，它可追溯到 20 世纪 60 年代。1962 年，美国发明家和知识创新者道格拉斯·恩格尔巴特（Douglas Engelbart）提出一项研究计划，号召人们将计算机技术作为一种改革"破碎的教育系统"的手段应用于学习过程之中。之后，类似的努力一直在进行着。

2007 年是慕课孕育最重要的一年。这一年秋天，美国学者戴维·维利（David Wiley）基于 Wiki 技术开发了一门开放课程——"开放教育导论"（Introduction to Open Education）。这门 3 个学分的研究生层次的开放在线课程的突出特点就在于来自世界各地的参与者（学习者）为这门课程贡献了大量的材料和内容。换句话说，也就是学习者不只是来消费这门课程，而是所有人一起在学习的过程中建设这门课程，并在建设的过程中学习这门课程。这样的设计是非常有意思的，也是很科学的。一方面，这门课程的性质决定了教师和学习者必须持开放的态度，并拿出实际的行动；另一方面，戴维·维利所选用的 Wiki 技术平台为这样的共建共享奠定了良好的基础。

同样是 2007 年，加拿大里贾纳大学（University of Regina）教育学院的亚历克·克洛斯（Alec Couros）教授开设了一门研究生层次的课程，名字叫"社会性媒介与开放教育"（Social Media & Open Education）。它始终是开放的，既面向以获得学分为目的的学习者，也面向其他任何人。这门开放在线课程的突出特点就在于来自世界各地的特邀专家都参与了课程的教学活动。

2008 年，加拿大爱德华王子岛大学的网络传播与创新主任大卫·柯米尔（Dave Cormier）与国家人文教育技术应用研究院高级研究员布莱恩·亚历山大（Bryan Alexander）联合提出了慕课的概念。同年 9 月，加拿大学者乔治·西蒙斯（George Siemens）和斯蒂芬·唐斯（Stephen Downes）应用这个概念开设了第一门慕课——"连通主义与关联知识"（Connectivism and Connective Knowledge Online Course，CCKOC）。有 25 名来自曼尼托巴大学的付费学生以及 2300 多名来自世界各地的免费学生在线参与了这门课程的学习。这门课程兼容并蓄，既借鉴了维利的开放内容和学习者参与的思想，又吸纳了克洛斯的开放教学和集体智慧的举措。不仅如此，这门课程还支持大规模学习者参与，采纳了连通主义学习理论和教学法。

在 CCKOC 课程中，所有的课程内容都可以通过 RSSFeed 订阅，学习者可以用他们自己选择的工具来参与学习：用 Moodle 参加在线论坛讨论、发表博客文章、在第二人生（Second Life）中学习、参加同步在线会议等。从那时开始，一大批教育工作者，包括来自玛丽华盛顿大学的吉姆·格姆（Jim Groom）教授以及纽约城市大学约克学院的迈克尔·布兰森·史密斯（Michael Branson Smith）教授都采用了这种课程结构，并且成功地在全球各国大学主办了他们自己的慕课。这种慕课类型基于连通主义学习理论，也称为 cMOOC，并在随后得到逐步推广，如 eduMOOC、MobiMOOC 等。

重要的突破发生于 2011 年秋天，美国斯坦福大学教授塞巴斯蒂安·史朗（Sebastian Thrun）与彼得·诺维格（Peter Norvig）把为研究生开设的"人工智能导论"课程放在了互联网上，吸引了来自 190 多个不同国家的共 16 万余名学生，并有 2.3 万人完成了课程学习，从而掀开了慕课的新篇章。

史朗是谷歌 X 实验室的创始人之一，他领导了包括谷歌眼镜、无人驾驶汽车等多项创新性技术和研究，又在教育上开辟了新的道路。2012 年 2 月，他创立了 Udacity 慕课平台。之后，Coursera、edX 等慕课平台在 2012 年相继创立并迅速发展。这类慕课也被称为 xMOOC，其高质的课程内容、短视频设计、新型测评方式、大规模学习者群体、强辐射性等特征，引起了教育、科技、商业等多领域的关注，被认为是 2012 年教育领域的重要事件之一，推动了全球开放教育运动的新发展，标志着人类文明传承和知识学习方式将发生革命性的变化。2012 年也因此被纽约时报称为"慕课元年"。

二、开放教育资源运动的发展

从开放教育资源运动的发展历程来看，慕课的产生不是偶然，而是开放教育资源运动发展中必然出现的一种新型课程模式。在教育全球化和信息化的背景下，基于"开放共享"理念的"开放教育资源"（Open Educational Resources，OER）运动是全球教育发展的重要趋势。美国麻省理工学院（MIT）从 2001 年开始启动的开放式课程（Open Course Ware，OCW）项目带动了全球开放教育资源运动。此后，在 OCW 的示范和引领作用下，开放教育资源运动不断发展和演化。同时，云计算、社会化网络媒体等的发展与成熟提供了新的信息技术环境与支持，并极大地降低了创建与共享教育资源的成本。新的开放教育资源的概念与实践模式不断进步和演化，进一步推动开放教育的研究与实践。慕课正是在这种背景下实现教育资源运动的新发展和突破，并将对人类文明传承和知识学习方式产生深刻的影响。

（一）开放式课程（OCW）

2001 年 4 月，美国麻省理工学院（MIT）校长查尔斯·韦斯特（Charles Vest）在《时代》杂志上宣布正式启动开放式课程（MIT Open Course Ware，MITOCW）项目。MIT 将利用几年的时间，将下属 5 个二级学院的 3300 门课程放在互联网上，免费供全世界任何人使用。MITOCW 项目的目标是尝试为在线学习建立一个高效的、基于标准的典范，希望其他有兴趣提供在线学习课程的院校效仿，并为他们提供经验和帮助，公开发布并且共享各自的课程材料，共同来推动课程创新运动。

此后，在美国，犹他州立大学、约翰·霍普金斯大学、塔夫斯大学、卡耐基梅隆大学、加利福尼亚大学尔湾分校、圣母大学等高校加入了这一行列。世界各个国家越来越多的高等院校纷纷仿效，相继将部分课程放到互联网上和全世界共享，如法国巴黎高科的开放式课程计划。2005 年 5 月，日本早稻田大学、东京大学等 6 所高校启动开放式课程计划，2006 年 4 月正式成立了日本开放式课程联盟，而到 2010 年 1 月，其成员就多达 40 所高校。法国"巴黎高科"（Paris Tech）由 10 个正式成员和 1 个合作成员联合组成，正式成员均为各自学术领域中法国公认的最优秀的工程研究生学校。2005 年 12 月，"巴黎高科"启动了"Paris Tech OCW"项目。

截至 2014 年 3 月，MITOCW 已经建设了 2150 门课程，全球大约有12.5 亿用户访问了开放式课程内容。根据 MITOCW 的官方统计，用户的使用情况分析如下：

开放式课程的迅速发展与多个因素有关。首先，科学技术不断进步使得教学资源的制作和提供更为简单，并且无须负担太多成本。其次，高等教育面临全球化、高龄化社会，以及高等教育机构之间的激烈竞争，需要它利用不同的教学模式来吸引更多学生。最后，习惯网络环境的数字一代人口越来越多，愿意使用和分享各种网络资源的思维也就更为普遍。

这些开放式课程具有几个共同特征：

（1）课程资源的设计开发采取自下而上的方式进行，由基金会和大学支持，由教师制作完成。

（2）资源的知识产权清晰，普遍上都遵从"知识共享协议"（Creative Commons，CC），任何人都可以通过互联网进行全球访问。

（3）除标准浏览器外，没有繁杂的技术要求。

（4）这些大学只提供课程资源，免费供全世界任何学习者和教学人员使用，无须注册、登记，不收费，也不提供学分和学位。

（二）开放教育资源（OER）

2002 年 7 月，联合国教科文组织（UNESCO）在巴黎召开了题为"开放式课程对发展中国家高等教育的影响"的论坛。在这次会议上，首次提出"开放教育资源"（OER）的概念，认为"开放教育资源是指那些通过信息通信技术来向有关对象提供的可被自由查阅、改编或应用的各种开放性教育类资源"。这些教育资源可以通过互联网免费获得，用于教育机构教师的教学和学习者的学习。此后，UNESCO 不断对 OER 的概念和内涵进行讨论和修正。2006 年，在 OER 论坛的总结报告中，UNESCO 将 OER 定义为：OER 是基于网络的数字化教材，人们在教育、学习和研究中可以自由、开放地使用这些素材。

随着技术的发展和人们对此问题理解的深入，开放共享的理念已经逐渐被公众认可，开放教育资源运动在全球范围内已蔚然成风。除了以 MITOCW 为代表的开放式课程外，开放的教科书、流媒体、测试工具、软件，以及其他一些用于支持获取知识的工具、材料和技术也纷纷被纳入开放教育资源之中。

从 OER 的分类上来看，UNESCO 认为开放教育资源包含学习资源、支持教师的资源和质量保证的资源三部分。其中，学习资源包括完整的课程、课件、内容模块、学习对象、学习支持和评价工具、在线学习社区，支持教师的资源包括为教师提供能够制作、改编和使用开放教育资源的工具及辅助资料、师资培训资料和其他教学工具，质量保证的资源是指确保教育和教育实践质量的资源。

焦建利等学者认为，从 OER 的内容和类型来看，开放教育资源可分为"开放存取的教育内容""开放的标准和协议"以及"开放的工具和平台"三部分内容。

OER 的本质特征表现在：

（1）OER 是面向教育者、学生和自学者的资源，其目的是支持人们学习、教学或研究，促进教育资源的最大共享。

（2）OER 是基于信息通信技术的数字化资源，互联网为 OER 的实施提供了技术支持和运营环境。

（3）OER 包含内容广泛，不仅包括开放的课程资料、学习内容，还包括支持学习与教学的工具、软件和技术。

（4）OER 是免费的、开放的资源，是遵循开放许可协议的资源。特别需要注意的是，OER 中的"开放"（Open）并不意味着放弃著作权或免费获取享用，而是在遵守知识共享协议的基础上的开放，即在特定的条件下将部分权利授予公共领域内的使用者的开放。

在 OER 理念的推动下，国际教育资源运动风起云涌。在我国，2003 年，教育部启动国家精品课程建设项目。2003 年 4 月 8 日，教育部发布《关于启动高等学校教学质量与教学改革工程精品课程建设工作的通知》，要求建立各门类专业的校、省、国家三级精品课程体系。

2007 年 9 月，20 位来自世界各地、从事不同职业、持不同观点的人士在南非开普敦签署了《开普敦开放教育宣言》。宣言构想出三大战略来实现开放教育资源的愿景：第一，号召广大教育工作者和学习者通过创建、提升和应用开放教育资源来积极参加这场运动；第二，呼吁作者和出版商公开发布他们的资源；第三，促使各国政府、议会以及高等教育管理者优先考虑开放教育资源的倡议、收集整理的资源以及各种思想观点等。

（三）公开课

视频公开课是开放教育资源发展过程中一种重要的网络教育形式，是指教师在自然环境下授课并与学生互动，用视频加字幕的形式记录完整的课程过程，并通过网络传播和共享。随着网络技术发展对在线高清视频点播的支持，高质高清视频课程的开发越来越受到人们的关注。2009 年，哈佛大学与波士顿公共电视台合作出资，以 3 万美元一集的成本将哈佛大学教授迈克尔·桑德尔（Michael J.Sandel）的"公正"（Justice）课程制作为高质量视频课程。该课程在互联网上的热播受到了全世界的瞩目。之后，许多高质量视频课程被制作出来并通过互联网共享，如哈佛大学的"幸福"公开课、斯坦福大学的"经济学"公开课等。目前主要的公开课资源有以下几种。

1. 可汗学院

可汗学院（Khan Academy）是由孟加拉裔美国人萨尔受·可汗（Salman Khan）于 2006 年创立的一家教育性非营利组织，由比尔和梅琳达·盖茨基金（Bill & Melinda Gates Foundation）及谷歌等公司提供经费支持，主旨是通过在线视频课程，向世界各地的人们提供免费的高品质教育。

可汗学院的内容涉及从幼儿园到大学各个层次，学科涵盖数学、物理、生物、化学、计算机科学、金融、美术等众多学科，教学影片已超过 5000 段。同时，网站还提供练习、评价、教师在教室或学校中使用的工具，包括指导者（如父母、教师、教练等）使用的工具面板以及游戏奖励机制。

可汗学院的主要特点：每段课程影片长度约 10 分钟，从最基础的内容开始，以由易到难的进阶方式互相衔接；录像使用一种电子黑板系统，教学者本人不出现在影片中；适应性学习系统，学习者可以根据自己的学习情况选择要学习的内容；每个题目都是随机产生的，如果学习者需要帮助，每个问题能被分解为一个个小步骤；根据知识点之间的依赖关系和难度情况构成知识地图；使用勋章机制，提供了多种勋章，学习者在完成相关任务后会被授予勋章，从而提高其学习成就感，增强其学习动机；练习系统记录了学习者对每个问题的完整练习内容；为教师提供课程教学数据和报告，帮助教师发掘和诊断问题，更好地做到因材施教。

2. TED

TED（Technology，Entertainment，Design，即技术、娱乐、设计）是美国的一家私有非营利机构。该机构以其组织的 TED 大会著称，这个会议的宗旨是"用思想的力量来改变世界"。TED 诞生于 1984 年，其发起人是理查德·沃曼（Richard Wurman）。2002 年起，克里斯·安德森（Chris Anderson）接管 TED，创立了种子基金会（The Sapling Foundation），并营运 TED 大会。每年 3 月，TED 大会在美国召集众多科学、设计、文学、音乐等领域的杰出人物，分享他们关于技术、社会、人的思考和探索。

由于 TED 大会演讲的主要语言为英语，造成与非英语使用者语言上的隔阂。为此，2009 年 TED 推出开放翻译计划。该计划提供英文字幕，供志愿人士翻译成各种语言，目前已有超过 100 种以上语言的翻译。

3. iTunesU

iTunesU 是苹果公司 2006 年面向全球开放的在线教育专区，提供了移动环境下强大的公开课学习资源。诸多名校，如哈佛、MIT、牛津等，都把自己的课堂的音频、视频、文档放在网上，用户可以通过 iTunesU 免费下载。

iTunesU 的特点：规模庞大的免费教育内容，涵盖上千种学科的 500000 多个免费讲座、视频、电子书和其他资源；汇集了一个课程的所有教材，包括音频和视频、电子书、教学大纲和课堂作业、教师发布的公告、PDF 文档、演示文稿等；用户只需要用手指轻轻点击，即可在 iPad、iPhone 或 iPad touch 上获得丰富的课堂体验；具有强大的笔记功能，在观看视频、收听音频或读书时，可以使用"添加笔记"功能输入记录的内容，iTunesU

会记录每条笔记在音频、视频或文本中的位置；快速共享信息，可以通过电子邮件或信息，将课程信息或课堂笔记发送给好友，并通过点击"共享"按钮的方式进行资源分享；完善的课程信息推送通知和信息同步功能，能够在新消息发布后推送给用户，并使用户的文档、笔记、重点内容和书签在所拥有的设备上保持同步更新。

苹果公司的教育生态系统中还包括 iTunesU Course Manager 课程制作工具和 iBooks Textbooks 互动出版物等。iTunesU Course Manager 目前已经在全球 70 个国家上线，能帮助教师在 iTunesU 应用上创建课程并向学生分发或进行公开分享。iBooks Textbooks 是面向 iPad 用户和教育市场的电子出版物，为用户提供了多样化的阅读体验，并可以进行笔记标记、添加书签等操作。

4. 网易公开课

2010 年 11 月 1 日，网易推出"全球名校视频公开课项目"，首批 1200 集课程视频上线，其中有 200 多集配有中文字幕。目前，网易公开课已经包含国际名校公开课、中国大学视频公开课、TED、可汗学院、Coursera 等栏目，用户可以在线免费观看来自国内外的公开课课程。

5. 精品视频公开课

2011 年 10 月，教育部在国家精品课程建设项目实施的基础上，决定开展国家精品开放课程建设工作。国家精品开放课程包括精品视频公开课与精品资源共享课，是以普及共享优质课程资源为目的，体现现代教育思想和教育教学规律，展示教师先进教学理念和方法，服务学习者自主学习，通过网络传播的开放课程。首批 120 门中国大学资源共享课于 2013 年 6 月 26 日正式通过爱课程网向社会大众免费开放。

三、慕课在中国的出现及发展

慕课运动在我国开展得稍晚一些，但从 2013 年起也开始发力。有人把这一年定为中国的"慕课元年"。学堂在线是清华大学研发的网络开放课程平台。它于 2013 年 10 月 10 日正式启动，面向全球范围提供在线课程。学堂在线平台合作伙伴包括北京大学、浙江大学、南京大学、上海交通大学等多所联盟高校。学堂在线除了拥有 edX 的基本视频和考试等功能之外，还为国内学生进行本土化处理，比如引进 edX 的热门课程，并配以中文字幕，以及关键词检索时可以直接定位到视频中的内容等。除国内大学的课程外，国外的合作学校包括哈佛大学、麻省理工学院、康奈尔大学、加州大学伯克利分校等，这些大学的课程都在上面。

北京大学似乎在走不建平台、只上课程的路子。2013 年 3 月北京大学启动"北大网络开放课程"建设项目，确立了 5 年内开设 100 门课的目标；同年 5 月宣布与美国 edX 签约；9 月，与 Coursera 签署协议，进一步寻求并尝试多样化的慕课平台；2013 年 10 月，北大第一批共 11 门课程上线，吸引了来自全球 100 多个国家和地区超过了 8 万人选学。到 2014 年 3 月，北大在 edX、Coursera 和学堂在线三个平台上已经推出 15 门课程，内容涉及世界文化地理、艺术、化学、计算机等多个领域。

果壳网的 MOOC 学院是果壳网旗下的一个慕课课程的学习社区。MOOC 学院收录了美国三大主流课程提供商 Coursera、Udacity、edX 的所有课程，并将大部分课程的简介翻译成了中文。用户可以在 MOOC 学院给上过的慕课课程点评打分，在学习的过程中和同学讨论课程问题，记录自己的上课笔记。果壳网是中国教育电视台在国家相关部委的支持下搭建的国家教育新媒体云计算服务平台。它是利用云计算技术、语义网络技术、新媒体技术构建的新一代以个人学习为中心的网络学习系统。果壳网是一个从国家战略层面出发，为实现无盲点的覆盖，提供卫星双向网络传输，重点解决西部和偏远地区教育资源短缺问题，最大限度地发挥国家公共教育规模效益的全民终身教育平台。目前，果壳网整合资源包括学习课件 11 万多个，新闻类视频 24 万多个。

慕课网（IMOOC）是北京慕课课科技中心成立的，是目前国内慕课的先驱者之一。其中课程包含初级、中级、高级三个阶段。另外，上海交通大学将与北京大学、清华大学、复旦大学、浙江大学、南京大学、中国科学技术大学、哈尔滨工业大学、西安交通大学、同济大学、大连理工大学、重庆大学等高校共同建立中文慕课平台，尝试跨校联合辅修专业培养模式，向社会提供在线开放课程资源。

除此之外，还有一大批商业网站推出了慕课内容或慕课平台。淘宝推出了"淘宝同学"，人人网投资了"万门大学"，YY 有"100 教育"，还有沪江网、腾讯教育等。最近，新东方与教育考试服务供应商 ATA 将成立一家合资公司，充分利用新东方在内容与平台上的实力，以及 ATA 在考试技术与测评工具方面的经验，开设一家新的在线职业教育网站。新东方也在悄悄地潜入 K12 教育领域，新东方在线成立了一个"教育信息化普及联盟"，据说该联盟已经吸引了偏远地区近千所学校加入，未来每年还将吸引 2000 所学校加入。虽然这些网站提供的产品多数都不与正规教育有关，但这些机构的跨界竞争能力很强。最彻底的竞争是跨界竞争。我们不应该低估这些商业机构，因为他们有强大的商业资源与商业利益，很可能最终把慕课推入社会的每一个角落，在慕课市场中赚到钱并生存下去。

第二节　慕课的教学形式

从教育的角度来看，慕课这种新型的在线教育模式采用什么样的课程模式？它是如何实现传统教与学活动中的教师授课、课堂练习、完成作业、参与考试、交流互动等重要环节的？慕课发展到今天，它的教育法是怎样的？慕课教学设计背后蕴含的教学原理又有哪些？从慕课推出至今，参与慕课教学的教师又是如何评价慕课的？

一、慕课的教学方法

2014 年 3 月，英国爱丁堡大学的贝涅（Sian Bayne）和罗斯（Jen Ross）在一份研究报告中指出："在过去几年里，在学术界和教育界，慕课备受关注，大量的报道、争论以及研究报告涌现出来。然而，有一个领域，在这些讨论和论证中并未得到应有的重视。而这个领域，就是慕课教学法。"

那么，慕课到底是怎么教的？慕课究竟是如何学习的？慕课发展到今天，其教学法到底是什么样的？焦建利教授结合在过去几年学习、体验、持续追踪国内外有关慕课及其研究报告的心得，从以下几个方面归纳总结了慕课教学法。

（一）分布式学习与开放教学

慕课的教与学是基于互联网的教与学，因此，慕课教学法自然离不开互联网思维的影响，Web2.0、分众、众筹、分布式学习、开放内容与开放教学等，都可以归结为慕课教学的策略与特色。

　　其实，回顾慕课的历史，慕课的分布式学习与开放教学思想可以说是贯穿始终的。2007 年，科罗拉多州立大学（CSU）的戴维·威利基于 Wiki 技术，开设了一门在线的开放课程，来自 8 个不同国家的 60 位学习者共同参与了课程的建设。该课程的学习可以说是一种产生式的学习，而不是消费式的学习，因为学习者的学习本身就是课程建设的过程。因此，其课程最大的特色可以说是开放内容。

　　同样在 2007 年，加拿大里贾纳大学的亚历克·克洛斯教授开设了一门名为"社会性媒介与开放教育"的课程。该课程邀请了来自世界各地的专家学者担任客座教授，在线参与课程与研讨。因此，该课程最大的特色可以说是开放教学。

　　而到了 2008 年，加拿大学者斯蒂芬·唐斯与乔治·西蒙斯共同开设了一门课程，名为"连通主义与关联知识"。这门课程之所以被公认为历史上第一门慕课，是因为它不仅吸收了戴维·威利的开放内容的思想，而且吸纳了亚历克·克洛斯的开放教学的思想。更重要的是，这门课程采用了连通主义的学习理论和架构，支持学习者的大规模参与。

　　回顾早期的慕课，学习当前主流慕课平台上的这些课程，不难发现慕课教学实践中的这些开放内容、开放教学、分布式学习的鲜明的 Web2.0 思想，并由此逐渐形成慕课不同于以往大学课程乃至以往在线课程与网络课程的教学法特色。

（二）带有测验题的、短小精悍的视频

　　视频作为教学材料，在远程教育与开放教育实践中的应用由来已久。然而，以往的视频课件由于缺乏互动，加之时间普遍过长，不符合互联网时代人们的认知规律和"注意力模式"。为此，短小精悍的在线教学视频开始受到人们的普遍欢迎，这也是微课盛行的原因。

　　其实，在现有的慕课平台和课程实践中，人们看到的课程视频，除了短小精悍之外，还有一个非常突出的特色就是在课程视频中嵌入测试题。嵌入了测试题的课程视频看起来似乎更加短小精悍。这些测试题既是对学习者在线学习效果的检查，同时又可以使得课程视频变得便于交互，互动性更加突出。

　　在慕课中的课程视频方面，特别值得一提的是，几乎所有的慕课都提供了短小精悍的课程简介视频，从而使得学习者在选择课程之前，对课程

的目标、内容、形式以及学习成果有一个清晰、明确的认识，而这些短小精悍的课程简介视频本身又是对这门慕课的一种宣传和营销。

其实，在传统大学里，绝大多数课程简介往往是高年级学生向低年级学生的一种口耳相传，而这种口耳相传难免会带有高年级学生自己的理解和认识，因此未必是全面的、准确的和正确的。在大学里，如果可以将慕课中的这些课程简介视频引入到现实的大学课程与教学之中，相信对于推进高等教育的混合学习有很大的帮助。

（三）同伴评分与评估

学习者是重要的学习资源。慕课作为大规模开放在线课程，学习者人数众多，少则数千人，多则几万人，甚至几十万人。如果依照以往传统学校的作业批改和评估的方法，恐怕即使授课教师放下所有的工作，每日专门负责作业的批改，要批改完所有学习者的作业，少说也得150年。

为此，同伴评分与评估是目前几乎所有的慕课平台和课程在进行学习者学业评估与评分所采用的最常见的方法。这既是慕课平台与教师团队的无奈之举——面对十五六万名学习者，的确没有更好的办法，同时又可以说是慕课教学组织的一项创造和创新之举。而这种同伴互评（Peer Assessment）为同伴评分与评估，在本质上是一种"同侪互助学习"（Peer Learning）。

"同济互助学习"是一种新型的合作学习模式。它是学习者在教师的安排指导下，被分配成互助小组，共同完成教师布置的任务。在非正式学习情境中，它是指学习者自发形成互助学习。它可以看作是学习者之间相互请教问题、开展与学习相关的情感交流、进行头脑风暴彼此启迪智慧等。

在几乎所有的慕课平台上，慕课平台管理者或课程组织者往往对学习者之间的同伴评分与评估有一些明确的、具体的和基本的规定。比如，在Coursera平台上，台湾大学欧丽娟教授讲授的"红楼梦"课程中就明确要求，每一位修读该课程的学习者都必须批改五份他人作业，同样，每份作业会有五位不同的学习者进行批改。作业批改的时间一般为作业截止日后一周，课程平台和授课教授对评分细则和扣分规定都做出了明确说明。比如，引用他人文字未注明，视同抄袭，该次作业不予计分。而每一次作业的具体细节规定，视每次作业内容的不同而不同。

一门慕课可以吸引大批学生，其中不乏一些很有经验和有素质的学习者。这些学习者可以帮助和指导那些缺乏经验的学习者。在某些情况下，学习者之间展开的同伴互评，完全可以用来协助授课教师的课程教学，并使得作业的批改者和被批改者都能从这种同侪互助中受益。当然，对于慕课的同伴评分与评估，不同的人也有不同的理解和看法。一些学者认为，当慕课迎来了如此多的学生的时候，这种"退而求其次"的同伴互评方法似乎是不得不做出的无奈之举。阿曼卡布斯苏丹大学的副教授爱莎·阿尔－哈蒂（AishaS.Al-Harthi）非常重视文化差异给同伴互评所带来的影响。她认为，"不同的文化会从不同角度看待评价、评价的需要以及给出评价的人"。在慕课中，同伴互评自然就不可避免地涉及不同文化中的人们如何对同伴进行文化假设的问题，而且与阅历丰富的教授相比，年轻的学生在文化上反而更趋保守。

（四）实践社群中知识的建构

无论参与慕课的人数多少，每一门面向全球学习者的慕课，其实都形成了一个全球性的、专门性的实践社群。

由麻省理工学院在 edX 平台上开设的"电路与电子学"课程迎来了15.5 万名学习者，而 2011 年斯坦福大学在 Coursera 平台上开设的"人工智能导论"课程则迎来了世界 199 个国家的 16 万名学习者。这两者其实分别是面向全球性的电路与电子学实践社群和人工智能实践社群。

为此，在实践社群中学习者的学习与知识建构，便成了慕课教学法和学习方法中的核心意义。假如这个观点成立，若实践社群中学习者的知识建构是慕课教学法的重要组成部分，那么，实践社群中学习者的知识建构究竟是如何发生的呢？

来自世界各地的学习者自发地走到一起，完全自觉自愿地聚集在一个慕课平台上，为了共同的主题、兴趣，在课程论坛中建立学习者之间的互信，围绕课程内容和专题，开展基于网络的协作学习与合作学习，通过对话、沟通与交流，共享彼此的隐性知识，建立共同的实践，将在线习得的隐性知识转变成每一个学习者的显性知识，运用于各自的学习、生活、工作与日常实践之中。在这样一个全球性的在线实践社群中，聚集着如此多的具有共同兴趣的人，形成了一个庞大的在线实践社群，来自世界各地的学习者在这里构建自己的知识。

2013 年 3 月，在 SXSWedu 会议的一个特别主题对话中，edX 总裁阿南特·阿加瓦尔（Anant Agarwal）描述了他自己首次教授慕课时的喜悦心情："在我的印象中，给我最大冲击的是讨论的威力。起初，面对155000个学生，晚上我简直夜不能寐，我不知道如何去回答来自学习者的问题。所以，在第二天的课程之后，到了夜里2点，我还在奋笔疾书，我在以最快的速度观看学习者之间的讨论，回答他们提出的问题。一个问题弹出来了，我正准备在键盘上打字回应他的问题。突然，在我提交答案之前，我看到另外一个同学回答了他的问题，在当时，这个同学还在巴基斯坦。他差不多准确地回答了第一个同学提出的问题。我想我可以给出一些补充。就在这个时候，另外的同学又补充了新的答案。我把自己的身子放回椅子里，心想，这简直太迷人了。我茅塞顿开……"

阿加瓦尔教授的这段描述，从一个慕课教师的角度剖析了一个在线实践社群中学习者之间的同济互助行为，也为人们勾勒出了慕课教学之中学习者在全球性的在线实践社群中的学习与知识建构历程。一门慕课的典型形象是以短小精悍的讲座视频和多项选择题为中心的。但是，人文科学、艺术、自然科学类慕课开始越来越侧重社群建构和社会性交互。对于教员来说，在这样一门课程中，教员的目标就是去建立一个学习社区。对于学习者而言，慕课学习的重要组成部分就是在实践社群中的互动与交流。因此，实践社群中知识的建构是慕课教学法中的一个重要组成部分。

（五）精熟学习

精熟学习是一种提供成功学习的"教"和"学"的方法，通过小步骤的教学、足够的练习机会、充裕的学习时间及补救教学，让学生精熟每一个学习步骤。布鲁姆认为，学生学习成就上的差异，是因为我们对每一个学生提供了相同的教学及相同的学习时间，并且没有提供个别的补救教学，致使学生的学习成就差异随着年龄增长越来越大。因此，精熟学习是一种个性化的学习。

在基于精熟学习理论的教学实践中，教师通常必须把课程分为一些小单元，每个单元包含一些精熟的特定目标。教师会告知学生每个单元的目标及标准是什么。如果学生没有达到最低精熟程度，或者虽然达到了，但是想得到进一步提升，也可以重复学习这个单元。当他们准备好时，可以做这个单元的复本测验。精熟学习的三个步骤：选定教学目标，进行全班教学，施以测验。

慕课的学习是一种精熟学习。精熟学习可以说是慕课最常见的教学法之一。作为一种远程教育与开放教育形式，慕课的教学组织形式往往包括学习者每周的阅读材料、镶嵌了测试题的视频的学习以及教师建议的其他学习活动；在许多慕课中，每周都有 2 ～ 3 场由特邀嘉宾进行的同步在线演讲，每周也都会有实时在线研讨活动。这些带有明确目标的小步骤的学习进程设计，其实就是精熟学习理论的实际应用。

（六）技术支持的在线学习

慕课作为一种大规模的、开放的在线课程，与以往的网络课程和在线课程一样，它也是一种技术支持的学习。在慕课学习之中，人们不难发现，学习者的技术素养和信息素养、学习的自觉性和自控性、学习欲望和成就动机都是必需的，也是前提性的。其中，学习者的技术素养和信息素养是慕课教学成败的一个重要因素。

加拿大学者、慕课先驱人物乔治·西蒙斯曾指出："在我讲授的所有慕课中，所使用的阅读材料和资源都反映了在这个领域内当前专家们的理解和认识。然而，我们要求学习者去超越宣示的这些知识……学习者需要创建和共享材料——博客、文章、图片、视频、作品……我们的第一门慕课……起初就是主要利用一个 MOODLE 平台的论坛为核心的。随着课程的深化，才开始交互散布于许多不同的工具和技术之中。我们最后使用了许多不同类型的交互：第二人生（Second Life）、飞鸽（Page Flakes）、Google Groups、Twitter、Facebook、Plurk、博客（Blogs）、Wiki、YouTube 以及其他几十种技术工具。"

的确，慕课不仅建立在开放学习与分布式认知的基础之上，更依赖于连通主义学习理论及其架构。因为只有借助连通主义学习理论及其架构，学习者的高品质交互和大规模参与才成为可能。而这些都离不开技术支持的在线学习。因此，技术支持的在线学习是慕课教学法的核心方法之一。

二、慕课的课程模式

在慕课的发展过程中，有基于连通主义学习理论的 cMOOC 和基于行为主义学习理论的 xMOOC 两种不同教学理念和特征的课程模式。

（一）cMOOC 课程模式

2008 年，加拿大学者大卫·柯米尔与布莱恩·亚历山大提出慕课概念。

同年 9 月，加拿大学者乔治·西蒙斯和斯蒂芬·唐斯应用该概念开设广第一门班课："连通主义与关联知识"（Connectivism and Connective Knowledge Online Course）。有 25 名来自曼尼托巴大学的付费学生以及 2300 多名来自世界各地的免费学生在线参与了这门课程的学习。这种慕课类型基于连通主义学习理论，也被称为 cMOOC，并在随后得到逐步推广，如 eduMOOC、MobiMOOC 等。但整体而言，cMOOC 的课程范围基本上还局限于教育学科相关领域。

cMOOC 的理论基础是连通主义学习理论，即知识是网络化连接的，学习是连接专门节点和信息源的过程。西蒙斯指出，cMOOC 的核心包括连通主义、知识建构、师生协同、分布式多空间交互、注重创新、同步与共鸣、学习者自我调节等。cMOOC 将分布于世界各地的授课者和学习者通过某一个共同的话题或主题联系起来，学习者通过交流、协作、构建学习网络以及进行知识学习。

在 cMOOC 课程模式中，学习者的基本学习活动：浏览课程内容与安排，注册课程；获取教师在学习网站上提供的各种类型的学习材料；参加讨论组、在线讲座等活动，参与讨论学习内容，分享个人观点；制作个人学习资源，如音频、视频等，并且进行分享；充分利用社会化网络各种工具，如微博、博客、社交网络等，进行学习活动，建立学习网络。

cMooC 课程模式的特征有：

（1）在 cMOOC 中，教师提供的资源是知识探究的出发点，教师的地位和作用与传统课堂教学不同，更多的是扮演课程发起人和协调人的角色，而非课程的主导者。课程组织者设定学习主题，安排专家互动，推荐学习资源，促进分享和协作。

（2）学习者在 cMOOC 中具有较高的自主性，学习依赖于学习者的自我调控。学习者自发地交流、协作、建立连接、构建学习网络。

（3）学习者进行基于多种社交媒体（如讨论组、微博、社会化标签、社交网络等）的互动式学习，通过资源共享与多角度交互，拓展知识的范围。

（4）学习者通过交流、协作、建立连接、构建学习网络，通过社区内不同认知的交互，进行新的知识的学习。

（二）xMOOC 课程模式

xMOOC 是慕课的一种新型发展模式，以 2012 年发展迅速的 Coursera、

Udacity、edX 等为代表。xMOOC 与 cMOOC 都是基于网络的慕课类型，但两者是具有不同应用模式的开放课程。与 cMOOC 相比，xMOOC 更接近于传统教学过程和理念。

（1）一门 xMOOC 一般会在预定的时间开始，为了及时参加课程，学习者需要提前了解课程介绍与课程安排，并进行注册。在学习过程中，也可以根据个人学习情况，退出某门课程的选课。每门课程相对传统教学的学期较短，一般为 10 周左右。慕课平台为课程实施提供了多种课程组件，包括课程视频、讨论区、电子教材、测试等。

（2）课程开始后，教师定期发布课件、作业、授课视频。这些视频不是校内课堂的录像，而是专门为了该 xMOOC 录制的，很多视频会提供多种语言字幕（如中文），以方便全球学习者学习，延伸课程的开放程度。

在 xMOOC 中，学习视频一般比较短小，而且在视频中会安排及时的问题与测试。这是为了更好地保证学习效果。由于视频学习是一种单向传递，学习者需要在没有他人监督的条件下，保持对学习内容有足够的关注与交互。通过短片段的视频并辅以及时的问题测试，可以保持学习者注意力的有效集中和对学习内容的理解。同时，这种短视频方式也有助于学习者对学习步调的把握，能够比较方便地定位到自己的学习位置。

（3）课后一般有需要完成的阅读和作业，作业通常会有截止日期，学习者应自觉、按时完成课程作业。作业成绩可以通过在线自动评分、自我评判打分、学习者同伴互评等方式获得评估。

（4）课程会安排小测试和期中、期末考试。学习者应在规定的时间内参加考试，获得考试成绩。学习者被要求遵守诚信守则，诚实而独立地完成学习、作业与考试。edX、Udacity 等主要的 xMOOC 项目也与培生（Pearson）等公司合作，使学习者能在全球分布的培生考试中心参加考试。

（5）课程网站开设有讨论组，学习者可以进行在线学习交流。课程还会组织线下见面会，使学习者进行面对面的交流活动。例如，Coursera 已经在全球 3000 多个城市组织了课程线下见面会，学习者可以根据自己的地域选择加入邻近的线下见面会，进行面对面的学习交流，形成地区性的学习小组。

（6）完成课程并考试合格后，学生可以得到某种证书或者获取学分。

（三）cMOOC 与 xMOOC 的比较

cMOOC 与 xMOOC 两种类型在教学理念上存在不同。cMOOC 侧基于连通主义的知识建构，促进学习者的知识获取与创造；而 xMOOC 则更侧重于传统教学模式，使学生掌握课堂教学内容。在当前慕课的发展过程中，xMOOC 成为主流。

三、教学模式设计

基于慕课有两种主要的教学模式：学习者的自主学习模式与教师基于慕课所设计的翻转课堂模式。

（一）自主学习模式

慕课为用户在开放教育和终身教育环境下进行自主学习提供了有效、灵活的渠道。其课程的权威性、资源的优质性、良好的组织性与活跃的用户参与性为自主学习模式提供了良好的基础。

在这种模式下，学习者可自主安排学习活动，根据自身需求选择相关课程，通过有计划的视频观看、指导性的自觉阅读、针对性的系统练习以及个体参与互动带来的思考，完成课程的学习。这也是当前慕课教学的主要模式。通过自主学习，学习者可以及时补充、完善自有知识体系，以便能够更好地适应社会的需要。

（二）翻转课堂模式

翻转课堂模式是随着信息技术发展，特别是在线视频的丰富而逐步得到推广的。其思想是采取一种与传统的"学生白天在学校上课吸收新知识，放学回家则通过做作业来巩固"的方式相反的教学模式：学生课外观看教学视频，到学校消化巩固和融会贯通，遇到问题向老师和同学请教交流。美国林地公园高中、可汗学院等对翻转课堂的成功应用就已经证明了这种模式的价值。

慕课提供了视频等大量优质教学资源，为翻转课堂模式的应用提供了资源支持，使科技成为有效教学的促进剂。

在这种模式下，教师使用慕课的优质在线资源，与自己的教学相结合，设计混合学习方法。在课余时间，学生进行视频内容的学习，练习习题，参加论坛交流；在课堂上，进行学习内容的重点分析、知识总结，解决学生存在的问题，并进行反馈评价。翻转课堂模式赋予了学生更多的自由，把知识传授的过程放在课堂外，使学生能选择最适合自己的方式接受新知识；而把知识内化的过程放在教室内，以便学生之间、学生和老师之间有更多的沟通和交流。翻转课堂改变了传统的教学方式，增强了师生之间的交互与个性化沟通，有助于提高学生的学习兴趣与学习效果。

第三节 慕课在大数据中的应用

大数据开启了一次重大的时代转型，正在改变人们的生活以及理解世界的方式，并将给各行各业的发展模式和决策带来前所未有的革新与挑战，教育行业同样不可避免。我们已经进入了一个"数据驱动学校，分析变革教育"的大数据时代。

一、大数据与教育大数据

（一）什么是大数据

进入 2012 年，"大数据"一词越来越多地被提及。按照 Wiki 的定义，大数据是指"所涉及的数据量规模巨大到无法通过人工，在合理时间内达到截取、管理、处理，并整理成为人类所能解读的信息"。人们用它来描述和定义信息爆炸时代产生的海量数据，并命名与之相关的技术发展与创新。哈佛大学社会学教授加里·金（Gary King）说："这是一场革命，庞大的数据资源使得各个领域开始了量化进程，无论学术界、商界还是政府，所有领域都将开始这种进程。"一般认为，大数据是符合"4V"特征的数据集，即海量数据规模（Volume）、快速的数据流转和动态的数据体系（Velocity）、多样的数据类型（Variety）、巨大的数据价值（Value）。

（二）教育大数据

2013 年年底，IBM 公布了最新的未来 5 年 5 大预测。这些预测是通过对 22 万名技术从业者的调查后，由 IBM 的众多实验室合作分析得出的结论。IBM 的这 5 项预测分别是更有智慧的教室、更有智慧的商店、更有智慧的医疗、更有智慧的安全、更有智慧的城市。这些预测都是基于一个事实：机器正变得越来越有智慧，会努力去了解人，分析其中的理由，并以越来越自然和个性化的方式参与进来。这些预测的背后，其实都隐藏着大数据的身影——不仅彰显着大数据的巨大价值，更直观地体现出大数据在各个行业的广阔应用。云计算、大数据分析以及适应性学习将为这些创新提供技术支持。

教育领域的大数据反映了认知具有强大的创造性与切实的价值。大数据将给现在的教育体制带来变革：可以通过对教育大数据的获取、存储、分析，找出教学过程中存在的问题，完善教学方法，构建学习者学习行为相关模型，分析学习者的已有学习行为，并对学习者的未来学习趋势进行预测。

二、大数据与学习分析

（一）什么是学习分析

数据就像一座神奇的钻石矿，它的真实价值就像漂浮在海洋中的冰山，第一眼只能看到冰山一角，而绝大部分都隐藏在海面之下。

（1）学习分析是应用于教育领域的大数据分析技术。学习分析技术是"测量、收集、分析和报告有关学生及其学习环境的数据，用以理解和优化学习及其产生的环境的技术"。

（2）学习分析是"关于学习者以及他们的学习环境的数据测量、收集、分析和汇总呈现，以理解和优化学习以及学习情境"。

（3）通过分析学习者及其学习环境数据，运用适当的分析方法和数据模型，对数据进行解释和挖掘，通过分析结果探究与预测学习效果与绩效。在大数据环境下，学习分析是进行学习系统研究的有效方法。

（二）慕课的学习分析

慕课的应用产生了海量数据，为学习分析与教育数据挖掘研究提供了基础。Coursera在创建系统时就已经考虑到大规模的数据收集和分析，在其课程应用过程中，每个变量都会被追踪。例如，当一个学生暂停一段视频或者加快回放速度时，当学生回答一道测试题、修改作业或者在论坛上写下评论时，这些行为将被Coursera的数据库捕捉。这种从细节化层面收集的学生行为信息，为理解学习开辟了新的途径。edX项目除了建设网络教学平台，也致力于教学研究，使edX成为教育研究工具。edX研究者已经开始使用系统数据测试有关人们如何学习的假设，随着课程数量的增加，研究内容将更为广泛。通过追踪数百万名学生在线学习的过程，收集大量的关于学生如何学习的数据，并自动进行实时分析，有可能发现人类学习的新特点，实现个体层面的课程定制，提高学习系统的适应性。

1.吴恩达的"机器学习"课程

在Coursera上吴恩达教授所开设的"机器学习"课程中，他注意到大约有 2000 名学习者课外作业的答案是错误的，并且错误的答案居然是相同的。显然，他们都犯了相同的错误。错误是什么呢？吴教授通过分析，发现原来这些学生将一个算法里的两个代数方程弄反了。他对课程进行了修正，如果其他学习者还犯同样错误的话，系统不仅会告诉他们做错了，而且会提示他们去检查算法。

2.edX 课程可视化

哈佛大学和麻省理工学院对 edX 平台两校所课程的平台数据进行了分析，发布了一系列研究数据集和互动可视化工具。

3. 慕课完成率可视化

英国开放大学的研究者凯蒂·乔丹（Katy Jordan）分析了 155 门慕课数据，对课程完成率、考核方式进行分析，制作了交互式慕课信息图。信息图提供了两种表示方式：一种横坐标为课程注册人数，纵坐标为课程完成率，不同颜色表示课程的考核方式；另一种横坐标为课程授课周数，纵坐标为课程完成率，每一个信息点为一门课程，鼠标放在上面时会显示这门课程的信息。通过这些图，可以直观地看到慕课的相关数据分析，从而为慕课的改进和发展提供依据。

三、大数据与自适应学习系统

（一）什么是自适应学习系统

基于教育数据挖掘和学习分析技术，将推动自适应学习系统的构建和应用。"自适应学习"是一种利用计算机来学习的新方式，系统能够实时评估学生的思维，为每个学生自动定制个性化的学习内容和路径。在学习中，任意两个学习者都有不同的特征，如具有不同的教育背景，有着不同的智力程度、注意力范围和学习方式，以及不同的速率学习和遗忘程度等。因此，有效的学习应是针对每个学习者的个性化学习。在自适应学习的条件下，可针对每一位学习者的个性化需求进行适配。学习不是一个被动接受知识的过程，而是在解决问题的过程中主动发现知识的过程。

在典型的自适应学习系统中，学生在计算机上阅读教材并完成练习，计算机将学生学习进展情况发送至数据库。预测模型将分析这些学习数据，再结合学校或学区保存的学生的背景信息，预测学生在课堂上的表现。教师和管理员可以在操作面板上查看学生的学习进展。预测模型同时将信息反馈给自适应系统，以调整教学策略。如有必要，教师和管理员可以越过自适应系统，直接干预学生的学习内容。Knewton 是一个提供个性化教育的网络教育平台，其核心技术是自适应学习技术，通过数据收集、推断及个性化学习三个步骤来提供个性化的教学。其中，数据收集阶段会为学习内容中的不同概念建立关联，然后将类别、学习目标与学生互动集成起来，再由模型计算引擎对数据进行处理后供后续阶段使用；推断阶段会通过心理测试引擎、策略引擎及反馈引擎对收集到的数据进行分析，分析的结果将提供给建议阶段进行个性化学习推荐使用；个性化阶段则通过建议引擎、预测性分析引擎为教师与学生提供学习建议，并提供统一、汇总的学习历史。

对于学习者来说，适应性学习通过实时反馈、社区与合作、游戏化等手段，能帮助学习者增强自信，减少不适和沮丧，改善参与效果，鼓励学习者培养高效的学习习惯。对于教师来说，适应性学习能够让教师掌握学生在整个课程中的活动与表现形式，也可以深入研究一个学生的学习概况，以此来了解是什么让这个学生的学习变得艰苦，从而更好地把握学习过程，洞察学习者的学习效率、参与程度以及记忆力。

（二）慕课进化

颠覆性创新（Disruptive Innovation，也称破坏性创新）理论是由 Innosight 公司的创始人、哈佛大学商学院的商业管理教授、创新大师——克莱顿·克里斯坦森（Clayton Christensen）所提出的，旨在描述新技术所带来的革命性变革的影响。其基本过程是基于新概念或技术的新应用，以新产品或新服务替代传统产品或服务，并在相关领域产生革命性变革，从而带来新的领域性增长。

克莱顿·克里斯坦森和迈克尔·霍恩（Michael Horn）通过对慕课的分析认为，慕课是一种颠覆性的改变。以往的颠覆性改变往往由利益的下层链条发起，而此次则是由利益既得者（名校）发起。其颠覆性在于如下三个方面。

1. 非目标客户终于被包括进来

虽然与传统高校教育服务相比，慕课还有很多不足之处，但慕课的免费特征使得它可以辐射到原本无法接受高等教育的一大群用户。

2. 逐渐向中高端市场挺进

颠覆性创新往往不是一开始就跟既得利益者争夺客户，而是随着时间的推进不断优化，逐渐挺进中高端市场。最终，颠覆性产品的性能会足够好，从而让市场中的既有客户自觉地去选择它们。

3. 新定义什么叫"好"

颠覆性创新最终会改变整个市场对"品质"的定义。在现有的大学体系下，对大部分教师的评级标准都是基于他们的学术研究质量，而非他们的教学质量。但是，互联网媒体和规模化将开启新的变革。在未来，提供哪些课程将取决于雇主（这里指付费的学生），而非教师的研究兴趣。目前，慕课已经在几个方向上摆脱传统教育的束缚，逐渐演变。例如，Udacity的课程就开始发挥在线媒介的优势，从基于时间控制的学习模式转向基于个人能力的学习模式（按学生的掌握情况而非简单地依照学时推进课程）。

克里斯坦森和霍恩认为，初期的慕课还依赖于"流程化的商业模式"，即教育公司将所有内容输入聚于一端，然后将这些内容转化成价值更高的输出提供给另一端的客户。这与零售业和制造业是一样的。而慕课的意义在于有可能演化成"规模化的业务"。它将通过网络教学和教育数据，使成千上万名学生的学习机会得以实现最优化、个性化。这与简单地将教授的讲座视频放到网上是截然不同的。因此，在慕课的进化过程中，目标是要打造出交互式的课程，不仅教学生，也从学生那里得到反馈信息，这样课程内容就可以针对学生的个人能力和需求自行调整，实现自主学习。未来发展中个体的学习会变成一个连续性、终身式的过程，将对个性化具有更多的需求。在这种情况下，促进式网络（Facilitated Networks）和自适应学习（如 Knewton）这种能够为学生提供个性化学习指导的平台，就可能比现有的慕课更好地服务于学生，促进学习。

第四节　慕课在大学教学中的应用

慕课涌现，不少人惊呼，一场教育风暴来袭，传统大学面临严峻挑战。有人说，慕课来袭，标志着"象牙塔"的倒掉。edX 总裁阿南特·阿加瓦尔说，慕课是"自印刷术以来人类教育史上最大的变革"。对于慕课，我们应该心存敬畏。我们应该不断地去尝试和体验，在修读研习慕课的过程中，分析和感悟慕课的奥妙，找到慕课与以往的网络课程、在线课程之间的区别与联系。我们应该以谦虚谨慎、理性的态度，去体验和研究慕课，学习慕课。

一、慕课对大学的影响

在慕课的发展过程中，由起初的不提供证书，开始慢慢地转变为提供证书。慕课平台 Coursera 采取了配合社会规则的策略——学习者只要支付 30 到 100 美元，就可以获得知名大学的线上课程认证。不仅如此，在美国，不少高校开始认可学生在慕课中修得的学分。传统的高等教育开始面临全新的挑战。我们相信，慕课必将对大学的课程设计与开发、教学组织、学分认证、师资队伍建设等诸多方面产生重要而深远的影响。

对于传统大学而言，今天面临的重大挑战之一，就是如何利用信息与通信技术，为学生提供更加灵活多样、高效的课程与学习机会，解决教育机会和资源的不均衡问题。在美国，越来越多的大学在传统面对面课程的基础上，为学生提供在线课程，学生可以选择在校学习或在线学习。

慕课对高等教育的信息化、国际化、民主化都将产生重要而深远的影响。借助网络，向学习者提供在线课程，扩大高等教育的机会，深化大学的课程与教学改革，提升人才培养的质量，这是大学当前面临的重要课题。慕课是在线课程，它不仅能够扩大大学的知名度，提升大学的社会影响力，而且还能使其他大学"草船借箭"，优化自己的师资结构。

随着高等教育的发展，大学的招生宣传和资源优化配置迫在眉睫。所谓世界一流大学，简单地理解，恐怕一个很重要的指标就是教师队伍的国际化和生源的国际化。如果一所大学的教师队伍来自世界各地，学生来自世界各地，这样的大学通常就是国际化的大学、吸引力强的大学，也可以说是一流的大学了。对于大学而言，如果想提升其学生市场占有率、扩大影响，那么它向公众提供慕课就不失为一种有效的途径。借助网络占领高等教育市场，也是每一所世界一流大学的重要战略举措。

慕课有助于增进大学之间以及大学与政府、社会和企业之间的协同创新。慕课的创新不在于学习者可以在线接触大学教授，并不体现在同伴互动，也绝非 Wiki 式的论坛和自动评测。因为在过去几十年，大学通过远程教育和在线教育已经实现了这一点。慕课的创新之处就在于把学生个人接受高等教育的成本转嫁给了大学以及未来的雇主。

相对而言，慕课对大学的影响可能更多地表现在教学策略和教学方法方面。慕课所呈现出来的是一种课程呈现方式的变革，通过这样的方式，大学课堂将变得更加侧重互动和问题解决，而不是知识的传授。慕课的开放特性构成并彰显了其独特的创建、结构以及运作的特色，这为传统大学的课程开发、教学组织和运作提供了独特的思路。慕课模式强调知识产生于消费，产生的新知识有助于维持和发展慕课的知识生态环境。展望未来，随着越来越多的大学授予慕课学分，慕课的完成率自然就会大幅度提升。

在中国推广慕课教育模式，会面临哪些问题和困难呢？焦建利教授认为，其实所有的问题都不是问题，真正的问题不是资金的问题，不是教师队伍的问题，也不是技术平台与方法的问题，而是"软"技术问题。首先是学习内驱力和学习动机，这是最大的问题。现在，我们有国家精品课程、网易公开课，还有正在建设的中国大学视频公开课，可以说，世界开放教育资源发展到现在，已经差不多迎来了一个教育资源的大同世界。但实际上，还有很多人并不了解这些，更不知道怎么去运用，也没有要学习的意愿。其次是要学会在线参与式的学习方法。在线参与式学习方法并不是每个人都会，这需要引导和研究，需要普及和推广。要让人们知道在哪里能够找到课程，找到自己所需要的资源，并且能够利用技术来帮助自己更好地学习和提高。最后，机制问题是比较大的一个问题。这里所说的机制，其实就是政府、大学、教师、学习者、基金会、企业各方的利益权衡问题，这些还需要进一步研究才能解决。

这里以复旦大学为例。复旦大学在慕课发展上是一种 iMOOC 形式。所谓"i"，是 internal，"iMOOC"即有内在需求、内在动力的慕课。iMOOC 简单地说，就是以学生为中心，让慕课为己所用。

复旦大学的 iMOOC 有如下四个聚焦。

第一，复旦大学的慕课聚焦于课程内容。复旦大学发展慕课，不是简单地把课程搬到网上，重点是它的内容，而不是平台和市场。内容要有必需的技术支撑，但更强调课程的内容设计，强调教与学的方式，突出线上与线下的结合、教师授课与学生探究的结合，消除传统教学模式的弊病。"中国的大学要在全球慕课格局中占有一席之地，要在互联网经济大潮下有立身之本，靠的都是高质量的课程。"

第二，复旦大学的慕课聚焦于学生的学习成效。传统的教学模式是规定时间、规定地点、规定学习的内容。上一轮在线教育热潮视频公开课造就了一些明星教师，但这一轮慕课的首要目标是提高学生的学习效果，而不是展现教师的个体魅力。"建设在线课程，不是拍摄流行视频，不是教师个体和学校的形象包装工程，而必须始终将学生和学习放在第一位。"陆昉强调。

第三，复旦大学的慕课将聚焦于混合式教学改革。陆昉说："我们加入全球平台、获得运用全球慕课资源的机会、发展自己的慕课，一个很重要的目的就是抓住契机改革现有的教、学模式，在校内同步采用混合式教学模式，使复旦大学的学生能从全球学生的共同学习中获得更大收益。"据了解，所谓混合式教学，网上教学视频仅仅是学习的一部分，关键在于线下的师生交流和互动。在网络的学习中，学生是个体化的，相对自由，但真正的学习需要智慧的碰撞。所以，线下交流是慕课教学能否成功的关键。

第四，复旦大学的慕课还聚焦于课程背后大数据的教学研究。现在的慕课教学究竟能起到什么样的效果，有多大影响、多大变化？这些仍然是一个难题。陆昉认为，要研究学生的学习行为，为促进复旦大学教学模式和学习方式的改革提供有力支撑。发展慕课，不能只有线上教学实践，而是要在扎实实践和科学研究的基础上，找到提高教学质量的科学路径，这样才能更好地引领中国高等教育教学改革的方向。

二、大学慕课的推动与发展

在推动和发展慕课的过程中，不同的大学在心态、动机、目的和意图几个方面也许略有不同。一些大学积极推动慕课，意欲加入世界一流大学的行列；同时，另有一些大学则更多地着眼于深化大学自身课程与教学改革；还有一些大学，则着眼于践行时代赋予大学的使命。无论是哪种心态、动机、目的和意图，在推动和发展慕课的时候，大学都应当积极试点，不断地总结经验教训，才能保证慕课在我国的稳步推进。

在过去的几年时间里，在世界范围内，作为全球开放教育资源运动（OER）和教育信息化浪潮的一个重要部分，"大规模开放在线课程"（慕课）迅猛发展，并对包括高等教育在内的学校教育乃至社会教育产生了并正在产生着重要而深远的影响。一时间，在各国政府的教育管理者与政策制定者、教育研究人员、大学校长、教授，以及来自各行各业的慕课学习者中，既有人为之振奋，将慕课的兴起喻为"'象牙塔'的倒掉"和"大学的革命"，也有人对慕课嗤之以鼻，认为它没有什么值得惊讶的，觉得它并不会对大学产生多少影响，而更多的人则是不知所措。

面对慕课来袭，大学究竟应该如何推动和发展慕课？尤其是如何将慕课与大学自身的发展、协同创新结合起来不断提升人才培养质量，以及如何与大学所承载的社会使命等紧密地联系起来？这将成为摆在今天每一位大学校长面前的一个重要且无法回避的攻关课题。焦建利教授就大学如何推动和发展慕课给校长提出了如下八点建议。

（一）紧跟世界高等教育信息化发展趋势

就世界范围而言，普及化、国际化、信息化可谓当前高等教育的三大发展趋势。普及化使更多的人有接受高等教育的机会；国际化绝非单纯地吸收国际留学生、引进外籍教师、开展双语教学、提高教师出国比例等，它更多的是通过国际合作来提升大学知识创新和人才培养的质量；信息化则是从工具、资源、过程等系统的各个环节，以信息与通信技术来变革高等教育。世界高等教育的这三大趋势在慕课这里可以说是融于一身——它正好顺应了全球高等教育变革的普及化、国际化和信息化趋势。因此，大学校长理应紧跟世界高等教育的发展趋势，在自己的大学积极推动和发展慕课。

（二）选修一门慕课，体验尝试

常言道，要知道梨子的味道，你必须亲口尝一尝。大学校长要想知道慕课究竟会对大学教育教学变革产生怎样的影响，大学应该如何应对，应该怎样推动和发展慕课，首先要做的事情，恐怕就是选一门慕课进行学习。校长要亲自体验一下、尝试一下，哪怕因时间和精力问题无暇顾及而最后不得不辍学，也要选修一门课程。事实上，已经有一些校长在这么做了。北京大学的李晓明校长助理不仅自己修课体验，而且亲自授课，带领团队在 Coursera 上开设课程；复旦大学的陆昉副校长也亲力亲为，积极推动复旦大学的慕课发展。

（三）理性、冷静地看待慕课，既不盲从，也不漠视

其实，大学是否需要启动慕课计划，推动和发展慕课，以及为什么要推动和发展慕课，需要理性、冷静地进行思考。在如何对待慕课这个问题上，大学校长应该持一种理性、冷静的态度，既要避免盲目跟风、狂热鼓噪，也要避免麻木不仁、视而不见。校长要紧密地结合自己学校的实际，理性、有序地推动和发展慕课。

（四）深入研究在线学习、混合学习模式

大学校长不仅要了解和体验慕课，更要紧密结合全球高等教育发展的

趋势，特别是在大学教学改革的新动向、新技术、新模式方面，要不断地深化大学课程与教学改革。今天的大学不仅要有全球眼光，而且还要不断努力，为学生提供更多的、个性化的选择。为此，大学应深入研究在线学习与混合学习模式，积极探索将开放教育资源运动、世界大学名校公开课、中国大学视频公开课以及慕课之类的课程与资源运用于大学内的课堂教学改革和人才培养过程之中。大学要推动和发展慕课，首先要积极探索和研究慕课。这是当务之急，也是推动和发展慕课的前提。

（五）制定教学信息化宏观战略与政策

与推进和发展高等教育信息化一样，大学应当审时度势，立足学校自身实际，在调查研究和分析的基础上，制定切实可行的大学教学信息化宏观战略与政策。尤其是要将慕课、微课、信息技术与课程深度融合，大学课程数字化与信息化、技术支持的教师专业发展等紧密结合起来，整体布局，系统变革，循序渐进。

（六）加入大学课程联盟共建共享

慕课兴起，国内大学闻风而动。北京大学积极推动与 edX 和 Coursera 的合作；清华大学设立了大规模开放在线课程研究中心；上海华东师范大学设立了慕课中心，成立了面向中学的由国内 20 所著名中学发起的 C20 慕课联盟。许许多多的大学摩拳擦掌，积极推动和发展慕课。

2012 年 4 月，上海市教委为了实现上海各高校的课程、专业以及师生资源共享，正式发文批准成立"上海高校课程资源共享中心"。2013 年 10 月 9 日，由重庆大学等高校发起成立的、自愿结成的、非营利性、非法人、开放性的高校联盟"东西部高校课程共享联盟"理事会成立大会在北京大学中关新园举行。该联盟是在教育主管部门的指导下，为实现高校优质课程资源广泛共享而自愿结成的高校联盟。

对于国内大学而言，不仅可以与 edX、Coursera 之类的国际机构合作，将自己的课程面向世界发布，也可以在"东西部高校课程共享联盟"中共建共享。大学不仅可以借助这些联盟和平台提升自己的知名度和社会影响力，而且可以借助社会资本，深化和发展自己的课程，提高教学水平，以及不断提升自身师资队伍的质量与水平。

（七）立足校内人才培养，深化大学教学改革

大学推动和发展慕课，不应当是为了赶时髦，大学应当利用推动和发

展慕课的这一契机和举措，紧密结合自身人才培养的实际，立足自身校内的人才培养现状，不断推动校内的课程改革，深化大学教学改革，践行大学的社会使命。为此，大学推动和发展慕课应当纳入大学的整体发展战略之中加以系统考量，整体规划，应当将慕课与学校课程建设、教学改革、教师队伍建设、教学模式创新、人才培养质量之类"立校之本"的东西紧密结合起来，立足校内人才培养，深化大学教学改革。事实上，在国内大学中，已经有一些大学开始这么做了。

2014 年 1 月 16 日，复旦大学召开新闻发布会，正式宣布 2014 年 4 月 1 日复旦大学将登陆全球慕课平台 Coursera。在复旦大学副校长陆昉看来，此举标志着复旦大学对如何建设慕课、运用慕课、发展慕课达成了共识，也有了自己的思路，并迈出了实质性的一步。在接受上海教育新闻网记者的采访的时候，陆昉副校长说："我们希望一方面可以把复旦大学的课程推向社会，担负应有的社会责任；另一方面希望引领校内的教学改革，使在线教学线上线下同步进行，把慕课建设纳入常规的教学体系中去。"

（八）积极试点，总结经验，稳步推进

在推动和发展慕课的过程中，不同的大学在心态、动机、目的和意图几个方面也许略有不同。一些大学积极推动慕课，另外有一些大学更多地着眼于深化大学课程改革，还有一些大学则着眼于践行大学的使命。无论是哪种心态动机、目的和意图，在推动和发展慕课的时候，大学都应当积极试点，不断总结经验教训，稳步推进，避免"一窝蜂""瞎折腾""搞运动"。

三、大学推进慕课的路线图——四阶段八步骤

既然慕课对高等教育有着如此重要而深远的影响，那么，大学究竟应该如何推进慕课，从而使其真正为大学的教学、科研和社会服务贡献力量呢？换句话说，大学到底应该如何推进和实施慕课计划呢？

第一步，对大学管理者进行慕课相关知识普及。这一步的意义和价值是不言而喻的。因为在我们看来，大学推进慕课是一个系统工程，是全局变革，而不是局部调整。这就要求大学的管理者必须对慕课有比较系统的、整体的、充分的了解，否则，他就很难协调好大学的各个部门来协同作战，也就很难高水平、高效率地领导大学的慕课建设项目。

第二步，慕课可以促进教师专业的发展。这是一个人人为师、人人为学的时代。今天，无论是大学的教授，还是刚刚入学的大学一年级学生，或者是其他任何人，所有人都有一个共同的身份，那就是终身学习者。大学要成为一个学习型组织，不仅大学的管理者要身先士卒，大学教师也必须身先士卒。慕课变革大学教学，首先得到实惠的应当是大学教师，借助慕课之类的在线学习资源来进行终身学习，不仅是今天大学教师专业发展的重要途径，同时也是每一个社会公民的发展之路。大学要推动慕课，高水平的教师队伍是最为重要的资源。而慕课对于大学而言，首先可以被用于大学的教师队伍建设。因此，大学在推动慕课的时候，最先要启动的项目就是慕课促进教师专业发展计划。

第三步，开展教师混合学习工作坊。将慕课之类的在线学习资源用于大学的课程建设与教学改革，核心途径之一便是混合学习。因为混合学习是将面对面的教学模式与在线的教学模式结合起来，优势互补，能提升人才培养的质量。许多教育研究表明，混合学习是未来相当长一段时期内包括基础教育、高等教育和职业技术教育在内的各种教育门类中最为重要的趋势。慕课这种发端于非正式学习的学习形式，要进入大学，必然要借助混合学习模式。因此，如果教师对混合学习不了解，就不可能将慕课之类的在线学习资源应用于自己的课堂教学之中。慕课是新生事物，支持在线教与学的教学法也是全新的东西，是一线教师在接受教师教育的时候并没有学习过的全新的知识和技能。通过开展教师混合学习工作坊，可以帮助教师掌握在线学习的特点、方式方法、运作机制，也就等于将在线学习和混合学习教学法教授给了一线教师。

第四步，对教师与学生进行慕课培训。大学要将慕课应用于课堂教学，深化大学的人才培养模式，除了大学管理者要了解慕课外，教师和学生也必须要了解慕课。而在这个过程中，教师的信息化教学能力、学生的在线参与式学习的方法与技能，则是大学整体、全面推进慕课面临的最大问题。

教师必须知道慕课的原理，懂得如何借助慕课开展教学，了解慕课教学法；同样，学生也必须了解慕课，学会在线学习，懂得在线参与式学习的方式方法。唯有如此，教师才可能知道如何借助慕课提升自己的课堂教学质量，学生才可能适应在线学习和慕课这样的新的教学形式。因此，大学在推进慕课的时候，应当把教师和学生的慕课培训放在优先发展的战略地位。

第五步，开展混合学习课改试点。经过了前面几步，大学管理者了解了慕课，大学教师知道了如何用慕课组织教学，了解了混合学习教学法，大学学生掌握了在线参与式学习的方法与技巧，大学推进慕课的工作才真正到了恰当的时机。因此，到了这个时候，大学可以开始在全校，或者是各个学院系科，有选择地开展混合学习试点，让已经做好充分准备的教师在自己的课堂中尝试开展为期半年到一年的混合学习试点工作。让大学自己的教师在教授课程的同时，选择其他大学在线开设的同名慕课，将面对面的课堂教学与慕课学习有机地结合起来，深化课堂教学改革，提升人才培养的质量。经过试点，总结经验和教训，为大学全面推进基于慕课之类的在线资源进行教学改革奠定坚实的基础。

第六步，对通识公选课进行学分认证。通常，在大学的各种类型的课程结构中，最适合开展基于慕课的教学改革的课程，应当是通识教育课程和公共选修课，因为对于这些课程，学生的学习自由度比较大。学生可以在大学学习阶段的任何时候修读这些课程，获得学分。而慕课的个性化学习特色，正好可以满足通识课和公共选修课的学习。为此，大学可以由教学指导委员会对国内外著名的慕课平台以及上面开设的课程进行评估，为学生在线自主修读相关通识课和公共选修课开列清单，并进行官方的学分认证，告诉学生，若是他们修读这些平台上的这些课程，他们所在的大学是认可的。究竟是选修大学自己开设的面对面课程，还是选修国内外世界名校开设的慕课课程，学生可以自己选择；在什么时候修读，哪个学期来修，都可以由学生自己决定。只要学生能拿到学分，大学就认可他们所获得的学分。

第七步，开展国际课程合作计划。从 2014 年开始，清华大学主办的学堂在线面向全国招募国际课程合作教师，帮助国内的大学和学生学习国际慕课。同样在 2014 年，上海交通大学主办的"好大学在线"也在积极推动基于慕课的混合学习模式改革，试图让慕课"落地"于国内的大学课堂之中。采取类似举措的还包括上海的智慧树慕课平台。在笔者看来，此类做法实属国内慕课建设者的创举。这些举措其实是非常重要的推进措施，对于将国际名校的慕课整合到国内的大学课堂教学之中，以及将非正式学习的慕课整合进正式学习之中，都是具有非常重要的作用的。因此，国内大学在推进慕课的时候，如果可以加入类似的国际课程合作计划之中，对于大学的教师专业发展、课程建设、课堂教学乃至科研工作都具有极为重要而深远的意义和价值。

设想一下，一所地方大学的一位年轻教师加入国际课程合作计划之中，等于这所大学免费为这位青年教师选择了一位世界名校教师作为导师。在协助开展慕课教学的过程中，对这位青年教师专业发展的影响是不仅仅如此的。这位青年教师参与了国际名校的慕课建设和教学组织，在这个过程中，他不断地积累，不断地将在国际名校慕课中收集整理的课程资源整合于自己的课程建设之中。这对于他所在大学的课程建设而言，自然也具有极为重要而深远的意义。如果这所地方大学有更多的年轻教师参与了类似的国际课程合作计划，则这所地方大学的课程建设自然会有一个质的飞跃。可想而知，这位青年教师因为参与了国际课程合作计划，他边学边教，将在国际慕课中的教学资源、教学方法、教学策略、教学智慧直接应用于自己所在大学的课程教学之中，这对于推进这所大学的课堂教学的质量，也定会产生不可估量的作用。进一步讲，在参与国际课程合作计划的过程中，这位青年教师和世界名校慕课主讲教师在线沟通交流，与来自全国各地的其他合作教师切磋琢磨，他由此加入了一个高水平的所教授科目与领域的教师实践社群，与来自海内外的教师同行沟通交流，甚至开展基于网络的国内外合作与协作研究计划，从而将大大提升这位教师的科学研究能力与水平。

从这个意义上说，大学加入国际课程合作计划，实属一举多得之举。它对于促进大学教师专业发展，加快大学课程建设，深化课堂教学质量，提升大学科研能力和水平，完成大学的社会文化传播使命，都具有极为重要的作用。

第八步，慕课计划全面展开。慕课计划推进至此，大学全面推进慕课的所有流程就全部结束了，而大学全面推进慕课计划的时机也就完全成熟了。大学可以开设自己的慕课，也可以整合国内、国外名校的慕课。到这个时候，大学可以依据自己的课程发展战略，全面推进课程改革，整体深化课堂教学，提升人才培养的质量。

回头审视大学推进慕课路线图，不难发现，这八步大体上可以分为四个阶段：启蒙阶段、准备阶段、试点阶段、实施阶段。

第一步大学管理者慕课普及以及第二步慕课促进教师专业发展，可以看作是大学推进慕课路线图的第一阶段，称为启蒙阶段。

在第一步和第二步的基础上，推进第三步开展教师混合学习工作坊以及第四步教师与学生的慕课培训。它们可以看作是大学推进慕课路线图的第二阶段，称为准备阶段，是对大学管理者、教师、学生的能力素质上的准备。

前四步是启蒙和准备，而到了第五步混合学习课改试点，是大学推进慕课的开始。第五步可以看作是大学推进慕课路线图的第三阶段，称为试点阶段。

之后，第六步通识公选课学分认证，第七步国际合作课程计划，第八步慕课计划全面展开，这几步才是大学真正推进慕课，真正地将慕课整合进大学的人才培养计划之中。因此，这三步可以看作是大学推进慕课路线图的第四阶段，称为实施阶段。

大学推进慕课路线图的这四阶段八步骤，从理论上说，如果要达到预期效果，那它们都是不可省略的。只有按部就班、加强研究、积极试点、稳步推进，才不会落入"走过场""一阵风"的"胡折腾"局面。

第九章　移动网络课堂教学与现代教育系统改变

第一节　移动网络课堂教学与课堂教学制度的改变

有很多教师常常会问，在大规模学习的情况下，学生之间的差异性真正能得到保障吗？学生课后既要完成回家作业，又要学习微视频，这能真正减轻学生的课业负担吗？诸如此类的问题，是学校在推行翻转课堂时，不得不考虑也不得不认真研究的问题。

实践表明，如果翻转课堂仅仅是加上微视频学习这一环节，而没有在学校教学与管理的整体上加以改革的话，上述问题是有可能存在的。然而，如果学校在顶层上教学与管理流程重新加以设计，那就有可能取得良好的教育效果。

一、基于数据分析的即时走班

（一）走班制概述

所谓走班制，是指学科教师和教室固定，学生根据自己的学力和兴趣愿望，在教师指导下选择适合自身发展的层次班级而上课的一种教学制度。不同层次的班级，其教学内容和程度要求不同，作业和考试的难度也不同。

走班制是"选课制"的产物。班级授课制的诞生，大大地提高了教育效率，但是过于统一的教学要求又在很大程度上限制了学生的个性发展，无法顾及学生的个体差异。

1810 年，在德国创办的柏林洪堡大学针对当时的教育时弊提出了"学术自由"的办学原则。"学术自由"事实上又包含着"教学自由"，即教师有"教"的自由与学生有"学"的自由。"选课制"就是在这一基础上诞生的。"选课制"满足了学生的兴趣爱好，给了学生以充分的学习自主选择权，体现了学生的主体地位，赢得了学生的普遍欢迎。

学分制与走班制最初是为配合"选课制"而创设的教学管理制度。以后，它又慢慢地分化出"必修学分"与"选修学分"、"必修课走班"与"选修课走班"等多样化的形式。

学分是用来计算学生学习分量的一种单位。一个学分约等于一个学生在课堂或实验室从事一学时学术工作并且连续一个学期的量。用学分来衡量学生学习的量便是学分制。走班制则是因固定班级无法满足学生选课的需要而采取的班级管理制度。它通常采用在固定的时间、固定的教室由教师讲授课程，而学生从四面八方赶来听课学习的班级管理制度。

选课制加上学分制与走班制，形成了一套相对完整的教学管理制度，有效地提升了教学质量，受到了世界各国教育界的欢迎。在这套制度逐步完善的过程中，它也渐渐地从高等学校向高中阶段学校延伸。

走班制自20世纪90年代在我国高中出现以来，参与走班教学实验的队伍也在不断扩大。北京十一所学校打破传统分班制，实行分班走课。在该校，教室门口标牌上不再是"几年级几班"，而是学科名与教师名字。学校尊重学生课程的选择权，变一班一张课程表为学生每人一张课程表。另外，据浙江省教育厅报道，2013年前，浙江省有杭州绿城育华学校、浙师大附中、青田中学、义乌义亭中学4所学校实行必修课走班制上课。2014年，试行队伍继续扩大，增加了杭州二中、杭州师大附中、鄞州中学、温州中学、嘉兴一中、春晖中学、天台中学等7所学校。走班教学的实验在我国高中方兴未艾。

（二）走班制的优势与问题

在谈到走班制意义的时候，浙江省教育厅基础教育处副处长说："现在的中学分班是平行分班，几十位学生编入一个班级，学习程度以及对学科感兴趣程度都不一样。大家每天学同样的课程，做同样的作业，考同样的试卷。这样上课，导致程度好的人'吃'不饱，程度一般的人'吃'不好，程度差的人'吃'不了。走班制，把学习程度相近的人聚在一起，老师在授课时更有针对性。……走班制，就是每一节课让每一个学生都听得懂，这对孩子的发展很重要。"

事实上，从中外高中实行走班制教学的实践来看，这套制度有以下几方面的优势。

（1）学生获得与自己最相适宜的发展环境。这套教学管理制度克服了传统的班级授课制度几十名甚至几百名学生读同一本书、上同样的课、做同样的练习，忽略学生自身成长中发展的差异性和不平衡性等问题。一人一表的走班制能让不同兴趣爱好、不同学习基础、不同学习能力的学生获得与自己最相适宜的发展环境。

（2）学生主体地位彰显。任课教师按照学生的学习基础和接受能力、兴趣特长，确定教学活动。学生也可有的放矢地选择、安排自己的课程结构，学会了如何正确评价自己，正确估计自己的能力，并逐渐找到将来发展的方向。

（3）学生的自信心得以提升。走班制学习组织方式条件下，学生按自己的学习水平、自我发展需要、自身的兴趣和特长来选班，能增强其自信心和成就感，尝试到成功的快乐，减轻了思想压力，始终保持乐观的情绪和平衡的心态，从而都能获得不同程度的发展。

（4）扩大了学生的交往范围。这种模式加强了同学间的相互影响，有利于增强同一层次学生之间的竞争意识和合作意识。

任何事物都是利弊共存的。立足于学生选择基础上的走班制也同样存在着一定的问题。主要的一个问题是：一旦当学生在低年级选择了一门程度较低的课程，他几乎就丧失了以后另选程度较高课程的机会。在美国洛杉矶高中，该校开设的社会科学课程几乎都分三个等级，如世界地理与世界历史分为"世界地理与世界历史（初步）""世界地理与世界历史"及"世界地理与世界历史（优秀生课程）"。美国地理与美国历史也分成同样的三个等级。选修"初步"程度课程的学生没有什么资格要求，而选修"优秀生课程"的则需要平均积分点在3.3，此外还需要教师推荐。至于理科课程则有高严格要求，比如，该校选修"高等预备微积分"的要求是先修的"高等代数（Ⅱ）"获C级以上成绩或先修"三角精要"获B级以上成绩，"微积分和离散数学初步"则要求在"高等预备微积分"获C级以上成绩。这就是说，如果学生没有选修"高等预备微积分"或者选修该门课程未获得C级以上成绩的，就没有资格选修"微积分和离散数学初步"。

美国高中对这些选修课程的资格规定是不难理解的，毕竟学习是一个循序渐进的过程，没有前面的知识基础，后续的课程是很难掌握的。然而，事实上中学生心智还未完全成熟，兴趣爱好还在不断漂移，严格的选修课程资格的规定，很可能束缚了那些与"慢热型"学生。

（三）基于数据分析的即时走班

社会的进步通常都是与新技术的出现相联系的。如前所述，没有印刷术的发明，就很难有班级授课制的诞生。同样，如果没有现代数字化技术与大数据挖掘技术的支持，以慕课为代表，高效率与个性化高度统一的开放教育也是很难实现的。个性化教学建立在对学生个性充分把握的基础之上，同样，差异化教学也需要对学生的差异有足够的理解。这既包括对学生之间有什么差异的把握，又包括对学生差异程度有多大的精细分析。北京大学教育学院尚俊杰教授指出："大数据提出以后，自然也受到了教育研究者的关注，比如目前以关注学习过程为核心的学习分析（Leaning Analytics）已经成为一个研究热点，尤其在教育大数据的背景下，如何综合应用教育数据挖掘、人工智能、自然语言处理技术，对学习过程中产生的多个层次的数据进行分析，并提出针对性的学习建议策略，成为国际学术界非常关注的问题。"

由此，他特别强调："这方面MOOCs就是一个最好的试验田，因为MOOCs网站会产生海量的学习过程的数据，就可以利用数据挖掘等技术对这些海量数据进行分析，从而发现学习者学习规律和学习行为。"为学生提供个性化指导，是教育的理想追求，而大数据技术则为这一理想的实现提供了坚实的基础。

从学习规律而言，无论是西方的研究还是中国传统的经验，都说明了一个道理，即学生已知的内容决定了其可能学会的内容。奥苏贝尔曾说："如果我不得不把教育心理学的所有内容简约成一条原理的话，我会说：影响学习的最重要因素是学生已知的内容。弄清了这点后，再进行相应的教学。"这一条原理被称为是奥苏贝尔整个理论体系的核心，他所论述的一切，都是围绕这一原理展开的。我国古代教育家孔子也曾有"温故而知新""以其所知，喻其不知，使其知之"的话语，讲的也是同样的道理。

因而对学生现有学习情况的了解和把握，成了教师教学中的一个重要环节。传统的教学环境中，有经验的教师凭借其多年的教学经验，可以对班内相当一部分学生的学习情况做出较为准确的判断。即使在这样的情况下，教师也很难对班上每一位学生的学习情况做出逐一判断，何况做出的判断只能说较为准确，也不一定十分准确。对于新教师，这个问题就更加突出了。新教师虽然有较为丰富和前沿的学科知识，但是对其所教对象的学习情况，包括学习基础、学习特点以及学习需要等，很难做出准确的判断，因而也很难进行有针对性的高效教学。

当前的信息技术可以帮助教师准确捕捉、分析与呈现学生网上学习的详细情况，如学生学习了什么内容，学到了什么程度，学习某一内容时花费了多长时间，以及完整的学习进程是什么样的，等等。这些宝贵的数据信息对于分析和诊断每位学生学习的情况是有力的帮助，也给教师进一步为其提供有针对性的指导提供很好的参照。因而，郑州二中的王瑞校长曾提出：传统教育环境下，教师更像中医，教学中需凭借宝贵的经验积累，才能对学生学习情况做出大体准确的判断；而在信息技术环境下，教师可以做到像西医一样，凭借各种分析诊断报告，就能准确地对学生的学习情况做出分析，并提供有针对性的帮助和指导。因而在信息技术的帮助下，对学生学习的诊断和分析，是用数据说话，而不仅仅是凭借教师的教学经验。当然，这里比喻的不当之处，是无论学生在何种情况下都不是病人，而是健康的人，老师要做的是为其身心进一步健康地发展提供帮助和指导。

现代"学习分析"技术可以清楚地告诉教师某一群体学生学习的状况。比如，一段微视频学习以后，在后续的进阶作业中，有多少学生答对了，有多少学生没做出，有关信息会及时地反馈到教师那里，并可以用直方图等多种形式清楚地提醒教师。

当然，现代"学习分析"技术还可以对学生个体学习情况给予及时的反馈，以便学生有针对性地改进自己学习中的问题。

云计算环境下，由教学专业人员和信息技术专业人员共同设计开发的教学分析和评价系统，可以捕捉和记录学生线上学习的每点信息，并对学生的学习情况，如学习的深刻度、学习的熟练度以及由学习速度折射出的学习取向（兴趣和天赋）等做出判断。在此基础上，由系统自动地对学生第二天上课的地点做出决定，让有相同或相似学习基础、学习取向和学习需要的学生，走到同一个教室内，由相应的专门教师教学，解决其共同存在的问题，组织小组讨论，提供相似的教学指导等。

需要指出的是，这样的分班或走班有三个方面的特点。一是基于数据分析的。它是以学生线上学习过程中所呈现出的各种数据为基础的，学生每天都可能在不同的班里上课。二是及时的。即上课的地点由"学习分析"系统根据学生存在的问题进行最优化处理后实时通知学生。三是各班教学是具有强烈针对性的。比如，同样的化学课：A 班主要针对的是学生在置换反应中存在的问题；B 班主要针对复分解反应；C 班是针对学生已经充分掌握了这些知识，目标定位在拓展深化或自主探究的。这种基于数据的实时走班对提升教学质量，促进每个学生的发展，无疑有着重要的帮助。

当然，这需要数字技术的支持。对于某个知识点的学习，利用信息技术来准确地捕捉、分析和呈现每位学生的学习情况。这会给现有的教学管理带来不小的冲击和麻烦，但这是因材施教、个性化指导发展的方向和趋势，是教育规律使然。信息技术的出现，更有助于该项工作的实施。学校可以根据自身的基础和情况，从某一个年级的一至两个学科开始试点，分步实施，总结反思，逐步推进。

二、基于课下先学基础内容的课时调整

实施慕课学习和翻转课堂，在当前也被不少教师质疑，如是否会因延长学生学习时间而加重学生学习负担。在这里，有不少的疑惑需要澄清，也有不少问题有待解决。

（一）教，是为了不教

任何发展都是学生的自我发展，同样，任何学习从根本上来说都是学生的自我学习。学习，终究是学生自己的事情。只有学生能够发自内心地积极学习，学习才可能成功。因而，养成学生的自主性，既是教育的重要内容，也是教育成功的保障。在当前教育面临激烈竞争的条件下，无论是家长还是学校，都存在着对学生生活安排过度、对学生教学过度的现象。学生什么时间起床、什么时间洗漱、什么时间用早餐、什么时间到校，以及在学校的每一分钟要做什么事情都是被精心安排好的。寄宿制的学校中，学生从一起床，直到学生入睡的每一分钟，都已经被精心设计好、安排好了。在这种精心的设计与安排下，学生逐渐丧失了自主学习的能力、自主生活的能力。学习中缺乏主动性，这对其终身发展并不是好事。

叶圣陶先生的"教，是为了不教"的主张，今天更需要认真对待。教，是为了帮助学生能够更好地学习，直到学生在没有教师的情况下，也能够学习，也能够学会。学生自己学会，是教的目的。当然，提升学生学习的自主性，既需要教师教育理念的转变，也需要有教育模式和教学方法的支撑。翻转课堂的理念和模式下，知识与概念的讲解，可以在学习任务单或

学习指导书等的帮助下，让学生用看视频的方式学习。如何确保学生学习视频，这是学习取得成效的保障，也是提升学生学习自主性的保障。

为了确保学生能够深度学习视频内容，有的教师让学生看了视频之后写出对视频的评论，有的让学生完成相应的练习题，还有的是让学生对视频的内容提出 1～3 个有趣味、有深度的问题供上课时讨论，等等。这些都能帮助学生有效完成视频学习。相对于课堂上坐在座位上听老师讲解，在视频学习过程中，学生的自主学习能力更容易养成。因为这个过程的完成，需要学生积极地参与，需要认真聆听，深入思考，才能完成作业，才能提出有深度的问题，才有可能发言参与课堂上的讨论。

（二）课时调整：适度减少课堂教学时间，增加学生自学时间

翻转课堂的实施，需要以学生课前的自主学习为前提。学生课前的学习，一般是在一个人的环境下学习，学得好的可以往前进，没有听懂的可以暂停，查找其他资料，反复听讲；可以站着学，坐着学，根据学生自己的喜好，以较为休闲的方式高效地学习。可以想象，真正愿意学习的学生更加喜欢这种学习方式，而非坐在教室内安静地听讲。

在教学过程中适度增加学生自学的时间，既是培养学生自学能力的要求，也是提升学生学习效益的需要。在增加了学生自学时间的同时，又不能延长现有的学生整体的学习时间，这就要求调整现存的、被视为理所当然的每天 7 节、每节 40 分钟课堂教学制度。

变革的方式有多种，其中一个成功的案例是在"只上半天课"的山西新绛中学。该校打破了上午、下午都是老师在课堂上讲授的教学方式，而是改成：上午，学生在老师的主导下上"展示课"，学生展示自己所学；而下午和晚上的时间，学生则围绕微视频自学。课堂教学改革，不仅提升了教学效益，也减轻了老师机械劳动的负担。诚如一学生所言："学习这活儿，靠老师教不行，主要还是自己去学。"学生自学的时间增加了，堂上学生展示的活动更加活跃了，教学质量提升了，学校的改革受到了学生和教育行政部门的好评。

另一种改革方式是，改变每节课都是 40 分钟的固定模式。如果有的内容学生凭自学就能掌握好，那课堂上就不一定需要 40 分钟了，有的课可以调整至 30 分钟，甚至 25 分钟。当然各个学校、各门学科各不相同，有的课时还需要保持 40 分钟。甚至同一门课的不同内容，需要的课堂教学时间

也不一样。这节课需要 40 分钟，下节课则可能只需要 25 分钟。根据学习内容和学生需要，灵活调整，而非刻板一致的 40 分钟。

三、与多样性相关的考试评价制度改革

传统的教育评价，注重的是对评价对象的分等鉴定，主要服务于学生选拔、教师考核与奖惩以及对学校进行分等鉴定等管理目的，是一种判断优劣的总结性评价活动。随着我国基础教育的发展，人们对评价的功能与目的的认识也发生了很大变化，通过评价激励学生更好地成长，通过评价促进教师的专业发展，通过评价为学校教育质量的不断提高提供保障已成为我国基础教育界的共识。

评价具有重要的导向作用。翻转课堂作为一种在高效率基础上实现个别化教学的模式，如果没有考试与评价制度的保障，无疑会有很大的障碍。关于注重评价的诊断性与过程性的意义与价值，本书第四章已经做了详细的论述。不过，需要强调的是，仅仅有校内评价的改革是远远不够的，它还需要学校外部评价的改革。

研究表明，与学生自主性发展、学校个别化教学联系的评价也需要有多样化的评价。统一性的评价显然满足不了个别化与个性化的发展需要。这些评价有"增值评价""自身进步评价""组织质量评价"等。

（一）增值评价

增值评价，也叫附加值评价。"增值"，即一定时期的学校教育对学生成长发展所带来的积极影响。作为教育评价改革的举措，20 世纪 70 年代初期，美国东北密苏里大学推出了"增值评价"方法。该方法试图确定一定时期内学校教育活动对学生水平增加的价值。其基本假设是，学生入学时的水平与毕业时水平的差异，或学生在校期间的变化情况，可以归因于学校教育；学生变化的幅度，即"增值"的大小，可以看作是学校、课程或教师的教育成就。

这一评价思想也逐步影响到了基础教育领域，影响最大的就是美国马萨诸塞州的罗蒙内计划。2005 年，美国马萨诸塞州州长米特·罗蒙内为学校改革提出了一个计划，为表现突出的教师增加报酬。虽然在其他领域绩效工资已经是一种很普遍的做法，但是这一提议在美国的公立教育领域里却是一个开创性的举措。该计划最重要的措施是将教师工资与学生学业成

就的增值相联系：所有的教师，不管教什么科目，只要学生成绩增值较大或者得到了校长与同事的好评，就会获得 5000 美元的年终奖金。在该州获奖教师的名额不超过教师总数的 1/3。

遗憾的是，罗蒙内的计划因为受到了教师工会及民主党的抵制，时至今日该计划因为没有获得立法机关的支持，还未能在全州范围内实施。

这一评价方法在技术上是存在困难的：学生在学科考试中的分数事实上是不等值的，在百分制的情况下，一个学生从 60 分提高到 70 分，与另一学生从 85 分提高到 95 分，同样的 10 分相等吗？此外，不同学科之间的分数能够换算吗？这些问题，当时在技术上都还未得到解决。更重要的是，罗蒙内的计划加剧了教师间的竞争，这在根本上就得不到教师工会的支持。

在我国，尤其是近年来，学校争夺生源，学生择校日趋激烈，已经成了影响教育公平政策实施的巨大障碍。那些依靠优秀生源的学校，在历年的考试中几乎毫无悬念地占据着"优质校"的地位，"优质校"的品牌又帮助他们吸引了更多优秀的学生。而那些薄弱学校，甚至一般的学校对此只能望洋兴叹，无可奈何。

慕课，作为大规模在线教育的手段，其实，它提供的不仅仅是微视频那样的课程资源，而且也为各种评价技术的开发提供了大数据的支持。同时，它也需要基于数据评价说明自身在促进学生个性发展方面独特的优势。

（二）自身进步评价

不同于增值评价，自身进步的评价是一种自己与自己比较的评价。它将自身的进步情况作为评价标准，分析这一阶段与前一阶段自身发展与进步的状况。目前，世界上一些主要国家包括我国的不少政府"智库"或咨询机构常常会发表一些年度进展报告。在本质上，这些年度进展报告就是自身进步报告。

自身进步评价以评价期开始时的现状为评价标准，衡量进步情况，以及评价周期内组织或其成员取得的成就。同时，自身进步评价也要关注在评价期内，组织或其成员存在的不足。这些不足包括期望解决而未解决的问题，以及当前新出现的问题，及时地发现这些问题对组织或其成员的发展与提高是有十分重要的意义的。

当然，只是发现问题还是远远不够的，人们还希望能在发现问题的基础上找到问题背后的根源，以便使组织或成员能有针对性地改进自己的工作。大数据挖掘技术在这一方面有特殊的优势。

目前，自身进步评价已经受到了不少政府部门的重视，学校更应当充分利用现代大数据技术的优势，积极发展自身进步评价。

（三）组织质量评价

所谓组织质量评价，是对一个组织在复杂多变的社会中，适应外部环境，把握发展机遇，获得竞争优势，取得预期成果等能力的评价。

事实上，任何社会活动并非是孤立的，外部各种环境对社会活动及其效果有着重要影响。一个高质量的组织就是能够迅速有效地适应社会变化、满足顾客需要的组织。在工商界，人们不难看到，一些在 20 世纪还傲视群雄的企业，面对社会变化熟视无睹，故步自封，其结果几乎无一例外地被淘汰出局。而能引领行业改革的都是那些敏于社会变化、善于把握发展机遇的"揽局者"。

教育作为培养人的社会活动也不会例外。社会的发展对教育提出了很多新的要求，也提供了极大的发展机遇。在当今科技迅猛发展的背景下，社会各行各业都发生了极大的变化。然而，之前所引用的鲁伯特·默多克对教育的描述，不能不使人感到遗憾。为此，在当前引进组织质量评价的理念有着十分重要的意义。

教育的组织质量评价要求我们关注社会发展对人才的新要求。随着我国社会老龄化的迅速到来，环境污染的日趋严重，城镇化的加速推进，社会对人才的要求还会与 10 年前，甚至 5 年前一样吗？学校的课程设置与教学内容不需要改变吗？师生关系还不需要调整吗？尤其是随着现代科技日新月异的发展，学校的课堂教学模式与教学技术手段不需要创新，教学流程不需要重建吗？

对上述问题的不同回答与应答的行动就构成了组织质量评价的内容。在这一快速变化的时代，这是任何学校都回避不了的问题，历史将对学校的组织质量做出最终的判断。

第二节　移动网络课堂教学与教师的专业成长

任何一项改革，尤其是与课堂教学密切相连的改革，其实施成功与否，与从事教育教学的教师有着直接关系。教师是决定教学成败的关键要素。翻转课堂也不例外，教师本人对翻转课堂背后所折射的教育理念的理解，对本学科专业素养的把握，对学生的了解程度以及对课堂教学的驾驭能力，等等，都直接影响着翻转课堂实施的成效。

翻转课堂虽然有前置的视频讲解，但是翻转课堂的实施不是取消教师，更没有降低教师的作用，相反，翻转课堂对教师提出了更高的要求，期待着教师有更高的素养。

一、从知识见长走向综合素质为范

当代教育正在从"知识本位"走向"综合素质本位"，很显然，这对教师提出了更高的要求。在翻转课堂的教学模式下，知识的掌握，可以通过课前的微视频自学来完成，课堂上多出来的时间，则可以更好地让学生在探究活动中形成科学研究的态度，学会科学研究的方法和相应的技能。而社会人文学科的教学，则可以有更多的时间，让学生在展示、辩论、讨论与交流的过程中，发展学生的洞察力、思辨力和表达力，培养学生相应的情感态度价值观。

教育作为一种有目的、有组织的培育人的社会活动，事实上，它并非是随意的，也不是随便什么人可以随心所欲在课堂上发表不负责任的言论的。微视频将教师知识传授过程置于公众的监管之下，这在很大程度上保证了教学的思想性。

然而，这种时间的增多与机会的增加并不能必然地导致情感教育实效的增强。正如大家所熟知的，学生态度情感价值观的形成是建立在他们的经验与体验基础之上的。人与人之间的交往是影响学生价值观的最重要的变量。正是在这一意义上，我们说：未成年人思想道德问题的根源在成年人身上，提升学生的思想道德水平首先要提升教师的道德水平。

由于目前部分学校领导对教师师德重要性认识不足，疏于管理，责任心不强，个别教师在课堂上随心所欲地发表不负责任言论的情况还客观存在。这就是说，在翻转的课堂上，由于师生交往频率加大，部分教师不健康的思想有可能对学生产生更多负面的影响。

由此，我们可以得到结论：

第一，作为基础教育慕课载体的微视频对推动学科教学领域中的思想道德教育将有重要促进作用。

第二，翻转课堂将为师生之间与生生之间的深度互动提供更多的时间与空间，这一深度互动将极大地影响态度情感价值观的教育。

第三，慕课的实施对教师的思想道德提出了更高的要求。

作为教师，当然要以学科素养见长，但更要有高水平的思想道德修养。所谓"学高为师，身正为范"，就是说，这两者都是不可偏废的。遗憾的是：在部分中小学，学校领导重教师的学科素养，而轻教师的师德修养，这对培养学生全面发展的综合素质是极为不利的。

综合素质导向的教育需要综合素养为范的教师，除了对学科知识有深入的掌握外，在翻转的课堂上，教师还应当有组织学生从事项目探究和问题解决的能力，要有正确引导学生情感态度价值观发展的意识，并以自己的言行促进学生思想道德的发展。

二、从自我中心走向学生中心

长期以来，中小学教师尤其是年轻教师，在教学过程中比较关注如何教的过程：如何备课、如何上课、如何批改、如何辅导、如何评价等。相关的教学论文章也大都围绕着如何教来展开。比较中西方的教学论的论文，人们不难发现：我国的教学论研究大多围绕如何"教"，而西方有关教学论的论文则围绕如何"学"。这一现象不能不引起我们的重视。关注如何教，对于提升教学效益当然是非常重要的，如我国的集体教研制度、师徒带教制度等，深受国内外教育同行的关注与好评。

但是教学过程中需要重视的另一方面，或者说是更为重要的方面，是学生自己的学习活动对其学习成效起着关键作用。学生是学习的主人，让学生自己对其学习负责，而不是教师或家长。一切学习都是学生自我的学习。教师的教，应着眼于如何帮助学生更好地学，如何设计与组织相关的教学资源，让学生在学习过程中更为积极、更为主动。

"从自我中心走向学生中心"，这就要求教师在设计教学微视频的过程中，始终考虑如何方便学生的学，要以学生原有的知识基础和情感基础为起点，教学过程中考虑学生的接受度，教学结束时及时反馈和校正学生的学习，为下一个阶段的学习打好基础。

更为主要的是，在翻转了的课堂上，教师的指导和辅导更是需要在教学目标引导下，基于学生学习的基础和现状来展开。在讨论和解决学生提出的问题的过程中，先要倾听学生的理解，给学生展示的时间和机会，在此基础上再有教师的引导、点拨和总结等。让所有学生在原有的基础上有进一步的发展，是翻转课堂教学的最终指向。

如何根据每个学生的学习基础，有针对性地进行指导和辅导，是一件不容易的事情。在翻转了的课堂上，由于学生事先学习了视频的内容，对知识有了一定的把握。因而，在课堂上重复讲解微视频的内容是没有意义的。在一般情况下，由于学生已经初步地掌握了相关的知识，因此，他们会在此基础上提出各种各样的问题，有的问题是教师没有想过，当场也不一定能够回答上来的问题。这样生成性、开放性的课堂，实现了课堂教学从"预定式"向"生成式"的转变。在这一模式下，课堂很可能并不再按照教师预定的程式进行，这将是对教师新的考验。

走向学生中心，就要求教师关注学生差别化的学习，尊重并引导学生探究性、创造性地学习。

三、从孤军奋战走向团队合作

在改革之初，并不是所有的教师都意识到了翻转课堂的重要价值和意义，也不是所有教师都有兴趣参与这一过程。因而，参与翻转课堂尝试的老师，往往自己制作教学微视频，尝试翻转课堂，探索的过程未免有些孤单。当前，翻转课堂的理念为越来越多的教育同仁所知晓，因而，实践中就具备了从孤军奋战走向团队合作的条件。教同一门学科的老师，在集体教研的基础上，根据课程标准的要求，将不同知识点讲解的任务分配给不同的教师，由他们创作教学微视频，设计进阶作业，录制好之后全体共享。与此同时，微视频录制的过程中，也可以采取团队合作的方式：资历较深的教师贡献思想和思路，设计如何教学；年纪较轻的教师则在准备、录制以及修改编辑的过程中，多劳动，多付出。当然，也可以和专门从事电教的教师一起合作，共同录制出高质量的教学微视频。

在上课的环节，同样可以采取课前集体研讨、课中相互观课、课后共同反思的方式，不断提升翻转后的课堂教学的效益。在镇江外国语学校的英语翻转课堂的观摩课上，同一节课由两个老师合作来上，一个老师负责教学过程的组织和引导，另一个老师负责教辅的管理和支持，两者相得益彰，成效更好，深受学生和同行好评。

目前，华东师范大学慕课中心与 C20 慕课联盟正在推出"名师名课工程"，组织全国的优秀学科教师，共同录制覆盖各学科知识点的教学微视频，创建高质量的微视频资源库，以供全民共享。与此同时，C20 慕课联盟每月定期召开一次全国联盟学校的翻转课堂教学观摩研讨会，共同观摩、研讨和反思如何上好各学科翻转的课堂。这也是一种更广泛意义上的团队合作方式，对高质量微视频的建设和翻转课堂的高效实施都是重要的推动。

第三节　翻转课堂与教育设施设备系统

理解了翻转课堂理念的中小学教师，会被其实施的思路和效果所打动，然而在尝试实施之际，往往会被实践中不具备相应的条件所困惑，比如，学校没有相关的数字平台支撑，不是所有学生家庭都具备网络环境和个人电脑。所以，有老师会问，如果没有这些条件，还可以实施翻转课堂的教学吗？这里的回答是肯定的，翻转课堂是一种教学模式或思想，主要是为了从以教师教为主转变到以教师教和学生学并重为主，让学生的学习从被动接受状态转变到主动思考和参与的状态。因而，只要是朝着这个教育目标而努力的实践，都是值得肯定的。

我国不少学校实行的以导学案为载体的"先学后教"课堂教学，都体现了翻转课堂的教学理念。学生在导学案的帮助下，先学习相关的学习资料，完成相关作业，对学习材料提出问题；课堂上，围绕师生关注的重点问题，展开讨论和交流，并解答学生的疑问和困惑，都是该理念的重要体现。山西新绛中学的学案课堂，也是翻转课堂理念的重要体现，学生学习了教学材料之后，需要撰写出学习报告，并将相关问题写在学习互动卡上，交给老师。教师根据学习互动卡上呈现的问题，有重点地请学生讨论，然后再自己讲解。这些都很好地体现了"先学后教"的理念，促进了学生的主动学习。

当然，有条件的地区和学校，可以采用更为先进的信息技术支撑，来更加便捷地实施先学后教的模式。比如，山西新绛中学的学习互动卡，需要学生逐个呈交给老师，教师逐个看完之后才能确定学生的问题。如果该环节能够通过无线网络环境下的学习平台来实现，则会为师生节省不少时间成本。

　　实施翻转课堂，理想的教育设施设备支撑包括如下几个方面。

　　（1）师生人手一台无线覆盖的移动智能学习终端。观看教学微视频，在线提交进阶作业，参与网上交流与讨论等学习方式的实现，最好是学生每人拥有一台移动智能终端，如电脑、iPad、手机等。学生在课前的先行学习，可以在家里，也可以在校园内，甚至可以在公交车上、公园内，只要愿意，学生都可以拿出设备随时随地学习。教师也可以随时检查学生学习的状态，并及时回答学生的疑问和困惑。因而，在具备一定经济基础的地区，可以考虑为师生配备移动智能学习终端。比如，温州二中的学生，由教育局给师生每人配备一台 iPad，支持学校实行慕课学习和翻转课堂教学改革。再如，深圳南山实验教育集团则是由学生家长给学生配备这样的学习终端。拥有无线网络覆盖下的移动智能终端会为学生的学习提供诸多便利。当然，合理适度使用电脑进行网上学习，需要家长和学校提供共同的教育和保障。

　　（2）在线的交流互动平台。这一交流平台将为师生之间、学生与学生之间，同校的师生甚至校外的师生网上交流带来极大的便利。在师生具备无线移动智能终端的基础上，课前，教师在线给学生提供微视频学习资源，学生在线上学习，完成并提交进阶作业，遇到不懂的问题，网上求助同学或自己的老师；课中，针对不同学生的学习情况，教师可以更有针对性地给学生推送不同的作业习题，学生完成后立即提交给教师，教师很快知道学生作业完成的情况，在此基础上进一步进行个性化辅导和教学。

　　上述学习任务的完成，学校需要建设师生交互学习平台。在该平台上，有教师提供给学生的视频讲解以及其他学习资源，进阶作业诊断系统，以及单元测试的评价系统。学生以学生的身份登录，教师以教师的身份登录，两者具备不同的使用权限和管理权限。学生完成学习任务，教师管理、指导和帮助学生的学习，以此更好地辅导学生，及时地掌握每位学生的学习情况，让教学和指导更具针对性。

　　（3）进阶作业诊断系统和单元测试的评价系统，基于师生交互学习平台的进阶作业诊断系统和单元测试评价系统的建设，需要教育教学领域的专业人员和信息技术人员的合作完成。学科教师根据教学微视频设计的教学目标和教学内容，设计出进阶作业和单元测试的习题，最好针对一个知识点有 2～3 套作业习题和单元测试题。信息技术人员帮助教师在互动平台上设计，师生共享使用。

诊断系统与反馈系统的建设，可以减轻教师重复讲解和重复批改作业带来的工作负担，让教师的时间使用得更具效益，比如可以更多地和学生交流，有针对性地辅导学生。

当然，这一平台的建设是一项艰巨的工程，耗时费钱。为帮助我国中小学解决这一问题，华东师范大学慕课中心与C20慕课联盟已建成"华师慕课"网。它集中了全国最优秀的教学微视频资源，设有在线交流平台，提供网上学习诊断服务。它的出现会给我国中小学慕课的建设与翻转课堂的探索提供极大的便利。

第十章 高校数字化智能校园的信息安全建设

数字化校园的建设包括网络设施、信息资源、应用系统等各个方面，涉及学校工作的各个层次、部门和角度，需要学校领导的积极推动，需要进行跨部门的协调。数字化校园的运行和使用，在有了好的基础设施和应用平台后，从运用和可持续发展的角度看，更为重要的是需要从组织结构、岗位职责、人员培训、制度与规范等方面，建立一套完整的符合学校实际的运行管理机制，来保证整个系统的安全、稳定和高效运行。因此，必须健全数字化校园组织管理体制，实施对数字化校园的科学、规范管理。

第一节 机房智能化信息管理系统的建设策略

高校现代教育技术中心是集教学、科研和服务于一体，负责计算机基础教学，校园信息化、数字化建设，计算机教育规划、建设、运行协调和管理，教育技术开发、推广、普及、应用等工作的教学单位。而作为下设网络中心的机房为整个校园网的核心和枢纽，它的运行状态如何将直接关系到整个学校的教学、科研和管理工作能否顺利进行，因而加强网络中心机房的科学管理就显得尤为重要。因此，制订一套有效的关于机房智能化管理系统方案就显得十分必要，该方案能对机房的配电、UPS、空调等环境设备及门禁、消防、保安、水循环系统和设施进行即时、完善的监测和智能化控制。同时，系统也应融合机房的管理措施。这样，机房所发生的各种事件，系统都能在给出指示信息的同时，结合机房的具体情况做出处理决策，提示值班人员进行操作或自动操作处理。对所有的事件及操作，系统都有科学的记录。

一、机房管理总体要求

高校的网络中心机房是大学各种数字化信息数据存储、交换的心脏，其服务器、网络核心设备的安全运行直接关系到学校对内、对外信息发布及学校教学、科研和管理工作的正常运作。所以对机房的管理要保证校园网络中心机房的环境必须满足计算机等各种微机电子设备和工作人员对温度、湿度、洁净度、电磁干扰、噪音干扰、安全、后备、防漏、电源质量、振动、防雷和接地等的要求，保证网络中心机房是一个安全、可靠、实用、高效、不间断和具有可扩充性的机房。

（一）系统构成

高校网络中心机房设备系统大体可分为供配电系统、环境系统、消防系统、保安系统四大部分。供配电系统可分一级配电、二级配电和 UPS 等部分，环境系统可分为空调系统、新风系统和温湿度检测等部分，消防系统可分为早期预警系统、烟感检测系统和其他消防设施，保安系统又可分为门禁系统、电视监控通道报警系统等部分。智能化管理系统能实现自动监控并即时显示各系统的相关参数和画面，做到实时监控，实时追踪显示；故障自动报警，自动弹出故障所在画面，逐级画面监视；电话语音报警；历史数据存储、查询、打印等。

（二）管理的对象及主要功能

1.供配电系统

通过数字式电源检测（Power Monitor）模块实时监测 UPS 输入一级配电的三相电源参数（电压、电流、频率、功率因数、有功和无功功率等），系统管理员和操作员能清楚地了解电压、电流是否均衡。如果电压、电流越限，系统自动播放多媒体语音报警。同时，系统将自动拨打预先设置的电话号码，通知有关人员处理。在历史曲线图中还可以按天查询各参数的历史记录，如电压、电流、有功和无功功率的最大值、最小值、平均值等。

对发电机的电压、电流、频率、功率、水温、油压、转速等参数进行监测，并对停机数据、参数越限、设备故障等做出声、光、语音报警及语音、画面提示。

通过 UPS 厂家提供的通信协议，利用智能通信接口进行 UPS 故障诊断。对 UPS 内部整流器、逆变器、电池、负载等部件的运行状态进行实时监测，发现故障，自动报警。实时监测 UPS 的整流器、逆变器、电池、负载等的有关参数，如电压、电流、频率、有功功率及负载输出峰值等参数，并有直观的图形界面显示。可以根据历史曲线图，判断 UPS 的质量及可靠性。

UPS 发生故障，系统会自动切换到相应的画面，并播放报警语音。系统处理提示窗将提示操作人员如何处理故障，拨打预置的电话号码。如设置了冗余电源，系统可自动进行电源在线切换，同时将所发生的事件存储入库，以便查询。

2. 环境系统

通过空调智能控制器，实现空调监管功能，显示压缩机、过滤器、风机、加热器、外部设备的状态，有故障时处理窗口提示如何处理。也可由系统直接设定空调温度、湿度，并控制启停，还可实现定时和远程控制等多种功能。

机房新排风系统主要有两个作用：一是给机房提供足够的新鲜空气，为工作人员创造良好的工作环境；二是维持机房对外的正压差，避免灰尘进入，保证机房有更好的洁净度。通过新风系统智能控制器，实现新风系统监管功能，显示风力，有故障时处理窗口提示如何处理。也可由系统直接设定新风系统风力，并控制启停，还可实现定时和远程控制等多种功能。

采用漏水检测系统，用漏水检测线将水源包围起来，通过漏水智能控制器可实时对空调机排水区域、中心机房区地板下面及其他排布水管的区域进行监测，发现漏水，将实时报警，提示管理人员及时处理。

3. 消防系统

机房采用 FM200 七氟丙烷自动灭火系统的无管网气体消防系统。机房内设四个防火区，即供配电区、服务器区、网络区、工作区。每个防火区都由探测火情设备智能感烟、感温探测器、防火与灭火设备气体喷洒指示灯、现场紧急启动 / 停止按钮、声光讯响器、切换模块和气体灭火钢瓶及控制主机组成。通过消防系统智能控制器检测防火区的温度和烟的浓度。当探测器发出火灾信号时，经甄别后由报警和灭火控制装置发出声光报警，下达联动指令，关闭联锁设备，发出灭火指令，延迟 30 秒电磁阀动作，启动容器和分区选择阀，释放启动气体，开启各储气瓶容器阀，从而释放灭火剂，进行灭火。机房内的消防系统与整个大楼消防系统形成联动，可以及早监测到火灾发生情况，及时报警。

4. 保安系统

门禁系统，即进出权限管理系统，包含门区权限管理、进出时段和进出方式管理。若卡号不符或属黑名单，将闭门并报警，监控管理者通过微机可实时查看每个门的人员进出情况和每个门区的状态。出入记录查询系统可存储所有进出记录、状态记录，可按不同条件查询，以各类报表形式打印输出，异常报警系统在异常情况下可实现微机报警。

电视监控通道报警系统对电梯口、走廊、操作室、阳台、备件仓库、电源室进行图像监视和报警，作为安防功能可与公安 110 报警系统联网。电话语音通知，将所发生的事件很快地告知机房维修人员，以便及时进行故障处理。

5. 服务器

服务器的管理分为两部分，一是服务器硬件参数的检测，二是服务器软件方面的检测。硬件参数方面，我们对每台服务器的 CPU 利用率、可用内存、磁盘空间等数据进行监管，当智能化管理系统采集到的数据超出正常数据范围时，系统会根据报警级别，自动将报警信息发给相应人员，要求相关人员对服务器进行处理。软件方面，我们针对不同服务器所提供的服务进行监管，其中主要对软件的可用性、会话情况进行监管，以保证服务器的正常运行。

二、机房管理现状

目前，在地方高校机房的管理中，普遍存在三个方面的问题。

（一）故障排除不及时

很难真正做到采用 24 小时专人值班，定时巡查机房环境设备的办法，在很多情况下不能及时发现和排除故障，不能记录事故发生的时间等基本信息，因而不能为查找事故原因及采取适当的防范措施提供比较系统和科学的依据。

（二）人员安全被忽视

由于机房管理人员在管理每一台服务器和设备的时候，都不得不进入机房内进行操作，但机房由于服务器、空调、风扇和 UPS 等设备的运转使得其内部噪音很大，再加上机房内的封闭性导致空气流通也不好，使得管理人员在机房里待上一段时间就明显感觉到身体不适。这些噪音、辐射和温度对管理人员身体健康的影响不容忽视。

（三）维护成本的耗费

机房设备繁杂，有着不同的服务器和不同的网络设备，各种设备又都有着不同的操作方法、操作界面，管理人员不得不穿梭于各种服务器、机柜所组成的丛林中寻找机器故障。这种单点式的维护耗费了大量的人力成本，效率十分低下。

三、机房智能化管理系统的应用

机房智能化管理系统可以帮助高校相关管理人员及时了解机房内各种设备的运行状况，发现各种异常情况。以盐城工学院网络中心机房为例，中心机房位于大楼三层，分为配电区、网络区、服务器区、空调区、监控区和办公区六个区域。根据现有的设备情况，我们将智能化管理系统从功能上分为六个部分：机房环境管理部分、配电管理部分、消防管理部分、保安管理部分、服务器管理部分和网络管理部分。

（一）环境管理系统的实现

机房环境是确保整个中心机房正常运行的基础。在环境管理中，我们对机房的供配电、温湿度、精密空调等设备进行详细监控，而且机房内的消防系统与整个大楼的消防系统形成联动，可以及早监测到火灾发生情况，及时报警。我们在管理软件的底层，也就是数据采集层，部署了针对不同环境检测参数的数据模块，从设备的通信卡上采集设备的实时参数和报警信息，采集的数据经过采集模块传递给管理主机。

（二）服务器管理系统的实现

服务器是整个中心机房的核心部分，各业务系统的正常运转均依赖于服务器的稳定运转。对服务器运行情况的管理成为整个中心机房管理的重点。服务器的管理分为两部分：一是服务器硬件参数的监测；二是服务器所提供服务的可用性监测，即软件方面的监测。我们将服务器的监测分为三级，分别是一般报警、严重报警和故障。一般报警表示服务器发生了部分故障，但还没有影响正常运行；严重报警表示发生了影响服务器正常运转的故障，但服务器还在正常运行，如果对这一故障不进行处理，持续一段时间后可能会导致服务器不可用，这两级报警都表示服务器仍然可用。故障表示服务器已经不能正常运行了，需要马上处理。

在硬件参数检测方面，我们使用软件对服务器进行监测。每台服务器的CPU利用率、可用内存、磁盘空间等数据都在监测之列，当管理系统采集到的数据超出正常数据范围时，系统会根据报警级别，自动将报警信息发给相应人员，要求相关人员对服务器进行处理。

在软件监测方面，我们针对不同的服务器所提供的服务进行监测，其中监测的重点是数据库和某些特殊的软件服务。对于数据库系统，我们对数据库的服务、数据存储、数据处理、错误日志、数据库锁等参数进行监管。对其他的软件服务，我们主要对软件的可用性、会话情况进行监测，以保证服务器的正常运行。

（三）网络管理系统的实现

网络系统作为数据中心机房的重要部分，网络运行的情况直接影响到整个系统的运行。我们使用 NETCOOL 软件对整个网络系统实现监管。NETCOOL 软件具有多厂商设备监管、即时处理、故障预警、跨平台支持等优点，能够有效地对全部网络设备和通信线路进行监管。

我们对网络系统的监管分为三个平台，即基础平台、监控平台和流程平台。在基础平台，我们部署了数据探针，实时读取网络设备和通信线路的数据。从基础平台上读取的数据传递给监控平台，监控平台对数据进行分析、分类、汇总，分为综合事件、网络性能和动态生成的网络拓扑。在综合事件中，可以看到按照信息事件、预警事件、故障事件发生次数而生成的柱状统计图。网络性能可以完整地显示该网络设备各端口的协议状态、带宽、流量、IP 地址等相关参数。动态生成的网络拓扑显示了当前组成整个网络系统的各设备的相互关联情况。数据在经过监控平台处理后，用户就可以从流程平台上查看相关数据。如果发生了比较严重的预警事件或者故障事件，还会将报警信息通过发送邮件、短信、自动语音呼叫等方式通知相关人员进行处理。

从目前一些地方高校网络中心机房的使用情况来看，机房智能化管理系统的使用，帮助用户解决了很多机房管理问题。通过机房智能化管理系统，可以对机房内的设备进行自动化和智能化的管理，有效节约了各种资源，提供了一个稳定可靠、投资合理、高效方便、舒适安全的机房环境。机房智能化管理系统正在为大型数据中心机房的正常运转提供可靠的和一流的技术保障手段。

第二节　教学联合体网站平台的建设方案

深化高等学校教育教学改革，推进高校教学管理制度创新，促进优质教育资源共建共享，高水平、高质量地推进高等教育大众化，是高等学校一项长期而重要的任务。高校要以"共建"和"联合办学"为主要形式，通过发展各种形式的联合办学，努力提高办学效益。同时随着信息时代的日益发展，计算机技术及网络技术在教育领域的广泛应用，高校教学联合体网站应运而生。构建高校教学联合体网站能突破时间、空间和地方高校教学媒体信息上的限制，为高校教学管理、教育管理提供一个理想的共享平台，有效促进了高校教学联合体的建设进程。

一、高校教学联合体网站的设计

（一）高校教学联合体网站的主要功能模块

高校教学联合体网站除了涉及高校普通网站应有的网站公告、新闻动态、科研动态、重要链接、后台管理等模块外，还应包括以下主要的教学联合功能模块。

1. 用户管理模块

在高校教学联合体网站中有两类用户：学习者和高校联合体的教师。高校教学联合体的教师兼有系统管理员功能。用户注册只是针对学习者的，高校教学联合体的教师则是通过手工分配管理的。新用户注册包括：呈现注册时的填写表格和注册要求，检查用户注册输入信息的合法性，给出输入错误的提示信息，检查用户名是否重名，将用户注册信息保存到数据库中，给出用户注册成功的信息提示。用户进入高校教学联合体网站的页面后，可以随时修改个人资料。用户可修改用户名和用户角色以外的内容。用户资料修改功能包括：呈现用户原来注册时的所有信息，呈现修改资料表格，检查用户修改内容的合法性，将修改后的用户信息保存到数据库中，给出用户修改完成的提示信息。

2. 资源中心模块

在一定范围内开放资源，向社会公开自己的资源质量，让更多的人享用资源，是高校教学联合体发展的需要，更是各校自身发展的需要。可见，资源是高校教学联合体网站的核心功能，所以对高校各类资源的建设和组织至关重要。

高校教学联合体网站的资源有一部分是在网站建设时提供的，比如高校教学联合体相关的文件、规章制度、招生与就业信息以及图书信息资源等。还有一部分是在后期使用中由教师和学生在进行学习、探索和研究过程中不断积累和收集的，比如高校教学联合体的在线学习资源以及精品课程等。用户可以使用所有的高校教学联合体相关资源，也可以把自己收集的相关资料上传到服务器中供其他用户浏览和使用。

3. 教学管理模块

教学管理模块的主要功能就是在教学资源共享实施计划的框架下，建立有利于学生跨校选修专业和课程、学分互认、教师互聘、优势互补的教学管理平台和服务体系。通过该模块的应用可以建立有利于教学资源共享的运行制度，鼓励教学联合体的各校尽可能多地开放实验室、图书馆、计算机中心、体育场所等教育教学设施。

4. 协作学习模块

协作方法是达到协作教学目的的有效保证，方法正确可促进联合教学的深入发展。在协作方法上，高校联合体要本着教学信息反馈、教学经验交流、教学优势互补、教学资源共享的原则广泛开展教学，协作学习模块就是基于这样的目的而设计的。

从本质上讲，高校教学联合体协作学习模块类似于论坛，但高校教学联合体协作学习模块功能更为全面，是所有高校教学联合体用户实现交流的一种方式，它为高校教学联合体的用户提供了一个相互交流的平台，更为用户进行协作学习提供工具：可以实现高校教学联合体用户针对某个专题提出讨论主题；联合体所有用户参与主题讨论，发表自己的观点；管理员向用户发布公告信息。此外，还可以实现高校教学联合体用户围绕学习内容展开，根据不同的学习内容采用不同的活动方式，强调高校教学联合体用户之间的协作能力和实际解决问题的能力。组织者要良好地组织和引导协作活动，使高校教学联合体用户体会协作学习的有效性。

（二）高校教学联合体网站的 C/S 处理流程

高校教学联合体网站的三层结构中，一台服务器对应有许多客户端，为了降低 Web 服务器处理数据的负担，要让尽可能多的代码在客户端执行，即在客户端处理一些程序，比如即时检查用户输入内容是否合法，这就在客户端使用脚本语言来处理，而不是将程序提交到服务器再处理。高校教学联合体网站中客户端处理程序是使用 JavaScript 脚本语言来实现的。

此外，高校教学联合体网站的客户端和服务器之间，使用了标准的

HTTP通信协议。客户端通过HTTP协议向服务器端提出请求，并得到响应。服务器端接受客户端的请求后，根据要求处理数据，并将处理结果以页面的方式返回给客户。高校教学联合体网站中使用的 Web 服务器就是 IIS，IIS 提供了 Internet 服务器应用程序接口（ISAPI）。当 IIS 从客户端收到一个扩展名为 asp 的 Web 页面请求时，就会通过 ISAPI 接口发送给 ASP，由 ASP 处理这个页面，并通过 IIS 的 ISAPI 接口向客户发出响应。

二、地方高校教学联合体网站的安全性

地方高校教学联合体网站的有效实施为高校教学及管理的信息化提供了平台，这一平台意义重大，保证该平台的安全性尤为关键。地方高校教学联合体网站的安全性主要通过以下几个措施加以保证。

（一）服务器双机热备

为了保证数据的安全，提供高性能价格比、高可靠性的集群技术应为首选。因为集群可以很好地实现负载均衡与容错，更重要的是具有可靠的安全性。高校教学联合体网站平台采用 MSCS（Microsoft Cluster Service）、NLB（Network Load Balancing）、CLB（Component LoActiie Balancing）。所有服务可在集群内均衡分布访问的 IP 流量，实现如下功能：解决高校网络拥塞问题，服务就近提供，实现地理位置无关性；为高校教学联合体网站的用户提供更高的访问质量；提高服务器响应速度；提高服务器及其他资源的利用效率；避免高校网络关键部位出现单点失效的错误。

（二）数据备份与恢复

根据地方高校教学联合体网站平台以及原有一些应用系统的需求，采用高校网络数据备份、系统灾难恢复和网络数据恢复策略。高校教学联合体网站平台包含大量的共享数据，每天都会有数据产生，并在高校网络上传输，最终进入一套设计完善的数据库系统。对于这些系统的备份，建议采用磁带备份的方法，结合专业的备份软件，具有实现固定周期的系统灾难恢复的功能。

（三）数据库的安全保护

数据库的通信保护：数据库与应用服务器直接的通信采用数据库的 IP-SEC 加密通信方式，保证数据传输的加密。数据库的权限保护：建议采用数据库支持的认证授权方式，确保系统的稳定性、可靠性。用户定义的数据库角色：这些角色将数据库中具有相同安全权限的用户分为一组；需

要创建数据库登录，将它们映射到特定的数据库用户；然后将数据库用户添加到数据库角色，并使用角色在单独的数据库对象（存储过程、表和视图等）上创建访问权限。

（四）网络传输及本地数据的加密保护

地方高校教学联合体网站所有主要的客户端与网络中心服务器端双向传输的数据、信息等，由通信程序进行 DES 加密后传输以确保高校教学联合体网站服务器与用户端之间传输数据信息的安全。

三、高校教学联合体网站的配置发布

地方高校教学联合体网站建设完成后，需要进行相关的配置，以发布任务，从而实现高校教学联合体网站的试运行。

（一）配置 IIS 的 IP 地址

IP 地址是每台计算机的网络地址。IIS 作为服务器管理软件，应该为其配置一个特定端口地址，作为访问时的地址。系统默认的 IP 是 127.0.0.1，设置 IP 和端口号时，右键点击"默认 Web 站点"，选择"属性"，然后选择"Web 站点"即可设置 IP 和端口号，并可针对不同的虚拟目录配置不同的端口号。

（二）建立虚拟目录

右键单击"默认 Web 站点"，选择"新建"，然后选择"虚拟目录"，根据提示的各个选项即可设定指定物理地址的虚拟目录，包含在该虚拟目录中的文件即可在 IIS 上运行。

（三）设定虚拟目录

虚拟目录建立以后，需要对它的各个属性进行设置，包括访问的权限、应用程序设置以及虚拟目录默认的首页。完成这些 IIS 的配置对 ASP 文件的顺利运行是不可或缺的。

（四）运行程序

用 IE 或其他浏览器的浏览功能，也可以用我们先前配置的虚拟目录来浏览。

总之，我国高等教育已从精英教育模式转变为大众化教育模式，地方高校的管理体制尽管加快了改革的步伐，但仍赶不上社会发展的需要，高等教育结构的现代化尚待完成。而高校教学联合体网站的构建就是寻求高校发展的一种创新办学模式，它可以实现盘活教育资源、降低教育成本、提高办学水平、促进社会经济发展的目标。高校教学联合体网站的建设，也标志着高等教育坚持科学发展观，步入规模、结构、质量和效益全面协调发展的新阶段。

第三节　校园网双层入侵检测系统的建构

随着网络的普及和发展，地方高校均组建了自己的校园网，通过校园网开展科研协作、网络远程教育、网上各种应用业务等。但随着校园网规模的不断扩大和黑客攻击手法的日益多样化，地方高校对自己的校园网网络安全的要求日益增强。校园网络面临的安全问题越来越严重，仅仅依靠传统的防火墙技术并不能保证校园网的安全。因为防火墙是一种被动防御性的网络边界安全工具，对在网络内部所发生的攻击行为无能为力。研究表明，80 %的入侵是来自于系统内部。而 IDS（Intrusion Detection System）则是一种基于主动策略的网络安全系统。因此，有必要对地方高校校园网下的入侵检测方法进行深入研究。

一、地方高校校园网存在的问题分析

传统入侵检测系统一般是单纯地在用户层或核心层对数据包进行监控，这样不可能监控整个多层网络体系，很多非法入侵者就容易被漏检。对于用户层的入侵检测系统，它只能在 Winsock 层之上进行，而对于网络协议栈中底层协议的数据包无法处理（如 Ping to Death）。而对于核心层的入侵检测系统，它有一个弱点，就是编程接口复杂，而且编写出来的软件自动化安装太困难，很容易造成整个网络瘫痪。

（一）校园网的安全问题

网络安全从本质上讲就是网络上信息的安全，除了网络系统和计算机系统等软硬件环境的安全之外，最主要的是数据信息和内容的安全性。校园网既是大量攻击的发源地，也是攻击者最容易攻破的目标。当前校园网常见的安全问题包括以下几个方面：

（1）计算机系统的漏洞，对信息安全、系统的使用、网络的运行构成严重的威胁。

（2）安全意识淡薄，没有对接入网络的计算机采取基本的保护措施，造成文档资源流失、泄密等。

（3）计算机病毒泛滥，影响用户的使用、信息安全和网络的运行。

（4）外来的系统入侵、攻击等恶意破坏行为，有些已经被攻破的计算机，被用作黑客攻击的桥梁。其中，拒绝服务攻击目前越来越普遍，许多这样的攻击是针对重点高校的网站和服务器等。

（5）内部用户的攻击行为，给校园网造成了不良的影响，影响了学校网络的正常运行。

（6）校园网内部用户对网络资源的滥用，有的校园网用户利用免费的校园网资源提供商业的或者免费的视频、软件资源下载，占用了大量的网络带宽，影响了校园网的应用。

（7）垃圾邮件、不良信息的传播，有的利用校园网内无人管理的服务器作为中转，严重影响学校的网络运行等。

本节中所构建的双层入侵检测系统可以通过各种技术对校园网络系统进行实时监测，以发现来自系统外的入侵者和系统内部的滥用者，为计算机系统提供完整、可控、可信的主动保护。

（二）入侵检测系统分类比较

1.基于主机、网络和分布式的入侵检测系统

按照入侵检测的数据来源和系统结构来看，入侵检测系统可以分为基于主机的 IDS（HIDS）、基于网络的 IDS（NIDS）和分布式 IDS（DIDS），如表 10-1 所示。

表10-1　基于主机、网络和分布式的入侵检测系统之间的比较

系统类型	HIDS	NIDS	DIDS
数据来源	主机系统日志	网络数据流	主机系统日志和网络数据包
优点	确定有无攻击、适合加密和交换环境	实时检测及响应、系统资源消耗少	适合高速网络、效率高
缺点	系统资源消耗大、实时性差	本身易受到攻击	本身组件易受攻击

2. 误用检测和异常检测

按照入侵检测系统所采用的技术来看，入侵检测系统可以分为误用检测与异常检测两种，如表 10-2 所示。

表10-2　不同入侵检测技术之间的比较

技术类型	误用检测	异常检测
原理	把现有的活动与已知的入侵特征匹配	把现有的活动与"正常"的统计数据进行比较
优点	准确性高	可检测未知攻击
缺点	无法检测未知入侵	"正常"数据难以获取

3. 数据包捕获技术比较

网络数据包捕获技术是实现各种网络安全系统的基础，也是实现本系统的关键技术。在 Windows 平台上，捕获数据包可以在应用层和核心层实现，如表 10-3 所示。

表10-3　网络数据包捕获技术之间的比较

技术类型	特点	优点	缺点
应用层	Windows2000 包过滤接口	针对性强，控制粒度细	对网络协议栈底层协议的数据包无法处理
	Winsock 动态链接库替换		
	Winsock SPI	针对性强，控制粒度细，而且能完成 QOS 控制，扩展 TCP/IP 协议栈，URL 过滤等	同上
核心层	TDI 过滤驱动程序	可捕获应用程序的所有数据及进程的详细信息	无法得到有 TcpIP.sys 接收并直接处理的数据包信息
	Win2k Filter-Hook Driver	实现简单	对 Ipfilt-drv.sys 的依赖性强，功能单一
	NDIS 中间层驱动程序	可截获较为底层的封包、加密、网络地址转换、过滤、认证等操作	针对性差，控制粒度细，不能灵活控制具体应用层程序及控制相应的策略

二、双层入侵检测系统设计

通过比较分析可看出，传统入侵检测系统单独采用应用层或核心层技术，对数据包捕获均存在缺陷，因此可以用两种模式结合的方法来避免各自的缺点，同时发挥各自的优点。

（一）设计思想

采用 NDIS 中间层驱动技术与 Winsock SPI 技术相结合的方案实施。采用以下基本策略：NDIS 中间层驱动程序对进出网络的封包进行检查，并根据匹配规则进行第一级检测，主要完成最基本的安全设置，如传输层及以下层协议分析，IP 地址、端口检测等，网络恶劣状况下的断网操作，以及 SPI 无法完成的操作，如检测 ICMP 数据包等。被 NDIS 中间层驱动程序放行的网络数据的检测由 SPI 实现，主要完成针对应用程序和 Web 网址的第二级检测。

（二）工作原理

本系统采用基于规则与特征的入侵检测模型，通过对接收到的原始的数据包的分析，根据攻击的行为特征建立模型。接收到的数据包首先通过中间层驱动程序分析，如果满足某种特征的攻击行为，直接将数据包丢弃，并向用户发送警告，如果不满足，则送到应用层，由 SPI 实现再次分析，如果满足某种特征的攻击行为，将数据包丢弃，并向用户发送警告，如果不满足，交给用户。

（三）系统结构

本入侵系统分为三个模块，即核心包捕获模块、应用层包捕获模块和用户界面模块。

1. 核心层包捕获模块

它位于核心层的驱动程序，根据定义的模式匹配规则进行操作，同时将产生的日志信息发送至上层模块。本模块处于操作系统核心，采用 DDK 开发。

2. 应用层包捕获模块

它处于应用层的动态链接库，位于 SPI，拦截所有基于 Winsock 的网络通信，根据定义的模式匹配规则进行操作，同时产生日志信息发送到上层模块。本模块采用 VC 开发。

3. 用户界面模块

它是一个普通的应用程序，提供用户接口。用户在此设置模式匹配规则，收集并保存前两个模块产生的日志信息，向用户提供日志查询功能。

网络应用程序的数据都要经过下两层的处理，IDS.EXE 负责模式匹配规则设置、日志的读取，而具体的匹配规则的实施以及安全功能的实现和日志的生成在 Appid.dll 和 KSerid.sys 中。

三、校园网双层入侵检测系统的关键技术

（一）环形缓冲区设计

在环形缓冲区结构体设计中，有以下几个重要的变量。

1. 读序号和写序号

其用来确定当前缓冲区中数据包的数目。

2. 读指针和写指针

其用来确定需要拷贝到 Win32 应用程序的缓冲区，包含多少个数据包。

3. 数据包长度数组

其存储每一个数据包的长度，使 Win32 应用程序正确解析每一个数据包。

缓冲区是共享资源，通过事件等待机制来进行读写，也就是向缓冲区读包和写包不能同时进行。根据以太网的 MTU（Maximum Transmission Unit，最大传输单元）为 1514B，Windows 页面大小为 4KB，设定每个数据包的大小为 2KB，环形缓冲区设计存储 100 个包，申请的内存空间为 200KB。在具体操作环形缓冲区时，读写序号通过存储包个数 1 ~ 100 来记数，读写指针则是根据整个缓冲区大小来记数，以实现循环。在到达缓冲区边界（末尾）时，需要分段读或写，也就是当前缓冲区末尾不够读写下整个数据包的内容，需要将剩余的部分从缓冲区的头部读或写。

设置一个时间阈值（1s）和需要读取的最小的数据包个数（25 个，为设计的总包数的 1/4），对于时间阈值和数据包的个数，都可以由 Win32 应用程序设定再传递到驱动程序。设定 2 个读包策略如下：

当缓冲区中存有的数据包数目达到所设定的最小数据包个数时，采用事件通知机制通知 Win32 应用程序将数据包全部读取上去；超过时间阈值并且缓冲区中有数据包时，Win32 应用程序自动读取数据包。

通过以上策略很好地解决了数据包的读取问题，同时采用多包读取策略，减少了上下文切换的时间，使系统具有较高的效率。

（二）数据包解析

在数据包解析的过程中，为提高驱动程序的效率，要尽早丢弃非目标数据包。对于每一个数据包，算法如下：

（1）检查是否是 IP 协数据包，不是则丢弃此包。

（2）进一步检查是否是 TCP 数据包，不是则丢弃此包。

（3）再检查端口号是否是应用程序所设置的端口号，不是则丢弃此包。

（4）根据相应的协议，跳转到文本的起始处，由 KMP 算法来循环匹配关键词，若匹配成功则立即返回（后面的关键词不用再匹配），丢弃此包，然后将此包放入缓冲区；若匹配不成功则放行此包。

四、校园网双层入侵检测系统的实验分析

实验的目的是将单独的用户态入侵检测、单独的内核入侵检测和本文的入侵检测进行对比。数据来源于 GIAC，选取了 20 个正常数据集，20 个异常数据集，然后分别对这 3 种入侵检测系统进行测试。每种测试均进行 20 次正常访问和 20 次攻击访问。第 1 次是采用用户态入侵检测，第 2 次采用内核入侵检测，第 3 次采用笔者设计的入侵系统。

测试结果：第 1、2 次测试，漏报或误报数较高；而第 3 次采用笔者设计的模型测试，漏报和误报数都较低。

实验结果初步表明，大多数入侵检测系统采用单一的检测策略可能会造成严重的漏报或误报，而采用笔者提出的双层检测策略，综合了各层的长处，这样可以降低漏报率和误报率。

五、校园网双层入侵检测系统的应用

入侵检测系统通常被认为是防火墙之后的第二道安全闸门，部署于防火墙之后，对网络活动进行实时检测，是防火墙的延续和合理补充。在校园网络中部署入侵检测系统，能够从计算机网络系统中的若干关键点收集信息，并分析这些信息，查看校园网络中是否有违反安全策略的行为和遭到袭击的迹象，有效防御各种攻击，控制网络资源滥用，利用该系统的日志，还可以部分分析出用户的上网行为，从而提供对校园网内部攻击、外

部攻击和误操作的处理，实现对校园网信息的实时保护。

通常情况下，校园网络被划分为多个不同子网，每个子网有一个用于上联的交换机，各个子网汇总到网络中心连接到高性能服务器群，高性能服务器群放置在防火墙的 DMZ 区，保证内外网的安全访问。由于防护安全需求的重点是校园网的中心服务器群和网络骨干区域，为了安全起见，可采用入侵检测探测器放置在校园网关键子网的上联交换机和核心交换机上。

这样系统通过检测和防护校园网络系统中重要区域和服务器群的安全运行，既能够有效防御来自外部的威胁对校园网重要网络区域和服务器群造成的安全损失，提高校园网络的整体抗攻击能力，又能够有效控制校园网络资源的滥用情况，阻止用户因使用各种即时通信软件、P2P 下载、网络在线游戏以及在线视频而影响网络的正常运行，并通过净化网络流量，实现网络加速的目的，通过对校园内部网络攻击和误操作进行实时保护，在网络系统受到危害之前拦截和响应入侵，从而实现入侵检测的功能。

总之，防火墙技术在一定程度上改善了校园网络安全问题，但仍然存在并且伴随一些新生的安全问题。校园网双层入侵检测系统对校园网络安全起到增强和补充的作用，随着入侵检测技术的发展，可以将诸如数据发掘、专家系统和神经网络技术融入入侵探测技术中，从而建立先进的入侵探测算法的数学模型，并且将围绕 Internet 本身、网络安全和通信协议之间，把无序的数据演变成有序的数据，将人控制网络安全软件演变成计算机自我学习，适应地方高校校园网的高速和高性能，更加有效地解决地方高校校园网络的安全问题。

第四节　校园教学管理信息化的延伸与发展

一、新媒体在校园教学中的应用

媒体是指承载、加工和传递信息的介质或工具。当某一媒体被用于教学目的时，作为承载教育信息的工具，则被称为教学媒体。从 20 世纪 70 年代末开始，我国高校的教学媒体开始起步，主要分为听觉、视听、计算机多媒体和网络教学辅助媒体四个阶段。20 世纪 70 年代末 80 年代初，高校主要以无线电广播、收音机、录音机等听觉媒体为手段。1979年中国成立广播电视大学，20世纪80年代办起了电视师范专科教育，大学教学除了录音设备外，多了幻灯机、投影机、录像和电视机，电影电视广泛进入大学教学，从而结束了单向媒体的历史。电影电视以动态、真实的表现形式，深受广大学生的喜爱。近年来，计算机多媒体和计算机网络具有人机交互功能，集声像、语言、图片和色彩多方位刺激的教学手段于一体，带来了整个教学过程的巨大变化。这些新型媒体以丰富的信息和传递便捷、交互性强的特点，大大改变了传统的教学模式和学习方式。

（一）新媒体的界定及其特点

1.新媒体的界定

对于新媒体的界定，现在尚无定论，美国《连线》杂志的定义为"所有人对所有人的传播"。以清华大学熊澄宇教授为代表的观点认为，"新媒体构成的基本要素有别于传统媒体，否则，最多也就是在原来的基础上的变形或改进提高"。笔者认为，新媒体是相对于传统媒体而言，是报刊、广播、电视等传统媒体以后发展起来的新的媒体形态，是利用数字技术、网络技术、移动技术，通过互联网、无线通信网、有线网络等渠道以及电脑、手机、数字电视机等终端，向用户提供信息和娱乐的传播形态和媒体形态。新媒体的特征是具有交互性与即时性、海量性与共享性、多媒体与超文本、个性化与社群化。

2.新媒体传播的特点

与传统媒体相比，新媒体的传播有很多新的特点：

（1）新媒体传播是一种多媒体的全传播，基于网络的新媒体运用文字、图片、声音、图像等手段，全方位、多角度地为受众呈现事物原貌。

（2）新媒体传播走向了分众传播，实现"个性化"和"一对一"的传播，根据特定媒体受众群需求而制定满足其使用的传播策略以及传播方式。

（3）新媒体传播是一种渗透式传播，突破时空界限，受众通过手机、网络、楼宇电视等无处不在的新媒体，随时可主动或被动地参与到传播过程中。

（4）新媒体传播具有高科技的特性，无论是网络，还是手机和数字电视，新媒体的传播都离不开技术的支持，这样的特性也决定了受众必须具有相应的新媒体工具使用能力。

（5）新媒体传播具有很高的交互性，反馈迅速、及时，受众观点可多元化呈现。

（二）新媒体在教学中的应用

笔者以钦州学院的新媒体建设为例探讨新媒体在教学中的应用。2011年钦州学院开始陆续购置了30多套交互式电子白板和超短焦投影，2012年建成了网络教学综合平台，2013年引入了10多套交互式触摸一体机，大大推进了本校在新媒体环境下的教学信息化改革以及网络教学实践，提高了信息化教学水平。

1. 利用交互式媒体打造灵活的、多联结的多媒体学习空间

在一个60多英寸的交互智能平板（触摸一体机）屏幕上，教师可以直接操控计算机以使学生聚焦于教学内容展示，改变传统多媒体教室单向传播的缺陷。交互式电子白板、交互智能平板等交互式媒体的使用，可以加强课堂互动，优化课堂结构，便于灵活实施教学。基于两年来我校对交互式媒体在课堂教学中的实践，结合交互式电子白板及交互智能平板的功能，对其在教学中的主要应用优势分析如下。

（1）注解、编辑功能：可以直接在上面标注或书写文字。能随时灵活地引入多种类型的数字化信息资源，并可对多媒体素材进行灵活的编辑、展示和控制。

（2）绘图功能：交互式电子白板拥有丰富的各学科工具、元件、仪器图，便于实验设计和学生参与到学习过程中。比如，在实物连线实验教学环节中，需要在白板上画出电路实验需要的仪器的时候，操作简单，学生都很有兴趣，踊跃参与。学生获得了一个实践参与的机会，充分体现了交互、参与的新课程理念。

（3）存储与回放功能：写在白板上的任何文字、画在白板上的任何图形或插入的任何内容都可以被保存，可供以后教学使用，或供以后与其他教师共享；也可以打印出来以印刷品方式分发给学生，供课后温习或作为复习资料。这样不仅提高了课堂效率，还能帮助学生在课后实现知识的巩固。

2. 推进网络教学平台的应用，创设开放、共享的网络学习环境

钦州学院自2006年升格为本科院校以来，以自治区高等教育教学软件大赛为契机，以重点专业、特色专业的重点课程及公共课为重点，建设了网络课程、多媒体课件等一批丰富的教学资源，配合精品课程、精品视频

公开课的建设，带动了全校教师开发优质教学资源，也不断推动了网络教学平台的建设。

钦州学院的网络教学综合平台目前有专业建设、精品课程、应用型教学、教学资源中心等模块，以及推荐课程、任课教师、教学名师、材料下载等栏目。

（1）利用精品课程模块，共享精品课程视频资源以及课程材料。精品课程模块中包含精品课程展示、精品课程研究、精品课程通知和视频公开课等内容。校内各类精品课程的教学材料和相关内容都可以通过平台共享，师生通过校园网或互联网等途径，不受时空限制，随时获取大量的教学资源。

（2）重点打造教学资源库，为学生创设开放的网络学习环境。教学资源库，顾名思义，是储存教学资源的地方。其中包括各种可用于教学的素材，如文本、多媒体视频、图片、Flash等。钦州学院的网络教学综合平台的教学资源库是按照院系、专业、学科分门别类进行储存的，导航清晰，使用方便。任课教师可以上传或更新教学资料，如教学讲义（包含整门课程的内容并与课堂教学内容相辅相成）、课件（PPT格式）等有关教学方面的资源。教师可以要求学生通过网络教学综合平台辅助学习课程内容，进行答疑讨论和经验交流，按时提交作业等。教师可以根据课程或实际的变化，不断地整理、制作和借用教学资源填补其中，保证其中资源的时效性、精确性。学生也可以上传分享自己独有的资源，以资源的质量和下载的次数排序。各学科之间交互的部分，由交互的老师共同制作素材，使教学素材的内容更加丰富和有连贯性。比较大或者需要素材多的院系可以建设子资源库，单独存储本院系的素材。资源上传时可以设置资源公开程度，并且需要通过平台管理员的审核，确保资源的质量。资源库拥有多重资源检索模式，自带有内部资源检索。

教学资源库的建设，使学生可以在课外利用计算机网络这个现代化、开放性的学习工具获取课内无法得到的一些优质资源，并且使资源实现了共享，提高了资源利用率和教学效果。

（三）新媒体环境的不断完善

随着新媒体在高校教学应用中的普及与推广，教学过程中教师与学生之间的关系、学生与学生之间的关系、教室与教师之间的关系都发生了明显的变化，高校的教学方式也随之发生了巨大的变化。不管是教师还是学生，面对新媒体带来的这种变化，显然还没有做好充分的准备。笔者认为，要使师生更加适应新媒体的教学应用，不断完善新媒体环境，提高教学效率，优化教学效果，应继续转变观念、加强改革。

（1）教师要转变观念，提高对交互式媒体及网络媒体的应用能力。教师上课之前，要熟悉电子白板等新媒体各种功能的操作，熟悉电子笔的使用、各个工具栏的功能，注重其交互性，在教学活动设计时才能有意识地将白板所带有的交互能力融入自己的教学设计理念中，而不是仅仅将其当作高级黑板和演示工具。

（2）全面开展网络辅助教学，推动教学手段的改革；加强建设网络课程，实现教学资源数字化和教学互动网络化，继续广泛开展教育教学资源库建设，将院系专业、教学团队、精品课程和教学资源建设的成果结合起来，全面动态地反映教学成果，扩大影响。

（3）开展新媒体专题培训，开展新媒体环境的教学交流，加大新媒体教学场所的开放力度。

（4）积极丰富"网络教学资源库"的素材，引导师生自主获得所需资源，利用"网络教学资源库"有效管理、聚合并加以共享学校自建资源和成果，将现有的CIA课件、音视频文件、立项建设的成果等优势课程资源上传到网络教学资源库；同时利用培训等方式宣传、展示网络教学资源，介绍查看、查询、下载资源的方法，并引导教师使用网络教学资源库辅助备课，吸引学生浏览资源，使其开阔视野，从而提高资源利用率。

二、高校新媒体教学环境构建与管理

随着现代高科技在教育领域的应用，计算机教育环境——多媒体教室的建设在高校飞速发展。多媒体教室的建立不仅提高了教学效益和教学质量，同时为传统教学模式提供了新的平台。如何充分、合理、安全、科学地构建与管理多媒体教室，满足计算机教育需求，保障计算机教育的正常进行是当前教学管理部门亟待研究和解决的问题。

（一）多媒体教室构建的原则

1.实用性

实用有效是主要的构建目标，只有操作简单、切换自如、效果良好，才能最大限度地发挥设备的作用。

2.可靠性

人机安全、设备的长期稳定运行等可靠性要点作为系统构建方案的首要设计原则，以保证系统在运行期间，为用户执行安全防范和高质量服务管理提供有效的技术支持手段，为用户降低系统运行方面的人工和资金成本。

3.兼容性

不同厂家、不同型号的同类设备具备兼容性。

4.先进性

设备的选型要适应技术发展的方向，特别是中央控制软件要充分体现整个系统的先进性。

5.扩展性

多媒体教室能否和 Internet 相连，能否调用教室外教学资源是多媒体教室可扩展性的首要标准。

6.安全性

考虑到多媒体教室的多用性，即在非教学时间提供学生使用教室（不便用设备）的设备安全性，操作台应根据设备规格定制并兼顾防盗、防火。

7.便捷性

改变以往教师上、下课开关设备的烦琐问题，采用一键关机或远程控制关机（使用继电器根据设备操作流程分时控制设备的开关时间），方便教师操作。

8.经济性

系统设计和设备选型应注重实用功能，降低总体投资，求得先进性与经济性的完美统一，做到设备性能、价格比的最好综合，从学校教学管理的实际需求出发，摒弃一切学校不需要的华而不实的东西。

（二）多媒体教室的构建

多媒体教室的构建应根据构建原则，科学、合理地选择设备。设计多媒体操作台，根据学科需要及拟建多媒体教室的位置、形状、大小、座位数量，相对集中地构建多媒体教室。根据管理方式，可分为单机型和网络管理型多媒体教室。

1.单机型多媒体教室的构建

单机型适合多媒体教室相对分散的区域，或是对设备要求较简单的部分学科的计算机教育。

（1）电子书写屏。

电子书写屏的使用省去了显示器，并替代了黑板的传统书写功能。目前主要产品有 WACOM、伯乐在线等，其主要功能为同屏操作、同屏显示、自动排版、文书批改、手写识别、动态标注、后期处理等。电子书写屏的使用可有效避免多媒体教室设备因使用粉笔灰尘过多而导致故障并影响设备的使用，尤其是投影机因灰尘过多而频繁保护停机以及液晶投影机的液晶板因灰尘过多产生物理性损伤，同时提供给教师洁净的教学环境，有益于教师的身心健康。

（2）中央控制器。

采用具有手动调节延时功能的中央控制器，设定时间控制投影机、功放、投影幕布、计算机等设备的开关，保证投影机散热充分，延长投影机灯泡和液晶板的使用寿命，并防止多个设备同时通电和断电时对设备的损坏。

（3）投影机。

根据多媒体教室的大小配置不同亮度和对比度的品牌液晶投影机，一般情况下，亮度和对比度越高，投影机价格越高。因多媒体教室的后期耗材消费主要是投影灯泡，品牌投影机的选用将有效避免投影灯泡购置的困难，保证质量；同时要注意选择高使用寿命和灯泡亮度稳定的 UHP 冷光源灯泡的投影机。

（4）扩音系统。

扩音系统的配置需根据多媒体教室的大小、形状及教学声音环境要求选择，应选用无线话筒，利于教师在教学时方便表现其形体语言。目前使用的扩音设备有两类：壁挂式和组合式。两者都具备线路输入功能，能满足相应音源的扩音需要。有的学校多媒体教室使用移频增音器，教师在短距离内脱离了话筒的束缚，但过多地衰减了低频和高频，且扩音效果也不尽如人意。

（5）操作台。

操作台应根据设备规格科学合理地设计定制，满足使用的方便性（如教学需用设备接口的安装），并兼顾防盗性。操作台门锁采用电控锁，通过中央控制器实现一键开、关机，即一开即用、一关即走，极大地方便了教师的使用。

单机型多媒体教室在构建中应根据计算机教育特点采取优化措施，不用录像机、DVD、展示台、卡座等不常用或多余设备，使整个系统简洁明了，利于教学与管理。

2. 网络管理型多媒体教室的构建

网络管理型多媒体教室适合于多媒体教室相对集中的区域，根据各学科需要构建功能不同的多媒体教室。该配置与单机型多媒体教室配置的不同在于采用网络中央控制系统，操作可采用网络远程控制和本地控制，增加了监控系统，其相关功能如下：

（1）中控系统。

网络管理型多媒体教室采用的是网络中央控制系统，包含教室网络中控和总控软件。该系统高集成度，接口丰富，功能强大；内嵌网络接口，采用TCP/IP技术，可通过校园网互联，实现远程集中控制；具备网络、软件、手动面板三种控制方式选择；具备延时功能，防止通断电时对设备的损坏。

（2）操作台。

操作台与单机型多媒体教室相同的是也根据设备规格合理地设计定制，满足使用的方便性（如教学需用设备接口的安装），并兼顾防盗性。操作台门锁的开启可通过网络远程控制，也可本地操作，即与中控系统联动的控制锁同时也是操作台的门锁。多种设备联动实现系统的一键开、关机，即一开即用、一关即走，方便使用。

（3）监控点播系统。

监控系统的使用有利于管理人员远程掌握教学动态，通过相关控制软件使得教师所用计算机屏幕内容与上课音视频同步录制，通过该系统实现即时点播和转播功能。

（4）对讲系统。

对讲系统的使用有利于即时发现、解决问题。目前对讲实现方式有多种，如双工对讲系统、半双工对讲系统、电话方式对讲系统、网络IP电话方式等。

（三）多媒体教室的管理

目前高校教学基本建设不断发展，多媒体教室不断增加，只有不断完善多媒体教室的管理才能保证计算机教育的正常进行。

1. 管理制度建设

教育技术与课程整合不断深入，教师使用多媒体教室的需求不断增多，教师的教育技术水平参差不齐，结合实际，制定相应管理制度，规范计算机教育日显重要，主要考虑以下几点：

（1）多媒体教室设备使用需提前预约，统一安排。

（2）教师按操作规程操作平台，不得私自搬动设备和接线，无关人员不得操作多媒体设备。

（3）不得在计算机内设 CMOS 密码和开机密码、修改和删除原有 CMOS 参数和应用软件。

（4）课间休息应关闭投影机电源，以便提高投影机使用效率。

（5）课后教师应按操作规程退出系统。

（6）课后教师应填写使用登记表。

2. 管理系统建设

管理系统建设分为多媒体教室教学管理系统和多媒体教室网络控制管理系统。教学管理应由目前普遍使用的人工安排多媒体教室逐步过渡到网上预约，通过开发适合本校实际的计算机教育管理系统，采取智能化预约，提高计算机教育的管理效率。

多媒体教室网络控制管理是指通过该系统可在主控室内控制多媒体教室内的相关设备，实现设定功能，并能实时与任课教师交流，保障教学正常进行。应根据教学实际多方论证，选择适合本校的计算机教育系统。多媒体教室网络控制管理系统的实施将使反映问题和解决问题变得更加快捷。管理上的方便、直接和高效，解决了多媒体教室数量增加后，管理复杂、人员紧张的难题。

3. 管理人员建设

以人为本，明确人才队伍建设对多媒体教室管理的作用与地位。在加强多媒体教室硬件建设的同时，应注重和加强管理技术队伍的建设。多媒体教室管理技术队伍是多媒体教室建设的骨干力量，对保障计算机教育正常进行及教育技术与课程整合起着重要作用。因高校各学科教师对计算机技术掌握程度不一，管理人员的任务不仅仅是建设、管理好多媒体教室，同时应根据教师的需要而担负起计算机技术培训的任务，更好地为教师服务、为教学服务。

在人员建设方面应逐步引进高学历、高层次人才充实到管理技术队伍中来，改善队伍知识结构。对现有技术人员制订培训计划，定期到国内名校进修，特别重视新技术的学习与消化，提高业务水平和实践技能，以适应技术的发展和计算机教育的需要。重视和发挥管理技术队伍的作用，用好人才，积极创造条件，调动人员的工作积极性。加强考核，建立人员考核制度，提高队伍的整体素质，造就一支业务水平高、奉献精神强、富有团结协作精神的管理技术队伍，使其为学校教学科研工作做出积极贡献。只有不断优化结构，提高素质，建设高水平管理技术队伍，才能充分发挥现代信息技术的作用；同时，通过多媒体教室的构建，在实践中积累经验，完善多媒体教室建设，更好地为教学服务。

4. 管理方式建设

多媒体教室使用人员广，操作水平参差不齐，使用频率高。应根据不同配置，采用相应的管理方式。这对优化管理资源显得极其重要。

（1）自助式管理。

自助式管理是指教师掌握计算机技术及设备操作规程后，对所使用多媒体设备实行自我管理。每学期开学初，对使用多媒体教室的相关教师根据使用教室的设备差异分开进行技术培训，内容为多媒体教室使用规章制度、操作规范以及多媒体基础知识等，培训结束后发给相应的资格证书；并在使用开始一段时间内投入管理人力现场跟踪，记录相应教师的操作能力，有针对性地再培训。对能独立操作的教师核发独立操作证书，对其使用教室采用自助式管理，上课前到规定地点领取相关钥匙即可，设备的开关由教师自行操作。在自助式管理过程中，管理人员应加强对多媒体设备的课后维护，对每次检查结果及时登记备案，发现问题及时解决，保证下次课设备正常运行。自助式管理适合于相对分散，无法或不适合安装管理系统的多媒体教室。该措施的实施能有效缓解管理人员紧张的局面，当然需要相关职能部门的配套支持。

（2）服务式管理。

对于实行网络管理的装有监控系统的多媒体教室实行服务式管理。服务式管理是指教师无须对设备开关进行操作，通过网络管理系统对开课多媒体教室教学用设备在上课前 5 ~ 10 分钟全部开启（投影机、计算机、展示台等设备），教师直接使用设备即可。管理人员通过监控系统全程监控设备使用情况，并在上完课后，检查设备状况并关闭设备与操作台。

自助式管理与服务式管理都应在管理过程中加强设备管理，增加巡查力度，做好记录，即时了解设备使用状况、投影机灯泡的使用时间，定时还原计算机系统等。这极大地方便了教师的使用，提高了效率，同时体现了管理为教学服务的思想。多媒体教室的构建与管理是一项系统工程，科学、先进、规范的管理是计算机教育的基本保证。管理人员应在实践中不断摸索，及时沟通，以教学为本，加强管理机制，最大限度地保障计算机教育正常进行，促进技术与课程整合。

三、高校课外学分认证统计信息系统的设计

（一）课外学分统计信息系统相关研究

1. 课外学分简介

课外学分，一般称为课外活动，指在正常课堂教育教学之外，根据受教育者的需求和自身的努力以及教育、教学的需要，对教育者有目的、有计划、有组织地在直接或间接的指导下，实现教育目的的一种活动。课外学分是校园最为显性的一个层面。它以学生为主体，包括了文体政经、志愿服务、学术科技、兴趣爱好等内容的多种活动，它是学校教育的重要组成部分，是课堂教学的有益补充，对于不同学科学生来说，通过选择课外活动，可以多学一些本学科以外的东西，不同学科相互渗透，相互交叉，可以使知识不断丰富，融会贯通，对于人才的培养有重要的作用。

课外学分，是我国高校大学生学习生活的重要方面，构成了大学生的业余生活的重要部分，有利于发展学生的特长，激发同学们学习的兴趣和积极性，有助于开发学生的潜力和创造性，培养学生分析问题和解决问题的能力，促进学生的全面发展。通过课外学分系统，不仅丰富了大学生的业余生活，拓展了视野，提高了综合能力和实践能力，还使学生能够初步了解社会，特别是通过参加学术类活动，提高了专业知识，了解了本领域的前沿技术。同时，课外学分是大学生探索自我、发展人际关系的天地，是生活教育实践的场所，是引导大学生参与社会、塑造健全人格，促进大学生全面发展最自然、最直接、最有效的教育方式。

综合上述，课外学分系统为学生德、智、体、美全面发展提供了一个平台。通过课外学分，可以对学生进行思想品德教育，在活动中，加深了学生对思想观点和道德意识的自我认识，调动了学生学习的积极性，激发了他们的求知欲和好奇心，在充分发挥独立自主精神的条件下，开拓视野，

提高技能锻炼，使学生将理论知识应用于实际工作中，培养学生多方面的兴趣爱好，增进身心健康，提高他们在未来的学习、工作中继续探索的勇气。课外学分能引导大学生树立正确的人生观、道德观、价值观，摆正个体价值与社会价值、理想价值与现实价值、道德价值和功利价值等之间的关系，均衡各个关系，实现人生价值，肩负起建设中国特色社会主义的伟大使命，真正实现祖国繁荣富强，人民幸福安康。

2. 国内外研究现状

（1）国内课外学分研究现状。

在国内，大学生课外学分一般称为课外活动，主要是指以科技活动、文艺活动、体育活动、实践创新、沟通交际等内容为主的活动。这些活动的组织大多在校团委的指导下，由学校各协会主办。我国最早的课外学分是西安交通大学 1999 年在本科生中实施《课外实践必修学分培养方案》。方案中规定："学生在校学习期间，除完成课内必修、选修、实践环节等学分外，还必须获取 8 个课外实践学分，方准予毕业。"

目前，在中国知网检索大学生课外活动，关于这方面的文章不多，每年仅 100 篇左右，而且大多数都是理论上的研究、形式上的活动，没有具体的应用软件来管理，大都以教务系统为载体，依靠社团每年给学生加几个学分来计算。全国 80 % 的高校都实施了《本科生课外教育学分考核认定办法》，但多数并没有将其作为必修课纳入教学考核范围，只作为一门考查课，仅供参考。

（2）国外课外学分研究现状。

国外的课外学分，对大学生能力培养方面更加注重，投入的时间、精力、资金更多。现在，在哈佛大学，一个全日制在校大学生每周只需在教室里听课 12 ～ 18 小时，而用于课外活动的时间一般为 22 小时左右。然而，在我国的大多数高校，一个全日制大学生一般每周在教室里听课达到 24 ～ 26 小时，而课外活动时间又被大量习题所挤占，根本没有时间来参与其他活动。

在国外，很多高校通常从政府、社会慈善机构、公司以及高校自身四个渠道谋取资金，他们的专项基金通常依靠政府补贴、社会赞助、国际基金组织支持、学校支持等。在这样的环境中，国外很多大学的学生课外活动能够较好地落到实处，真正实现学校教育与专业、与社会接轨，学生也因此会产生成就感和自豪感。课外学分的活动内容更加丰富，形式更加灵活，不仅局限在学校，也有福利院、医院、教堂等公益活动，还参与到政治、经济、军事、法律等活动中。

3. 系统技术基础

（1）C/S 与 B/S 结构。

① C/S 结构。

C/S（Client/Server，即客户端 / 服务器模式），分别为客户端和服务器。C/S 模式的工作原理：Client 程序的任务是将用户的要求提交给 Server 程序，再将 Server 程序返回的结果以特定的形式显示给用户；Server 程序的任务是接收客户程序提出的服务请求，进行相应的处理，再将结果返回给客户程序。C/S 模式的结构形式是一种两层结构的系统：客户端系统上的表示层与业务逻辑层为第一层，网络上的数据库服务器为第二层。因此，C/S 模式的软件系统主要由三个部分组成，即客户端应用程序、服务器管理程序和中间件组成。

课外学分统计信息系统客户端用 C/S 模式，因为 C/S 模式具有很多突出的优点，举例如下：

交互性强：在 C/S 模式中，客户端拥有功能丰富的应用程序，包括出错信息提示和在线帮助等方面的强大功能。

响应速度快：由于 C/S 模式的客户端与服务器直接相连，没有中间环节，因此，对相同的任务而言，C/S 模式的响应速度要比 B/S 快。

数据的储存管理功能较为透明：在数据库应用中，数据的储存管理功能，是由服务器程序和客户应用程序分别独立进行的，在服务器程序中集中实现，所有这些，对于工作在前台程序上的最终用户来说是"透明"的，他们无须过问背后的过程，就可以完成自己的一切工作。

服务器端负荷轻：服务器程序被启动，就随时等待响应客户程序发来的请求；客户应用运行在用户自己的电脑上，对应于数据库服务器，当需要对数据库中的数据进行任何操作时，客户程序就自动地寻找服务器程序，并向其发出请求，服务器程序根据预定的规则做出应答，送回结果，应用服务器运行数据负荷较轻。

② B/S 结构。

B/S（Browser/Server，即浏览器 / 服务器模式），是 Web 兴起后的一种网络结构模式，Web 浏览器是客户端最主要的应用软件。这种模式统一了客户端，将系统功能实现的核心部分集中到服务器上，简化了系统的开发、维护和使用。客户机上只要安装一个浏览器（Browser），服务器安装数据库软件，浏览器通过 Web Server 同数据库进行数据交互。

B/S 模式的工作原理：客户端运行的浏览器软件以 HTML（Hyper Text Markup Language，超文本标记语言）的形式向 Web 服务器提出访问数据库请求，Web 服务器在接受客户端的请求之后，首先以 SQL（Structured Query Language，结构化查询语言）语法的形式交给数据库服务器，数据库服务器将处理完之后的结果返回给 Web 服务器，Web 服务器负责将结果转化为 HTML 文档形式发送给客户端浏览器，最终以 Web 页面的形式在客户端浏览器上显示出来。

B/S 模式的特点主要包括以下几个方面：

维护和升级方式简单。B/S 架构的软件只需要管理服务器就行了，系统管理人员不需要在几百甚至上千部电脑之间跑，所有的操作只需要针对服务器进行，所有的客户端只是浏览器，根本不需要做任何的维护。如果是异地，只需要把服务器连接专网即可，实现远程维护、升级和共享。因此，软件升级和维护会越来越容易，而使用起来会越来越简单。这对用户人力、物力、时间、费用的节省是显而易见的、惊人的。

成本降低，选择更多。凡使用 B/S 架构的应用管理软件，只需安装在 Linux 服务器上即可，而且安全性高。所以服务器操作系统的选择是很多的，不管选用哪种操作系统都可以让大部分人使用 Windows 作为桌面操作系统，而电脑不受影响，这就使免费的 Linux 操作系统快速发展起来，Linux 除了操作系统是免费的，连数据库也是免费的，这种选择非常盛行。

B/S 模式具有很强的开放性，易于结构的扩展，可提供集成地解决企业内部各种业务的服务，提高企业信息化系统的集成度。

由上述分析可得到：B/S 的优越性主要体现在对信息的发布和数据的共享方面，减少管理人员维护和升级的工作量，所以 B/S 模式比较适用于系统与用户之间信息交互量比较少的应用场合，对于需要频繁地进行大量数据信息交互以及要求快速地进行数据处理的场合，采用 C/S 模式可以说是一种较好的选择。课外学分系统，既要考虑先进性，也要考虑成熟性，一种比较好的方案是将 C/S 与 B/S 模式交叉并用，这样可以充分发挥两种模式的优点，回避各自的不足。在这种交叉并用的体系结构模式中，其实质是将 C/S 模式的数据库统计、分析、控制的强项功能与 Web 技术的信息查询、信息发布强项功能进行有机结合，为课外学分系统的结构模式选择提供了最佳解决方案。

（2）.NET 框架和 ADO.NET。

① .NET 框架。

.NET Framework 是 Microsoft 为开发应用程序创建的一个富有革命性的新平台。.NET Framework 可以创建 Windows 应用程序、Web 应用程序、Web 服务和其他各种类型的应用程序。

.NET 框架提供了 CLR（Common Language Runtime，公共语言运行库）和 .NET Framework 类库两个主要的组件。其中，公共语言运行库是 .NET 框架的基础，它提供了内存管理、线程管理和进程处理等核心服务功能，并且还实施严格的类型安全控制及代码准确性控制等功能。.NET Framework 类库是一个面向对象的可重用类的组合，利用 .NET Framework 提供的类库可方便地进行多种应用程序的开发，如进行传统的命令行或图形用户界面应用程序的开发，以及基于 ASP.NET 的应用程序开发，等等。

从层次结构来看，.NET 框架主要组成包括三个部分：公共语言运行库（CLR：Common Language Runtime）、服务框架（Services Framework）和上层的两类应用模板 [传统的 Windows：应用程序模板（Win Forms）和基于 ASP.NET 的面向 Web 的网络应用程序模板（Web Forms 和 Web Services）]。

② ADO.NET。

ADO(Active Data Objects) 是 Microsoft 开发的面向对象的数据访问库。ADO.NET 是 ADO 的后续技术，提供对 SQL SERVER 等数据源的一致访问。数据使用者可以通过 ADO.NET 来连接到这些数据源（SQL Server\Access\OLE DB 等），并检索、操作和更新数据。ADO.NET 允许与不同类型的数据源以及数据库进行交互，不仅能够对一般的数据库进行访问，同时也能够对文本文件、Excel 表格或者 XML 文件进行访问。

ADO.NET 系统由两个重要部分组成，即 .NET Data Provider 和 ADO.NET 系统架构。ADO.NET 具有三个专用对象，即 Data Adapter、Data Reader 和 Data Set，用于执行相应的特定任务。

.NET 框架提供统一的编程模式：不论什么语言和编程模式都是用一样的 API。

其中的数据提供程序 .NET Data Provider，包含了以下四个主要对象：

Connection 对象：用于创建一个到达某个数据源的开放连接。通过此连接，你可以对一个数据库进行访问和操作。

Command 对象：用于执行面向数据库的一次简单查询。此查询可执行诸如创建、添加、取回、删除或更新记录等动作。

Data Reader 对象：用于从数据库中检索只读、只进的数据流。查询结果在查询执行时返回，并存储在客户端的网络缓冲区中，直到使用 Data Reader 的 Read 方法对它们发出请求。

Data Adapter 对象：可以隐藏和 Connection、Command 对象沟通的细节，通过 Data Adapter 对象建立、初始化 Data Table，从而和 Data Set 对象结合起来在内存存放数据表副本，实现离线式数据库操作。

（3）C# 简介。

C# 是微软公司发布的一种面向对象的、运行于 .NET Framework 之上的高级程序设计语言。C# 包括单一继承、接口、与 Java 几乎同样的语法和编译成中间代码再运行的过程。同时，与 COM（组件对象模型）是直接集成的，C# 综合了 VB 简单的可视化操作和 C++ 的运行高效率以其强大的操作能力、便捷的面向组件编程，支持成为 .NET 框架的主角。

C# 语言的特点：

①完全支持类和面向对象编程，包括接口和继承、虚函数和运算符重载的处理。

②对自动生成 XML 文档说明的内置支持，自动清理动态分配的内存。

③对 .NET 类库的完全访问，并易于访问 Windows API。

④改变编译器选项，可以把程序编译为可执行文件或 .NET 组件库。该组件库可以用与 ActiveX 控件相同的方式由其他代码调用。

⑤ C# 可以用于编写 ASP.NET 动态 Web 页面和 XML Web 服务。

C# 就是一种多语言优点的混合体，既体现了 Java 语言的简洁性和 VB 语言的简单性，同时也体现了 C 语言的强大功能和灵活性。所以说 C# 语言是一种集成各语言优势的网络化时代的有效开发工具。

（4）SQL Server 简介。

SQL（Structured Query Language），即结构化查询语言，Microsoft SQL Server 是一种典型的关系型数据库管理系统。目前，常用的关系数据库管理系统有 Access、SQL Server、Visual FoxPro、DB2、Oracle 等。

SQL Server 是运行在网络环境下的数据库服务器。数据库是数据管理的实用技术，它的出现极大地促进了计算机应用向各行各业的渗透。SQL Server 是单进程、多线程、高性能的关系型数据库管理系统（RDBMS）。它可以用来对存储在计算机中的数据进行组织、管理和检索。它使用 Transact-SQL 语言在服务器和客户机之间传送请求。SQL Server 是一个性能更全面的数据库平台，SQL Server 数据库引擎是企业数据管理的核心，它为关系型数据和结构化数据提供了比前面的版本更安全、更可靠的存储功能，这一点对于用于构建和管理高性能的数据库应用程序是十分重要的。

（5）MVC 设计模式。

MVC 模式是"Model-View-Controller"的缩写，中文翻译为"模式 - 视图 - 控制器"。MVC 设计模式是一个存在于服务器表达层的模型，它将应用分开，改变应用之间的高度融合。应用程序由这三个部分组成，Event（事件）导致 Controller 改变 Model 或 View，或者同时改变两者，只要 Controller 改变了 Model 的数据或者属性，所有依赖的 View 也会自动更新。类似的，只要 Controller 改变了 View，View 也会从潜在的 Model 中获取数据来刷新自己。MVC 要求对应用分层，虽然花费了额外的工作，但产品的结构清晰，产品的应用通过模型可以得到更好的体现。

首先，最重要的是应该有多个视图对应一个模型的能力。在目前用户需求的快速变化下，可能有多种方式访问应用的要求。其次，由于模型返回的数据不带任何显示格式，因而这些模型也可直接应用于接口的使用。再次，由于一个应用被分离为三层，因此有时改变其中的一层就能满足应用的改变。最后，它还有利于软件工程化管理。由于不同的层各司其职，每一层不同的应用具有某些相同的特征，有利于通过工程化、工具化产生管理程序代码。

（6）RFID 技术。

① RFID 技术简介。

RFID（Radio Frequency Identification，射频识别）是一种非接触式射

频识别技术，它是自动识别技术的一种。

应答器：由天线、耦合元件及芯片组成，一般来说现在都是用标签作为应答器，每个标签具有唯一的电子编码，附着在物体上标示目标对象。

阅读器：由天线、耦合元件、芯片组成，读写标签信息的设备，可设计为手持式 RFID 读写器或固定式读写器。

应用软件系统：是应用层软件，主要是把收集的数据进一步处理，并为人们所使用。

RFID 的特点：射频识别系统最重要的优点是非接触识别，它能穿透雪、雾、冰、涂料、尘垢等恶劣环境；阅读速度极快，大多数情况下不到 100 毫秒。

② RFID 技术的工作原理。

当持卡人持信息储存后的卡进入识读器感应范围后，识读器向卡片发送检验电磁波请求读取卡片信息，RFID 芯片解调检验电磁波收到请求读取卡片信息的指令后，将卡片信息附加在 RFID 芯片反射的检验电磁波里，读写器收到反射回来的电磁波后通过解调识读卡片信息，并将其和 RFID 系统主体数据库的信息进行对比核实。若核实通过，则读写器向卡片发送检验电磁波请求读写个人信息；若核实未通过，则 RFID 系统主机记录诚信记录并控制警报装置发出警报。

（二）系统需求分析

1.系统设计目标

随着信息化校园、数字化校园的发展，信息系统向着规模化、智能化、网络化的方向发展，高校学生急剧增加，有关学生的各种信息量也在成倍的增长。在这种情况下，单靠人工来处理学生信息，工作量将很大，用计算机可以将人们从繁重的工作中解脱出来，仅使用一些简单的操作便可及时、准确地获取需要的信息。系统设计的目标就是采用基于项目的软件工程面向对象研究方法，系统实现学生、会议、教室的管理，签到的统计、汇总，报表打印等功能，使课外学分管理工作系统化、规范化、自动化，从而达到提高管理效率的目的。大学生课外学分认证统计信息系统采用（B/S）和（C/S）混合架构，采用自顶向下的开发模式，开发过程主要包括前台应用程序的开发和后台数据库的建立及维护两个方面。系统所要实现的基本目标主要有以下几个方面：

（1）教室、会议、终端、项目、统计信息的管理（添加、删除、修改等）。

（2）教室、会议、终端、项目、签到记录等信息的检索、统计、报表打印等。

（3）实现指定教室、指定会议、指定人员参加讲座。

（4）通过刷校园卡实现身份识别、签到，刷卡后显示签到者姓名、照片、学号等信息。

（5）数据通信安全，信息安全，统计准确。

（6）安装简单，操作方便，系统运行效率高。

（7）具有较强的可维护性和扩充性，能够适应用户的业务需求变化。

出于上述考虑，本系统确定的设计采用自上而下扩展、快速原型法开发方法。自上而下先从整体上协调和规划，由全面到局部、由长远到近期，从探索合理的信息流出发来设计信息系统。快速原型法先构造一个功能简单的原型，然后对原型逐步修改，不断扩充完善到最终的系统。此外，为了提高模块的高聚合性、易扩展性，降低模块间的耦合程度，数据库的设计原则是把它作为中间模块，从而既实现数据共享，提高模块的独立性，又使系统具有更高的可修改性。

2. 系统功能分析

课外学分系统是在指定教室、指定人员来参加讲座，通过读写器刷校园卡签到的方式实现身份识别、签到，上传签到流水后，通过后台自动统计签到人员听课次数、听课权重，从而管理成绩、分配学分、打印报表等。

服务器端：主要是设置管理人员信息、教室信息、终端信息、会议信息的管理（如添加、修改、删除、查询等）、系统参数信息，同时统计、查看签到情况，分配学分，打印报表，分析数据，等等。

客户端：主要是在教室初始化程序、初始化读写器、下载会议、显示会议信息，刷卡，身份识别后显示签到人姓名、学号、照片等信息，上传流水供服务器查询、统计。

3. 系统需求分析

（1）性能需求。

①数据精确度。数据要求必须精确、可靠、真实。进行操作请求时（如查找、删除、修改、添加），应保证输入数据与数据库数据的高度匹配性。

而在满足用户请求时，系统应保证所响应数据的查全率。

②响应特性。为满足用户的高效要求，数据的响应时间、更新处理时间、数据转换与传输时间、运行时间都应在 1 ～ 2 秒之内。如果需要与外设交互（如打印机）时，响应时间可能较长，但应在可接受范围之内。

③较高的可扩展性与维护性。系统采用模块化设计，"积木式"开发，有利于后期系统的维护升级与扩展。

④支持数据库备份与灾难性恢复。数据库有一定的抗灾与容灾能力，具有较高的可靠性与容错能力；同时，采用备份服务器和硬盘镜像技术，数据恢复简单、方便。

⑤自动化、信息化、网络化程度高。系统能自动统计信息、打印报表；同时，支持在线传输数据，适合在校园内使用。

（2）运行环境。

①服务器。

操作系统：Windows 7/8/10。

数据库：Microsoft SQL Server 2014。

②客户端。

操作系统：Windows 7/8/10。

软件：Microsoft.net framework 4.0 以上，Windows 7/8/10，SQL Server 2014 IE10.0 以上版本。

4. 系统可行性分析

（1）技术可行性。

首先，对于大多数高校而言，经过几年的建设，校园网已经相当完善，目前已覆盖了全校，为网上数据交换提供了现成的信息高速通道，为信息管理的实现打下了坚实的网络基础。同时，校园卡的应用日益广泛，深入到学校生活的各个角落，兼备银行卡、身份卡、消费卡等多种功能，一卡在手，走遍校园，成了学生在校必备之物。

其次，系统设计与开发将基于主流的 Windows 开发平台，采用 MVC 开发模式，模块化的 DLL（Dynamic Link Library，动态链接库）封装技术，B/S 和 C/S 混合构架，并采用 Visual Studio 作为开发平台，Visual Studio 完全面向对象，有着较高的扩展性和跨平台性。后台数据库采用 SQL Server，它和 C# 语言之间有着统一的底层接口，并且 SQL Server 数据库的吞吐量很大，完全胜任海量数据的存储与访问，性能稳定可靠，完全能满足系统的要求。

（2）经济可行性。

课外学分系统的开发得到了学校与有关部门的资金支持，开发所需要的硬件和软件设施能很快得到配置，从而保证了开发工作可以顺利进行。另外，系统的应用可减少人力、物力的投入，提高工作效率，提高学校教务信息化水平，具有较为深远的意义。

（3）社会可行性。

使用可行性：系统界面友好，操作简单，易于掌握。

运行可行性：系统支持并发网络访问，系统运行对服务器要求不高，PC机装上运行环境即可作为服务器使用。

法律可行性：系统为学校部门内部使用，无商业运营现象，又是自主开发设计，因此不会侵权。

（4）系统分析总结。

系统的可行性研究是对深入分析系统目标、系统需求和实施条件，分别从技术、经济、社会三个方面进行了可行性调查研究和比较分析，并对项目建成以后可能取得的经济效益、社会效益及工作环境影响进行预测，从而提出此项目是否值得实施和如何进行开发的意见。

综上所述，系统在网络设施、资金设备、开发力量等方面具有较好的工作基础，系统分析和需要完全符合国家相关政策与标准，同时，取得了良好的社会效益。经调研，该项目功能设计科学合理，符合实际需求，具有一定的前瞻性、可操作性，方案切实可行，内容翔实，组织管理和运行维护有足够的保障，已经具备进行正式设计与开发的条件。

（三）系统设计

1.数据库设计

数据库是信息系统的核心，信息系统离不开数据库，信息管理实质就是对数据的管理，将数据库管理系统应用于信息管理，有助于信息管理的规范性、系统性、科学性，能极大地提高信息管理的效率，更好地发挥信息管理的作用。系统数据库采用SQL Server，具有如下优点：

（1）数据压缩和备份压缩。内嵌在数据库中的数据压缩和备份压缩可以更有效地存储数据，同时还提高了性能，加快了备份速度，节省了操作时间。

（2）星型连接查询优化器。SQL Server 查询性能采用星型连接查询优化器，通过辨别数据库连接模式降低了查询响应时间。

（3）最大限度地减少管理监视。监视框架管理是基于策略的新型管理框架，它通过对数据库操作定义一系列策略来简化日常维护操作，降低成本。

（4）集成捕获变更数据。方便地捕获到变更后的数据，并放在变更表中，提供改进的查询功能，允许管理和修改数据。

2. 接口设计

设计开发课外学分系统与校园卡管理系统接口集成，引用共享数据中心模式，保持原各业务数据库表保持不变，通过触发器或者开发数据接口读取需要共享的数据，并且进行转换，汇总生成新的共享数据库。Web Service 是一种通过 Web 部署提供对业务功能访问的技术。它成为企业相互交流信息资源的一个接口。Web Service 可以突破服务器、网络宽带的限制，以较快的速度提供跨平台的数据服务。它最基本的目的就是提供在各个不同平台、不同应用系统的协同工作能力，提供供应商以及客户之间应该能够实现无缝的交互。本系统通过 Web Service 调用、存取数据库信息。

3. 系统设计与开发

（1）系统设计原则。

为确保系统的建设成功与可持续发展，在系统的建设与技术方案设计时我们遵循如下原则：

①实用性和可靠性原则。

信息系统的实用性是开发信息系统遵循的首要原则，以够用为度，并注重理论与实际相结合。

可靠性是指系统在特定的时间内、特定的环境中和条件下，无失效执行其预定功能的概率。可靠性包括硬件可靠性和软件可靠性。硬件是一种物质产品，失效的主要原因是硬件故障，可靠性主要体现在硬件设备性能的稳定；而软件是一种逻辑产品，失效的根本原因是设计错误，软件可靠性主要体现在应用软件操作系统的稳定性和软件功能可靠、无故障及具有可操作性等。

②易扩展性和易维护性原则。

易扩展性原则：要在系统建设中充分考虑未来的发展，不仅要留足充分的冗余，还要在以后能够进行"积木式"的扩展。易维护性原则：系统在运行中的维护应尽量简单易行，维护过程中无须使用过多的专用工具，在系统故障率最低的同时，即使有突发事件，也能保证数据的快速恢复。

③先进性和安全性原则。

设计上重点突出"技术为业务服务"的主题，要把业务和技术进行综合考虑，在吸纳先进设计理念和丰富经验的基础上，形成具有实际特点的设计方案。系统硬件的安全采用备份服务器和硬盘镜像技术等，而系统的软件安全表现在登录系统时，通过身份验证来辨别用户，并对各级用户分配不同的权限。同时，及时修复系统漏洞，安装杀毒软件。

④易管理和复用性原则。

该系统的开发过程中，采用面向对象的方法和模块化的思想，将整个系统分解为模块加以实现，这就使得系统易于管理、易于修改，其各功能模块可重复使用等。

（2）系统开发方法。

系统开发常用的方法有生命周期法和快速原型法，在本系统中，我们采用快速原型法。快速原型法（Rapid Prototyping）是针对结构化生命周期法的问题提出的一种新的系统开发方法。它首先构造一个能反映用户要求、功能简单的原型，然后对原型逐步修改完善，精益求精，最终建立完全符合用户要求的新系统。原型就是模型，而原型系统就是应用系统的模型。

快速原型法的主要优点如下：

①它提供了一种验证用户需求的环境，允许在系统开发生命周期的早期进行人机交互测试。

②它提高了人们对最终系统的安全性，能减少系统开发的风险。

③既可以用实例建立新系统，也适用于对旧系统的修改。

④加强了开发过程中用户的参与程度，加深了对系统的理解。

⑤可以提供良好的系统说明和示例示范，简化开发过程的项目管理和文档编制。

快速原型法克服了生命周期法的不足之处，具有缩短开发周期、降低维护费用、适用性和可靠性强、调试容易等优点。基于快速原型法，利用较短的时间首先开发一个平台原型，然后根据待实现的系统功能对原型进行讨论分析和修改，开发一个系统，然后提供给用户试用一段时间，根据用户反馈意见对系统加以维护和完善，确定系统的框架，最终在这个框架的基础上逐步细化并详细编制各个功能模块。

（四）系统详细设计

1.服务器端

服务器端在信息系统中占着关键性的地位，决定着系统的主要功能。首先，输入正确的用户名和密码，登录服务器。

（1）用户管理。

用户管理可以实现对用户的查询、添加、修改、删除等操作的管理。拥有相应的权限用户才能执行相应的操作。

用户查询：可以按用户名和姓名查询。

用户增加：单击新增按钮，输入用户名、姓名、权限即可增加用户。

用户编辑：单击编辑按钮，修改用户名、密码信息。

用户删除：单击删除按钮，直接删除用户信息。

（2）教室管理。

教室管理可以实现对教室的查询、添加、修改、删除等操作。

查询入口：教室编号、教室名称、教室地点。

查询结果：教室ID、教室编号、教室名称、教室地点、说明（以表格显示）。

教室添加：表格第一行教室ID为0的点击编辑可添加教室，教室编号（必须为教室表存在的教室编号）、教室名称、教室地点、地点说明都必须填写。

教室编辑：除表格第一行ID为0的项外，点击其他编辑均做更新操作，修改项为教室名称、教室地点、地点说明。

（3）终端管理。

终端管理可以实现对终端的查询、添加、修改等操作。

查询入口：终端ID、教室编号、终端IP、教师名称。

查询结果：终端ID、教室编号、教师名称、终端IP、终端说明。

终端添加：表格第一行终端ID为0的点击编辑可添加终端，教室编号（必须为教室表存在的教室编号）、终端IP（IP不可重复添加）、终端说明都必须填写。

终端修改：除表格第一行 ID 为 0 的项外，点击其他编辑均做更新操作，修改项为教室编号（必须为教室表存在的教室编号）、终端 IP（IP 不可重复添加）、终端说明。

（4）讲座管理。

专家讲座可以实现对讲座的查询、添加、修改、删除等操作。

查询入口：讲座编号、讲座名称、主讲人、教室编号、教师名称、开始时间。

查询结果：讲座编号、讲座名称、主讲人、教师编号、教室名称、开始时间、结束时间、权重、主题图片、讲座说明（以表格显示）。

讲座添加：点击添加讲座，进入添加讲座页面，输入讲座名称（讲座名称不可重复）、主讲人、教室编号（必须为教室表存在的教室编号）、讲座时间、权重、讲座说明（限 200 个字符）、选择讲座日期、主题图片（图片格式必须为 bmp、png、gif、jpg、jpeg），点击更新即可添加该讲座。

讲座修改：点击表格内编辑，进入编辑讲座页面，编辑讲座名称（讲座名称不可重复）、主讲人、教室编号（必须为教室表存在的教室编号）、讲座时间、权重、讲座说明（限 200 个字符）、讲座日期、主题图片（图片格式必须为 bmp、png、gif、jpg、jpeg），点击更新即可更新该讲座。

（5）签到管理。

签到记录可以实现对签到数据的查询操作。

查询入口：工学号、物理卡号、校园卡号、姓名、签到时间、终端 ID、教室编号、讲座名称。

查询结果：签到流水号、物理卡号、工学号、校园卡号、姓名、单位、签到时间、退出时间、终端 ID、教室编号、教室名称、讲座编号、讲座名称、是否有效（表格显示）。

（6）项目管理。

项目统计可以实现对项目的查询、添加、修改、删除等操作。

查询入口：项目编号、项目名称、建立时间。

查询结果：项目编号、项目名称、建立时间、说明（表格显示）。

项目添加：表格第一行项目编号为 0 的点击编辑可添加项目，项目名称、项目说明必须填写，项目建立时间默认为当前时间。

项目修改：除表格第一行 ID 为 0 的项外，点击其他编辑均做更新操作，编辑录入项目名称（项目名称不可重复）、项目说明，点击更新即可更新该项目。

（7）项目讲座管理。

项目讲座管理可以实现对项目讲座关系的查询、添加、修改、删除等操作。

查询入口：项目编号、讲座编号、讲座名称、项目名称、教室编号。

查询结果：关系流水号、项目编号、项目名称、讲座编号、讲座名称。

项目添加：表格第一行项目编号为 0 的点击编辑可添加项目讲座关系，项目编号、讲座编号必须录入。

项目修改：除表格第一行 ID 为 0 的项外，编辑录入项目编号、讲座编号（同一个讲座内，讲座编号不可重复），即可更新该项目讲座关系。

2. 客户端

客户端通过与校园卡对接，引用 RFID 技术，实现通过读写器下载会议、读取信息、识别身份、显示会议、用户信息等。同时，读卡签到、上传流水供后台服务器统计数据。

（1）初始化读写器。

运行系统后，先检测读写器的状态，是否有读写器，连接是否正常，是否已驱动。如果初始化成功，读写器绿灯亮，读写器工作正常，否则，读写器有故障，有可能是连接问题，也有可能是驱动问题。

（2）初始化会议。

读写器初始化成功后，开始初始化会议，界面会显示当前时间、教室编号、终端编号、教室名称等信息。此时，各个参数一一对应，可以判断四个参数设置是否正确，会议设置是否正确。

（3）下载会议。

初始化会议成功后，如果会议对话框没有当前会议，说明当前会议没有下载，点击下载信息按钮，系统加载会议，会议名称将出现在会议对话框，双击会议名称后即进入身份识别、签到。此时系统显示当前会议名称，左边是会议主题图片，右边是签到者的照片、姓名、学工号，还有签到时间、签到人数、上传流水等信息。此时，可以通过读写器进行刷卡签到。

（4）识别签到。

系统集成与校园卡对接，采用 RFID 技术，利用 RFID 射频读写器读取校园卡信息，刷卡信息读取成功后，读写器会发出"嘀"的一声，同时，读写器上显示刷卡人的姓名，系统上也会显示刷卡人的个人信息。

刷卡时，读写器先读取卡片物理卡号，然后在数据库中对应学号进行本地数据查询。如果本地存在该学生的信息，则直接从本地读取该学生的信息，显示学生头像、姓名、学工号等。如果本地不存在该信息，则通过调用 Web Service 查询服务器端，若该学生存在，从服务器下载该用户信息，将记录添加至客户端，并且增加当前会议人数，否则界面显示该卡无效或该用户不存在。

（五）系统测试与实施

1. 系统测试

（1）测试目的。

软件测试就是为了系统地找出软件中潜在的各种错误和缺陷，能够证明软件的功能和性能与需求说明相符合，获取系统在可接受风险范围内可用的信心。同时，尝试在非正常情况和条件下的功能和特性，在过程中尽早检测错误，提供预防或减少可能制造错误的信息，并且提前确认解决这些问题的途径。

（2）测试方案。

在系统中，测试主要采用基于功能和性能的黑盒测试方法，同时，在软件开发的每个阶段分别进行单元测试、集成测试、系统测试和验收测试，保证系统在投入运行前，尽可能多地发现 BUG，并及时处理，避免系统在实际运行中出现问题。

（3）测试用例。

测试用例是测试内容的一系列情景和每个情景中必须输入和输出的数据，而对软件的正确性进行判断的测试文档。

测试用例的要素：测试用例编号 ID、测试用例标题、测试的模块、测试输入条件、期望的输出结果、其他说明等。

2. 系统实施效果

系统安装方便，操作简单。首先，在本地计算机先安装 .NETFramework 2.0 以上框架后，解压程序，在配置文件（exe.config）中配置终端号、教室 IP、教室编号、读写器 COM 端口号四个参数。为了保证系统安全性，实现指定教室、指定会议签到，采用四个参数——对应。同时，电脑必须联网，才能下载会议，实现身份识别、签到，否则，系统提示会议下载不成功。通过近半年的调研和开发，课外学分系统终于开发完成，并在一些学校教室投入使用，系统运行正常并取得了良好的效果。此外，系统不仅用于课外学分统计，它作为一种签到终端，还可应用于毕业生招聘会、学校干部培训会等多种会议签到。

系统实现了课外学分统计管理、身份识别、签到等功能的统一管理，为教务管理人员提供了一个便捷的工具，为教师和学生提供了一个公开透明的数据环境，在投入试运行的初期，发现了部分程序上和数据上的错误，然后一一解决。在不断地改进和纠正之后，系统运行稳定、统计准确，大大节省了工作人员的工作强度，特别是在签到、统计、打印报表方面起了重要作用，显著提高了工作效率，节省了财力、物力，有力地促进了信息化、网络化办公校园的建设。

参 考 文 献

[1]　邱建新 . 计算机网络技术 [M]. 北京 : 机械工业出版社 , 2012.

[2]　赵立群 . 计算机网络管理与安全 [M]. 北京 : 清华大学出版社 , 2014.

[3]　刘晓晓 . 网络系统集成 [M]. 北京 : 清华大学出版社 , 2012.

[4]　卢晓丽 , 闫永霞 . 计算机网络与安全管理 [M]. 北京 : 化学工业出版社 , 2014.

[5]　田庚林 , 田华 , 张少芳 . 计算机网络安全与管理 [M]. 北京 : 清华大学出版社 , 2013.

[6]　刘化君 . 网络安全技术 [M]. 北京 : 机械工业出版社 , 2015.

[7]　吴倩 , 赵晨啸 , 郭莹 .Android 安全机制解析与应用实践 [M]. 北京 : 机械工业出版社 , 2013.

[8]　张滨 . 移动终端安全关键技术与应用分析 [M]. 北京 : 人民邮电出版社 , 2015.

[9]　沈鑫剡 . 计算机网络安全 [M]. 北京 : 清华大学出版社 , 2014.

[10]　赵国忠 , 傅一岑 . 微课 : 课堂新革命 [M]. 南京 : 南京大学出版社 , 2015.

[11]　刘万辉 . 微课教学设计 [M]. 北京 : 高等教育出版社 , 2015.

[12]　张一春 . 精品微课设计与开发 [M]. 北京 : 高等教育出版社 , 2015.

[13]　吕森林 . 在线教育微课修炼之道 [M]. 北京 : 人民邮电出版社 , 2015.

[14]　李本友 , 吕维智 . 微课的理论与制作技巧 [M]. 北京 : 中国轻工业出版社 , 2015.

[15]　马九克 . 微课视频制作与翻转课堂教学 [M]. 上海 : 华东师范大学出版社 , 2016.

[16]　刘万辉 . 微课开发与制作技术 [M]. 北京 : 高等教育出版社 , 2015.

[17]　乔玲玲 , 纪宏伟 , 陈志娟 , 缪亮 . 微课设计与制作实用教程 [M]. 北京 : 清华大学出版社 , 2016.

[18]　李文德 . 情境微课开发 [M]. 北京 : 电子工业出版社 , 2016.

[19]　陈子超 . 微课开发与制作从入门到精通 [M]. 北京 : 人民邮电出版社 , 2016.

[20]　倪彤 . 微课 / 慕课设计、制作与应用 [M]. 北京 : 清华大学出版社 , 2016.

[21] 黄发国，张福涛 . 翻转课堂理论研究与实践探索 [M]. 济南：山东友谊出版社，2014.

[22] 陈玉琨，田爱丽 . 慕课与翻转课堂导论 [M]. 上海：华东师范大学出版社，2014.

[23] 乔纳森·伯格曼，亚伦·萨姆斯 . 翻转学习——如何更好地实践翻转课堂与慕课教学 [M]. 北京：中国青年出版社，2015.

[24] 王奕标 . 透视翻转课堂——互联网时代的智慧教育 [M]. 广州：广东教育出版社，2016.

[25] 田爱丽 . 基础教育慕课与翻转课堂教学理论和实践 [M]. 上海：华东师范大学出版社，2016.

[26] 汤敏 . 慕课革命——互联网如何变革教育 [M]. 北京：中信出版社，2015.

[27] 焦建利，王萍 . 慕课——互联网 + 教育时代的学习革命 [M]. 上海：华东师范大学出版社，2015.

[28] 李晓明 . 慕课 [M]. 北京：高等教育出版社，2015.

[29] 张启浩 . 信息系统安全集成 [M]. 北京：中国建筑工业出版社 .2016.

[30] 李超，李秋香，何永忠 . 信息系统安全等级保护实务 [M]. 北京：科学出版社，2013.

[31] 王越，罗森林 . 信息系统与安全对抗理论 [M]. 北京：北京理工大学出版社，2015.